"十三五"国家重点图书出版规划项目

中国社会科学院创新工程学术出版资助项目

列国志 新版

GUIDE TO
THE WORLD
NATIONS

仝　菲　韩志斌　陈小迁
编著

OMAN

阿曼

社会科学文献出版社
SOCIAL SCIENCES ACADEMIC PRESS (CHINA)

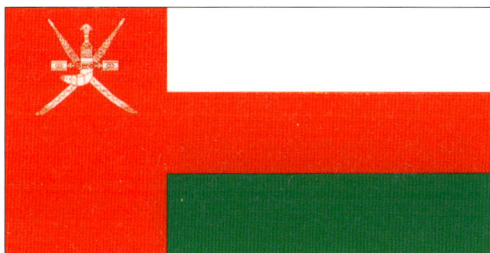

阿曼国旗

阿曼国徽

塞拉莱古城遗址

古炮

旗帜宫

马斯喀特最高法院

位于苏尔的清真寺

位于马斯喀特的古清真寺

马斯喀特防御堡垒

杰拉里古城堡

尼兹瓦堡垒

鲁斯塔格城堡

尼兹瓦鸟瞰

马斯喀特城掠影

传统木船

乳香

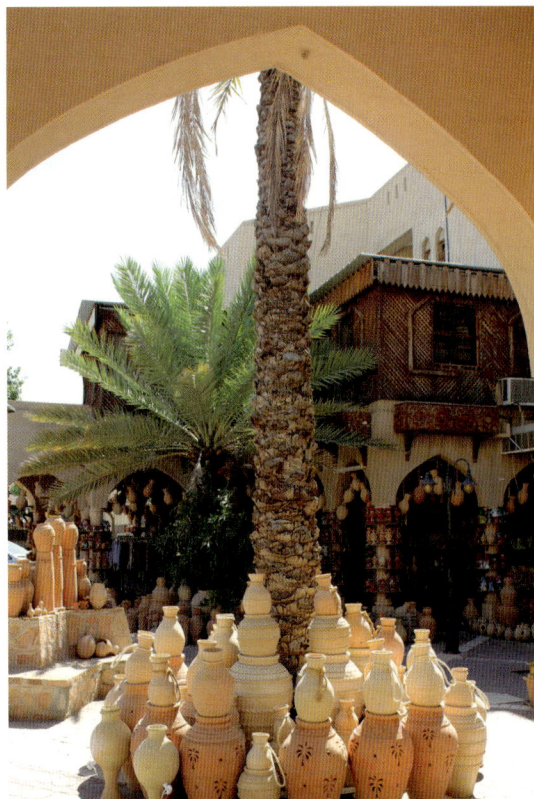

陶制品

出版说明

　　《列国志》编撰出版工作自1999年正式启动，截至目前，已出版144卷，涵盖世界五大洲163个国家和国际组织，成为中国出版史上第一套百科全书式的大型国际知识参考书。该套丛书自出版以来，受到社会各界的广泛好评，被誉为"21世纪的《海国图志》"，中国人了解外部世界的全景式"窗口"。

　　这项凝聚着近千学人、出版人心血与期盼的工程，前后历时十多年，作为此项工作的组织实施者，我们为这皇皇144卷《列国志》的出版深感欣慰。与此同时，我们也深刻认识到当今国际形势风云变幻，国家发展日新月异，人们了解世界各国最新动态的需要也更为迫切。鉴于此，为使《列国志》丛书能够不断补充最新资料，更好地服务于社会各界，我们决定启动新版《列国志》编撰出版工作。

　　与已出版的144卷《列国志》相比，新版《列国志》无论是形式还是内容都有新的调整。国际组织卷次将单独作为一个系列编撰出版，原来合并出版的国家将独立成书，而之前尚未出版的国家都将增补齐全。新版《列国志》的封面设计、版面设计更加新颖，力求带给读者更好的阅读享受。内容上的调整主要体现在数据的更新、最新情况的增补以及章节设置的变化等方面，目的在于进一步加强该套丛书将基础研究和应用对策研究相结合，将基础研究成果应用于实践的特色。例如，增加了各国有关资源开发、环境治理的内容；特设"社会"一章，介绍各国的国民生活情况、社会管理经验以及存在的社会问题，等等；增设"大事纪年"，方便读者在短时间内熟悉各国的发展线索；增设"索引"，便于读者根据人名、地名、关键词查找所需相关信息。

顺应时代发展的要求，新版《列国志》将以纸质书为基础，全面整合国别国际问题研究资源，构建列国志数据库。这是《列国志》在新时期发展的一个重大突破，由此形成的国别国际问题研究资讯平台，必将更好地服务于中央和地方政府部门应对日益繁杂的国际事务的决策需要，促进国别国际问题研究领域的学术交流，拓宽中国民众的国际视野。

新版《列国志》的编撰出版工作得到了各方的支持：国家主管部门高度重视，将其列入"'十二五'国家重点图书出版规划项目"；中国社会科学院将其列为创新工程学术出版资助项目，王伟光院长亲自担任编辑委员会主任，指导相关工作的开展；国内各高校和研究机构鼎力相助，国别国际问题研究领域的知名学者相继加入编辑委员会，提供优质的学术咨询与指导。相信在各方的通力合作之下，新版《列国志》必将更上一层楼，以崭新的面貌呈现给读者，在中国改革开放的新征程中更好地发挥其作为"知识向导"、"资政参考"和"文化桥梁"的作用！

新版《列国志》编辑委员会
2013 年 9 月

前　言

　　自 1840 年前后中国被迫开关、步入世界以来，对外国舆地政情的了解即应时而起。还在第一次鸦片战争期间，受林则徐之托，1842 年魏源编辑刊刻了近代中国首部介绍当时世界主要国家舆地政情的大型志书《海国图志》。林、魏之目的是为长期生活在闭关锁国之中、对外部世界知之甚少的国人"睁眼看世界"，提供一部基本的参考资料，尤其是让当时中国的各级统治者知道"天朝上国"之外的天地，学习西方的科学技术，"师夷之长技以制夷"。这部著作，在当时乃至其后相当长一段时间内，产生过巨大影响，对国人了解外部世界起到了积极的作用。

　　自那时起中国认识世界、融入世界的步伐就再也没有停止过。中华人民共和国成立以后，尤其是 1978 年改革开放以来，中国更以主动的自信自强的积极姿态，加速融入世界的步伐。与之相适应，不同时期先后出版过相当数量的不同层次的有关国际问题、列国政情、异域风俗等方面的著作，数量之多，可谓汗牛充栋。它们对时人了解外部世界起到了积极的作用。

　　当今世界，资本与现代科技正以前所未有的速度与广度在国际流动和传播，"全球化"浪潮席卷世界各地，极大地影响着世界历史进程，对中国的发展也产生极其深刻的影响。面临不同以往的"大变局"，中国已经并将继续以更开放的姿态、更快的步伐全面步入世界，迎接时代的挑战。不同的是，我们所面临的已不是林则徐、魏源时代要不要"睁眼看世界"、要不要"开放"问题,而是在新的历史条件下,在新的世界发展大势下,如何更好地步入世界,如何在融入世界的进程中更好地维护民族国家的主权与独立,积极参与国际事务,为维护世界和平,促进世界与人类共同发展做出贡献。这就要求我们对外部世界有比以往更深切、全面的了解,我们只有更全面、更深入地了解世界,才能在更高的层次上融入世界,也才能在融入世界的进程中不迷失方向,保持自我。

与此时代要求相比,已有的种种有关介绍、论述各国史地政情的著述,无论就规模还是内容来看,已远远不能适应我们了解外部世界的要求。人们期盼有更新、更系统、更权威的著作问世。

中国社会科学院作为国家哲学社会科学的最高研究机构和国际问题综合研究中心,有 11 个专门研究国际问题和外国问题的研究所,学科门类齐全,研究力量雄厚,有能力也有责任担当这一重任。早在 20 世纪 90 年代初,中国社会科学院的领导和中国社会科学出版社就提出编撰"简明国际百科全书"的设想。1993 年 3 月 11 日,时任中国社会科学院院长胡绳先生在科研局的一份报告上批示:"我想,国际片各所可考虑出一套列国志,体例类似几年前出的《简明中国百科全书》,以一国(美、日、英、法等)或几个国家(北欧各国、印支各国)为一册,请考虑可行否。"

中国社会科学院科研局根据胡绳院长的批示,在调查研究的基础上,于 1994 年 2 月 28 日发出《关于编纂〈简明国际百科全书〉和〈列国志〉立项的通报》。《列国志》和《简明国际百科全书》一起被列为中国社会科学院重点项目。按照当时的计划，首先编写《简明国际百科全书》，待这一项目完成后，再着手编写《列国志》。

1998年，率先完成《简明国际百科全书》有关卷编写任务的研究所开始了《列国志》的编写工作。随后，其他研究所也陆续启动这一项目。为了保证《列国志》这套大型丛书的高质量，科研局和社会科学文献出版社于1999年1月27日召开国际学科片各研究所及世界历史研究所负责人会议，讨论了这套大型丛书的编写大纲及基本要求。根据会议精神，科研局随后印发了《关于〈列国志〉编写工作有关事项的通知》，陆续为启动项目拨付研究经费。

为了加强对《列国志》项目编撰出版工作的组织协调，根据时任中国社会科学院院长李铁映同志的提议，2002年8月，成立了由分管国际学科片的陈佳贵副院长为主任的《列国志》编辑委员会。编委会成员包括国际片各研究所、科研局、研究生院及社会科学文献出版社等部门的主要领导及有关同志。科研局和社会科学文献出版社组成《列国志》项目工作组，社会科学文献出版社成立了《列国志》工作室。同年，《列国志》项目被批准为中国社会科学院重大课题，新闻出版总署将《列国志》项目列入国家重点图书出版计划。

在《列国志》编辑委员会的领导下，《列国志》各承担单位尤其是各位学者加快了编撰进度。作为一项大型研究项目和大型丛书，编委会对《列国志》提出的基本要求是：资料翔实、准确、最新，文笔流畅，学术性和可读性兼备。《列国志》之所以强调学术性，是因为这套丛书不是一般的"手册""概览"，而是在尽可能吸收前人成果的基础上，体现专家学者们的研究所得和个人见解。正因为如此，《列国志》在强调基本要求的同时，本着文责自负的原则，没有对各卷的具体内容及学术观点强行统一。应当指出，参加这一浩繁工程的，除了中国社会科学院的专业科研人员以外，还有院外的一些在该领域颇有研究的专家学者。

现在凝聚着数百位专家学者心血，共计 141 卷，涵盖了当今世界 151 个国家和地区以及数十个主要国际组织的《列国志》丛书，将陆续出版与广大读者见面。我们希望这样一套大型丛书，能为各级干部了解、认识当代世界各国及主要国际组织的情况，了解世界发展趋势，把握时代发展脉络，提供有益的帮助；希望它能成为我国外交外事工作者、国际经贸企业及日渐增多的广大出国公民和旅游者走向世界的忠实"向导"，引领其步入更广阔的世界；希望它在帮助中国人民认识世界的同时，也能够架起世界各国人民认识中国的一座"桥梁"，一座中国走向世界、世界走向中国的"桥梁"。

《列国志》编辑委员会

2003 年 6 月

序

　　说起阿曼，可能不少中国人会感到有些陌生。低调内敛、理性、温和的外交风格，使这个处在三陆（南亚次大陆、西亚、东非）三海（波斯湾、印度洋、红海）交通要冲上的国家，并不像它的那些近邻，如伊朗、沙特阿拉伯、阿联酋那么知名。

　　然而，许多人不知道，阿曼是阿拉伯半岛乃至整个中东屈指可数的文明古国之一，它的历史可以追溯到公元前 24 世纪的"马干文明"。凭借铜矿贸易和海上通商的兴盛，彼时的阿曼扮演着两河流域文明对外沟通使者的重要角色。

　　在历史演进的长河中，阿曼衰落过，也复兴过。17 世纪中叶到 19 世纪中叶，阿曼国力臻至鼎盛，成为西印度洋地区的霸主。此后，在西方殖民主义扩张的背景下，阿曼沦为英国控制下的半殖民地半封建国家。

　　1970 年卡布斯苏丹登基，阿曼历史翻开了新的一页。47 年来，在卡布斯苏丹的英明领导下，阿曼政通人和，经济发展，社会稳定，走在中东国家前列，跻身世界高人类发展指数国家和高收入国家行列。较丰富的油气资源，为阿曼的现代化建设提供了不竭的动力；稳健开放的政策，为阿曼长期保持繁荣稳定奠定了坚实的基础；温和务实的国民禀赋，为阿曼赢得了域内外国家的尊重和友谊。

　　阿曼与中国的友好交往更是彪炳史册。

　　公元 750 年（唐玄宗天宝八年），阿曼商人阿布欧贝德（《一千零一夜》中辛巴达的原型）乘船从阿曼港口城市苏哈尔出发，历尽艰辛，抵达广州，成为第一位载入中国史书的阿拉伯人。他到达中国的时间比马可·波罗早 525 年。

北宋仁宗至神宗年间（1023～1086），一位名叫"辛押陁罗"的阿曼人在广州生活数十年，曾出任广州的"蕃长"，为招徕穆斯林商人来华做出积极贡献。归国时（1072），他被宋神宗敕封为"归德将军"。

明朝成祖年间，伟大的航海家郑和七下西洋，三次到访阿曼，留下了中阿两国友好交往的一段段佳话。

云帆高张，昼夜星驰。激动人心的时代虽已远去，世代友好的中阿情谊却经久不衰。1978年5月25日，中国与阿曼正式建交，两国关系发展迈入新的时代。2018年，中阿两国将迎来建交40周年。

40年来，在两国领导人的殷切关怀和英明领导下，中阿政治互信不断巩固，务实合作日益拓展，人文交流愈发活跃。中国多年稳居阿曼的第一大贸易伙伴和第一大石油出口对象国。阿曼成为中国在中东地区最重要的经贸伙伴之一和中国第五大石油进口来源国，中国每进口10桶原油，其中就有1桶来自阿曼。

2013年以来，在推进"一带一路"建设新的时代背景下，中阿两国结成更加紧密的合作伙伴。

中阿双方不断加强各自发展战略对接，在务实合作特别是产能合作领域取得积极进展。正在建设的中国－阿曼（杜库姆）产业园占地面积近12平方公里，计划投资超过百亿美元，是单一国家在阿曼杜库姆经济特区投资建设的唯一的规模最大、门类最齐全的产业园。

中阿双方不断加强互联互通建设，在坦桑尼亚巴加莫约港和土耳其康普特码头开展了富有成效的三方合作。

中阿双方还协调推进"一带一路"机制建设。阿曼是首批支持并以创始成员国身份加入亚投行的国家。2017年1月，阿曼获得了亚投行独立提供的首笔贷款。

千年光阴，弹指一挥。40载荏苒，只在瞬息间。中国与阿曼、中国人民与阿曼人民用跨越千年、历久弥新的友谊，树立了不同文明、不同制度、不同发展道路的国家和平共处、携手共进的典范。

在如今这样一个纷繁扰攘的世界，我们需要更多像阿曼这样和平、宁静、友善的国家，中国需要更多像阿曼这样的好朋友、真朋友。

　　相信本书能为更多希望了解阿曼的朋友推开一扇门，带你们去领略那个与中国山水远隔却心意相通的中东国度。

中国驻阿曼大使于福龙

2017 年 6 月 28 日

CONTENTS

目　录

CONTENTS

目　录

CONTENTS
目 录

CONTENTS

目 录

CONTENTS

目 录

CONTENTS
目 录

CONTENTS

目 录

CONTENTS

目　录

CONTENTS
目 录

前言　多维视野中的阿曼

　　阿曼自独立以来的变迁历程和轨迹表明，其对历史发展道路的选择，特别是政治体制的设置，是受到历史与现实、内部与外部、主观与客观等综合条件和因素制约的，是上述条件和因素相互作用的结果。阿曼的历史发展具有如下特点。

一　参与型政治发展

　　阿曼政治制度的最大特征是卡布斯苏丹试图最大限度地吸纳国民参与国家事务。曾主管阿曼事务的美国大使查尔斯（Charles O. Cecil）称阿曼政治为"参与型政治"（Participatory Government）。① 这种"参与型政治"主要表现在阿曼卡布斯苏丹的"亲民之旅"和相关机构和制度的构建，包括《国家基本法》确保法律面前人人平等、宗教信仰自由、言论自由和出版自由；完善与健全协商会议；将行政系统阿曼化；重视妇女对国家发展的作用；完善公共服务系统。卡布斯苏丹实施这一政策的目的在于通过逐渐扩大国民的政治参与，巩固其统治基础。"参与型政治"模式表明，阿曼政治发展正沿着逐渐成熟的路径和趋势迈进，显示了卡布斯苏丹的远见卓识。但是阿曼"参与型政治"并不等于西方的民主化，它是阿曼现实国情与阿拉伯地区文化传统基因有机结合所产生的政治统治机制。

---

① See Charles O. Cecil, "Oman's Progress toward Participatory Government," *Middle East Policy*, Spring 2006, pp. 60 – 68.

二　多元化经济格局

为打破国家单一依赖石油产业的经济格局，阿曼实行以油气资源开发为主导，推动经济多样化发展的战略。阿曼经济发展的基本原则有三：一是将建立开放型、多元化、易调节的经济体系作为经济发展战略的根本目标；二是推进私有化和市场经济，孕育具有竞争力的市场环境；三是提高阿曼国民的文化素质，培养适应经济发展的高技能人才。为实现上述任务，阿曼政府采取的具体措施有：调整产业结构，吸引外资；增加收入和促进就业；加速推进产业多元化，重点发展农业、渔业；培养中小企业和开发矿产资源；经济私有化；就业阿曼化；等等。阿曼的经济发展战略分为以下阶段。第一阶段（1970～1985年）：阿曼经济发展的重点为基础设施建设。第二阶段（1986～1995年）：阿曼开始改变石油经济发展的单一模式，重点发展工业、农业和渔业，着力推进经济结构的多元化。第三阶段（1996～2005年）：阿曼经济发展的战略方针是收入多样化、产业多元化、就业阿曼化。2016年是阿曼第九个五年计划的开局之年，其国家经济发展的具体目标是：未来五年实现国内生产总值3%的年均增长率，实现真正意义上的经济多元化，将石油产业在国内生产总值中的比重由"八五"计划期间的44%降到26%，同时确保国内稳定的通货膨胀率，促进私有企业发挥效用，使投资在国内生产总值中的比重达到28%。①

三　全方位外交结构

卡布斯苏丹早在1984年就提出"广交友，少树敌"的口号，坚持在友好、互信的基础上，与世界各国建立外交关系。卡布斯苏丹曾在阿曼委员会年度会议上说："我们对任何一个国家都是友好的。我们始终站在正义、和平和公平的一边，我们呼吁世界各民族和睦相处，各种文化相互交往，根除那些产生仇恨的不公平、非正义的根源。这是人类的共

---

① 中华人民共和国驻阿曼苏丹国大使馆经济商务参赞处网站，http：//om. mofcom. gov. cn/。

同利益所在。"在对外交往中,卡布斯苏丹坚持以下原则:首先,奉行睦邻友好、不干涉他国内政、相互尊重国家主权的原则;其次,遵循联合国宪章和国际法准则,支持区域性组织和国际组织的活动;再次,加强同阿拉伯各国的关系,支持阿拉伯国家联盟,鼓励阿拉伯国家为解决分歧进行建设性对话,努力实现本地区公正、全面的和平。根据上述原则和目标,阿曼开展全方位外交。1970 年,与阿曼建交的国家只有 3个,2016 年已发展到 138 个。此外,阿曼还参加了 105 个区域性和国际性组织。阿曼成为联合国儿童基金会的执行理事和联合国教育科学与文化组织的执行理事。

四　巨变式教育战略

阿曼的教育起步较晚。1969~1970 年,阿曼全国只有 3 所学校,教师不超过 30 名。卡布斯苏丹执政后非常重视教育,一直把教育作为政府优先发展的领域。在卡布斯苏丹的号召下,阿曼教育事业发展迅速。阿曼政府将大量石油收入投向教育领域,国民从学前教育到大学一律享受免费教育。国家还鼓励私人投资办学,作为对国家公立学校的补充。私立学校的课程包括学龄前教育、英阿双语教学和英语等。阿曼政府还选派留学生到其他阿拉伯国家和西方国家深造。近年来,阿曼教育发展的速度更快。阿曼官方数据显示,2014~2015 年,阿曼总共有 529469 名学生在政府学校就读,其中男生 267547 人、女生 261922 人,全国各省 1053 所政府学校共招收新生 12578 人。截至 2015 年,阿曼教育部门共有行政人员 11480人、教师 55343 人、监督人员 2379 人。

美国学者亨廷顿指出:"从政治学的角度看,世界各国之间的最重大差别不是它们政府的形式,而是它们各自政府实行有效统治的程度。"① 阿曼作为君主制国家,自成为中东民族国家体系的一员以来,其国内政治繁荣、民生幸福、社会有序。经过 40 多年的治理,阿曼

---

① 〔美〕塞缪尔·P. 亨廷顿:《变化社会中的政治秩序》,王冠华等译,上海人民出版社2008,第Ⅲ页。

国民参与国家管理取得了很大的进步，在国家政治结构中起着重要作用。阿曼政治、经济、外交与文化发展表明，植根于伊斯兰传统的阿曼可以孕育出政治多元化、经济平稳发展和文明和谐交往的现代社会。

第一章
概　览

阿曼苏丹国（Sultanate of Oman）简称阿曼，是阿拉伯半岛最古老的国家之一，其古代文明史至少可以追溯到 5000 年以前。阿曼在阿拉伯语中的意思是"宁静的土地"。阿曼的国名在历史上几经变化，曾有"马甘"（Magan）、"马遵"（Mazun）和"欧曼"等名。"马甘"之名源自古代苏美尔人在刻写板上提到的一个国家名，位置大致在现在的苏哈尔（Sohar）附近。根据苏美尔语的记载，那里造船工业和炼铜业很发达，两地之间的贸易和海上联系很频繁。从苏哈尔发掘出的遗物证明，公元前2000 年阿曼铜矿开采及冶炼业已经相当发达。之所以有"马遵"之名，是因为历史上阿曼比相邻的阿拉伯国家水资源丰富；之所以有"欧曼"之名，是由于阿曼原来位于也门控制下的莱哈姆干谷地，那时被称作"欧曼"。[①] 18 世纪中叶，赛义德王朝建立，国名改为"马斯喀特苏丹国"。1920 年分裂为"马斯喀特苏丹国"和"阿曼伊斯兰教长国"。1967年统一后国名为"马斯喀特和阿曼苏丹国"。1970 年现任苏丹卡布斯执政后，宣布改国名为"阿曼苏丹国"并沿用至今。

第一节　国土与人口

一　地理位置

阿曼位于阿拉伯半岛的东南角，领土面积 30.95 万平方公里，是阿拉

---

① 《富裕之路》，阿曼新闻部，2001，第 10 页。

伯半岛上的第三大国。其国土介于北纬 16°40′~26°20′、东经51°50′~59°40′，北回归线横穿其间。整个阿拉伯半岛的形状酷似一只靴子，阿曼就是这只靴子的靴尖，扼守着霍尔木兹（Hormuz）海峡的穆桑达姆半岛则位于靴尖的最前端。阿曼东部和东北部濒临阿曼湾、海湾和阿拉伯海，海岸线北起霍尔木兹海峡，南到也门共和国与阿曼的边界，长 1700 公里。阿曼西南同也门共和国接壤，西邻沙特阿拉伯，西北与阿拉伯联合酋长国接壤。

阿曼位于海湾、印度洋和东部非洲之间的交通要道，扼守着海湾的咽喉，战略位置十分重要。霍尔木兹海峡是从海湾通往印度洋的门户，从海湾经过霍尔木兹海峡到西欧、日本和美国的石油运输航线被称为西方的"生命线"。出入霍尔木兹海峡的航路都在阿曼的领海范围内，海湾各国约 90% 的石油产品主要经过这条航线运往世界各地。

由于阿曼优越的地理位置，阿曼人很早就活跃于航海和区域贸易。据历史记载，7~15 世纪，阿曼商人的足迹向东已经到达中国，向西到达非洲。19 世纪上半叶，阿曼船队已在印度洋领域声名远扬。如今阿曼仍然是东西方海上交通的要冲，其现代化的港口依然是繁忙的国际贸易集散地。

二　地形与气候

阿曼地形复杂，地貌主要由河谷、山区、沙漠和海岸组成，境内大部分是海拔在 200~500 米的高原。其中，沿海平原地区约占全国陆地面积的 3%，山地约占 15%，其余 82% 是被沙砾覆盖的广袤沙漠地区。

阿曼地势总体呈马鞍状起伏，东北部是哈贾尔（Hajar）山脉，最高海拔为 3352 米，是全国最高峰。哈贾尔山脉又称"阿曼山脉"，是伊朗扎格罗斯山脉的延伸，呈东北—西南走向，横亘阿曼国土，阿曼人将它比喻为阿曼的脊柱。阿曼西南部是由佐法尔山脉组成的佐法尔高原，佐法尔山脉最高峰海拔为 2500 米，东段为锡姆汉山，中段为古拉山，西段为月亮山，佐法尔山脉从东到西延绵 400 多公里，直抵也门共和国边境。阿曼中部地区为平原地貌，沙漠分布广泛，从北部的扎希拉省一直延伸到南部的佐法尔省。

受热带大陆气团影响，除东北部的山地外，阿曼境内其他地区均属热带沙漠气候。全年分为两季：4~9 月为热季，月平均气温高达摄氏 40℃；10 月至次年 3 月为温季，月平均气温约 24℃。由于地形差异大，各地气候也不同。一般来讲，沿海地区温暖湿润，内陆沙漠地区炎热干燥，高山地区，如国内最高的哈贾尔山脉，气候终年温和舒适。每年 5~9 月，佐法尔省有来自印度洋的季风，这时该省各地都有大雨，成为阿拉伯旅游者避暑的绿色天堂。

阿曼是世界上的干旱地区之一，降水量较少且不均匀，各地的年均降水量也不同。降水主要集中在温季的 12 月和 1 月，东北部山地和高原降水较多，一些山区偶尔还会遭到暴雨和雷阵雨的袭击，引发山洪。在阿曼，几个小时的连续降雨可能就会使干涸的河床充满水，形成湍急的激流，把树木、牲畜甚至人和汽车冲走。绿山地区有些年份降水量可达 400~500 毫米，佐法尔地区每年因有印度洋季风时节的季风雨，降水量在 100~200 毫米，其他地区的降水量每年在 100 毫米左右。

阿曼境内无常流河与湖泊，主要水资源来自雨水和地下水，水资源紧缺。年均降水量约为 130 毫米，其中 80% 蒸发，5% 流向大海，剩余 15% 渗入地下。在古代，阿曼是被海洋和沙漠包围着的绿洲。由于群山环绕阻止了周围的沙漠向阿曼蔓延，并带来丰富的水资源，阿曼传统的农业才得以保持和发展。

古代阿曼人在水资源下游地下数米深的地方修建暗渠，再把获得的地下水通过水渠引入庄稼，这种灌溉系统叫作"法拉吉"。有些灌渠是在地下几十米深的地方挖掘的，这在当时没有任何机器的条件下是个奇迹，充分显示了阿曼人的聪明才智。另有一种说法，"法拉吉"是由伊朗人传入阿曼的，并非阿曼人发明创造。现在一些修建于 1500 年前的"法拉吉"仍在使用。"法拉吉"大致分为三种类型："达吾迪"是指深达几十米、长达几公里的灌渠；"安尼"是指从泉水中取水的灌渠；"嘎儿"是指从绿洲水源上游取水的灌渠。为了维护这宝贵的资源，20 世纪 70 年代，阿曼政府通过挖凿辅助井等措施，重新修建了这些灌渠，全国现存的"法拉吉"仍有 4000 多个。现代的灌溉方式是从水库抽水进行灌溉，逐渐代替了"法拉吉"。

水资源是民族财富和农业发展的根本条件，1978 年阿曼成立水电部，任命原农业、石油和矿产部法律顾问哈穆德·阿卜杜拉·哈利夫为水电大臣。1989 年又单独成立了水资源部。水资源部的职能是开发并保护水源，制订同国家经济、社会发展计划协调一致的长期用水计划，进行研究和探测，以期开发和保护水源。该部门还制定了一系列法规和指导政策，以保护水资源和指导水资源配置。例如，对阿曼全境的水井进行统计并记录在案，打井须经水资源部批准，除满足人、畜、树木用水需要之外，不得将水井加深。对全国的地下水补给坝进行经济和技术效益的研究等。雨水对阿曼的意义重大，水坝对储存雨水和补充地下水有着非常重要的作用。

泉水也是阿曼的重要水源之一，全国共有 68 个泉眼，其中 23 处为温泉，大部分泉水可饮用。阿曼的温泉和冷泉非常有名，其中鲁斯塔格（Rustaq）和奈赫勒（Nakhl）的温泉最为著名。其他主要的泉眼有萨瓦拉泉、凯斯法泉和佐法尔的艾尔札特泉和哈姆兰泉等。慕名而来的访问者通常都会带走一些马斯喀特温泉矿泉水。清澈透明的冷泉一年四季都吸引着旅游者纷至沓来。

目前，阿曼主要通过发展海水淡化系统来满足日常饮用水的需要，多家海水淡化厂已在马斯喀特、巴尔卡、苏哈尔、米尔巴特和杜古姆建立，在沿海城镇也建立了多个海水淡化设施。第八个五年计划中，阿曼共享水利部门提供了 7 亿阿曼里亚尔，主要用来扩建各省之间的供水网络。2014 年，阿曼共生成饮用水 3.231 亿立方米，比 2013 年的 2.855 亿立方米增长了 13.17%；2015 年第一季度，阿曼共生成饮用水 1.066 立方米，比 2014 年同期增长了 10.6%。①

三　行政区划

历史上，阿曼的行政区划与现在不同，全国曾分为 3 个省、9 个区和 43 个州。由于原来的行政区划较为分散，1991 年 2 月，现任苏丹卡布斯颁布诏令，调整行政区划，保留了原来的 3 个省级行政区，设行政长官，

---

① Sultanate of Oman Ministry of Information, *Oman 2015*, p. 305.

即省长。2006 年 10 月，卡布斯苏丹下令增设布赖米省。各省下设州级行政区，每州由地方长官州长负责治理，各省所设州的数目不同。2011 年 10 月 6 日，卡布斯苏丹颁布第 2011/114 号皇家谕令，将阿曼行政区划统一改为省，分设 11 个省，分别是首都所在地马斯喀特省（Muscat）、南部的佐法尔省（Dhofar）、北部的穆桑达姆省（Musandam）、西北部的布赖米省（Al Burayami）、中北省（Al Batinah North）、中南省（Al Batinah South）、扎希拉省（Ad Dhahirah）、内地省（Ad Dakhiliyah）、东南省（Ash Sharqiyah South）、东北省（Ash Sharqiyah North）、中部省（Al Wusta）。省下共设 61 个州。[①]

　　马斯喀特省 马斯喀特在阿拉伯语中的意思是"东西降落的地方"。马斯喀特城是阿曼的首都所在地，坐落在东哈贾尔山脉的阿曼海湾平原上，连接着海湾、阿拉伯海和印度洋，地理位置非常优越。马斯喀特城是著名的"世界热城"，被世界上最大的沙漠之一——鲁卜哈利沙漠包围，最热时气温高达 60℃。它还被认为是世界最小的首都之一，全城长仅 1.5 公里，宽仅 0.6 公里。马斯喀特省下设 6 个州：马斯喀特、马特拉（Mutrah）、西卜（Seeb，又译锡卜）、布什尔（Bausher/Bawshar）、阿米拉特（Alamerat）和古里亚特（Quriyyat，又译古赖亚特）。根据阿曼国家统计和信息中心公布的统计结果，2015 年马斯喀特省总人口数为 128.1 万人，是全国人口最多的省。[②]

　　佐法尔省 位于阿曼最南部，面积占国土面积的 1/3，被阿拉伯海和群山环绕。省会塞拉莱（Salalah，又译萨拉拉）是个滨海城市。佐法尔省下辖 10 个州：塞拉莱、萨姆赖特（Thumrayt，又译塞迈里特）、塔盖（Taqah）、米尔巴特（Mirbat）、萨达（Sadah，又译塞得赫）、拉赫尤特（Rakhyut，又译赖苏特）、达勒库特（Dhalkut，又译宰勒古特）、穆格欣（Muqshin）、哈拉尼耶岛（Shalim Wa Juzor Al Halaaniyaat）和米兹尤奈

---

① Sultanate of Oman Ministry of Information, *Oman 2015*, pp. 20 – 21.
② Sultanate of Oman Ministry of Information, *Oman 2015*, p. 21.

（Al Mazyona）。截至 2015 年，佐法尔省总人口是 38.6 万人。①

由于每年印度洋季风带来的降雨的滋润，佐法尔省沿海平原盛产蔬菜、香蕉和椰子，故有"苏丹国食品库"的美称。佐法尔省气候舒适宜人，公路、电力、水利设施、国际机场以及通信服务都很现代化，是著名的旅游胜地。随着旅游业的发展，服务行业、旅游景点、休闲设施都得到扩展和建设，历史文化古迹也受到重点保护。《古兰经》中提到的艾赫嘎夫先知、胡德先知、艾尤布先知和萨利赫先知的墓地，以及布赖德城遗址和塞姆海莱姆港遗址都是佐法尔省著名的旅游胜地。其他的旅游景点还有乌拔城遗址和塞拉莱的罕姆兰堡等。

穆桑达姆省 位于阿曼的最北端，面积约 3000 平方公里，阿拉伯联合酋长国的东海岸将它与阿曼其余领土隔开，使其成为飞地。2015 年，穆桑达姆省共有人口 4.1 万人。② 人口密度最大的是省府哈萨卜（Khasab，又译海塞卜）。全省分 4 个州，分别是穆桑达姆、达巴（Didda，又译迪巴）、布卡（Bukha）和马德哈（Madha）。马德哈被阿拉伯联合酋长国包围，是阿曼最北端和最小的省，霍尔木兹海峡在此入海。霍尔木兹海峡宽仅 55 公里，是连接海湾和阿曼湾的咽喉地带，也是世界上最繁忙的海峡之一。

哈贾尔山脉有阿曼"脊梁"之称，是伊朗扎格罗斯山脉的延伸。哈贾尔在阿拉伯语中的意思是"岩石"。该山脉从穆桑达姆半岛的山区延伸到阿拉伯半岛最东端的哈德角（Ras Al-Hadd），绵延 640 公里，最后与大海融为一体，其主峰鲁斯加巴尔（Ruus Al Jibal）也位于穆桑达姆省。高耸入云的群山曲折耸立在海天之间，构成一幅美轮美奂的画面，据说可以和挪威的峡湾相媲美，有"赤道挪威"之称。

布赖米省 原是扎希拉地区的一个州，2006 年成为新增省份，下辖 3 个州。③ 位于西北部的布赖米省与阿拉伯联合酋长国阿布扎比的艾因市接

---

① Sultanate of Oman Ministry of Information, *Oman 2015*, p. 23.

② Sultanate of Oman Ministry of Information, *Oman 2015*, p. 24.

③ "阿曼"，行政区划网，http://www.xzqh.org/waiguo/asia/1027.htm。

壤，那里设有一个工业区，是阿曼与阿联酋边境贸易和货物流通的重要口岸之一。布赖米省农业发达，主要生产椰枣、酸橙和杧果。省内的巴特胡特姆和艾因的古代墓葬群已经得到联合国教科文组织的认证。截至 2015 年 6 月，布赖米省人口为 10.3 万人。①

内地省 内地省拥有着悠久的历史和丰富的文化遗产，且是阿曼主要的农业地区。该省位于阿曼中心位置，地理位置尤为重要，是连接阿曼其他省份的战略要地。省内坐落有阿可达山脉（Jabel Al Akhdar），省南部地势逐渐降低，一直延伸到沙漠地带。内地省于 2015 年启动了数个公共服务发展项目，尤其聚焦于卫生、教育、城市服务、路政、工业和通信。

内地省分为 8 个州，分别是尼兹瓦（Nizwa）、巴赫莱（Bahla）、曼纳（Manah）、哈姆拉（Al Hamra）、阿丹姆（Adam）、伊兹基（Izki）、塞马伊勒（Samail）和比得彼德（Bidbid），其中尼兹瓦是中心城市。2015 年的统计数据显示，内地省人口为 41.7 万人。②

中部省 中部省北面是扎希拉省，东临阿拉伯海，西临鲁卜哈里沙漠，南接佐法尔省。中部省由海马（Haima）、马呼特（Mahawt）、杜古姆（Duqm）和贾济尔（Al Jazir）4 个州组成，其中海马是中心城市。2015 年，中部省人口总数为 4.1 万人。③ 杜古姆经济特区（Special Economic Zone at Duqm）是中部省最具潜力的发展项目，也是阿曼从多元经济发展角度出发，依托杜古姆面朝阿拉伯海的战略位置，全力打造的经济特区和地区中心。近年来，杜古姆经济特区在发展中受益显著，并在全球投资地图上占据着特殊位置。

海马州地处沙漠，有不少阿拉伯羚羊、野牛和瞪羚等野生动物，居民多从事农业和畜牧业。其他 3 个州都濒临海洋，居民多以渔业为生。历史上，这一地区人迹罕至，但蕴藏有大量石油、天然气和其他矿藏。20 世纪 60 年代在这里发现石油资源后，中部省的重要性日益凸显。

---

① Sultanate of Oman Ministry of Information, *Oman 2015*, p. 25.

② Sultanate of Oman Ministry of Information, *Oman 2015*, p. 26.

③ Sultanate of Oman Ministry of Information, *Oman 2015*, p. 34.

中部省自然环境优越，由于阿拉伯羚羊再次被引入该省方圆 34000 公里的哈拉西斯平原（Jiddat Al Harasis）自然保护区，1994 年联合国教科文组织将该保护区列入世界自然文化遗产名录。中部省的海边有众多的海豚和海龟，这里的海礁是成千上万候鸟的栖息地。

中北省　中北省是原巴提纳地区的北部地区，其山海相间的沿海地带是阿曼最重要的地理和经济地区，也是联结阿曼与海湾及印度洋周边国家的重要海陆及商贸纽带。中北省主要的经济潜力在于其拥有阿曼最大的农业平原——巴提纳平原。此外，该省还拥有丰富的矿产资源，其中有数种矿产能够为重工业部门所利用。中北省分为 6 个州，分别为苏哈尔（Sohar）、希纳斯（Shinas）、利瓦（Liwa）、萨哈姆（Saham，又译塞赫姆）、卡博拉（Al Khaburah）和苏韦格（Suwayq），苏哈尔是其中心城市。苏哈尔工业港是阿曼的大型项目之一，苏哈尔工业区则与港口相连，持续吸引着大量工业和制造业企业前来投资建厂，这些企业主要涉及肥料、石化、铝业和钢铁等领域。此外，苏哈尔还建成新的自贸区和机场，有力地促进了经贸的发展。截至 2015 年，中北省人口为 68.12 万人，市政委员会成员为 28 名。[1]

中南省　主要是原巴提纳地区的南部地区，由 6 个州组成，分别为鲁斯塔格、阿瓦比（Awabi）、奈赫勒、马维尔（Wadi Al Maawil）、穆萨纳（Musanaah）和巴尔卡（Barka，又译拜尔卡），鲁斯塔格是其中心城市。中南省东连阿曼湾东部，西接西哈贾尔山沿海余脉，具有优越的地理位置、较大的经济总量和较多的人口，在阿曼历史进程中发挥着重要的影响力。近些年来，中南省在公共服务领域始终与阿曼的经济和社会发展保持同步，取得了很大成就，包括修筑道路，改善电信通信，兴建大量公园和其他市民活动设施等。除此之外，中南省还特别聚焦于自然温泉发展规划，其温泉主要分布于鲁斯塔格州和奈赫勒州。截至 2015 年，中南省人口为 37.6 万人。[2]

---

① Sultanate of Oman Ministry of Information, *Oman 2015*, p. 28.
② Sultanate of Oman Ministry of Information, *Oman 2015*, p. 28.

东南省 原东部省的东南部地区，位于阿曼东北部，东临阿拉伯海，南接东部沙漠，西面则为内地省。东南省分为 5 个州，分别为苏尔（Sur）、凯米勒·瓦菲（Kamil Al Wafi）、巴尼·布·哈桑（Bani Bu Hasan）、巴尼·布·阿里（Bani Bu Ali）和马西拉（Masirah），其中苏尔为中心城市，马西拉岛则是阿曼的重要军事基地。东南省拥有独特的自然风貌，苏利奥（Al Saleel）自然保护区是经济发展的重要项目，并持续促进着旅游业的发展。东南省近年来启动了一系列基础设施建设项目，主要致力于道路网的建设以便利旅游者。此外，东南省也是阿曼中小型企业的中心，还拥有液化天然气厂、化肥厂以及苏尔工业区。2015 年，东南省人口为 27.6 万人。[1]

东北省 原东部省的北部地区，位于东哈贾尔山脉侧翼，北面是马斯喀特省。东北省有 6 个州，分别为伊卜拉（Ibra）、穆代比（Al Mudaibi）、比迪亚（Bidiyah）、加比勒（Al Qabil）、瓦迪·巴尼·哈利德（Wadi Bani Khalid）和达玛·瓦·艾尔·塔伊安（Dima Wa Al Taiyyin），伊卜拉是其中心城市。2015 年，东北省人口为 35 万人。[2]

扎希拉省 位于阿曼西北部，是一片宽广的半沙质平原，从哈贾尔山脉丘陵地带一直延伸到阿曼的无人区。鲁卜哈利沙漠从扎希拉省向西边的沙特阿拉伯边界延伸了 1000 多公里。扎希拉在阿拉伯语中的意思是"脊背"。[3] 因为位于西哈贾尔山脉的西南侧，扎希拉省还被称作"山后"地区。扎希拉省下设 3 个州——伊卜里（Ibri）、延古勒（Yanqul）和丹克（Dhank），其中伊卜里是主要州。2015 年，扎希拉省人口为 19.2 万人。[4]

四 人口、民族、语言

人口

1. 人口的发展变化

自卡布斯苏丹执政以来，由于国家经济发展和人民生活水平改善，到

---

① Sultanate of Oman Ministry of Information, *Oman 2015*, pp. 29 – 32.

② Sultanate of Oman Ministry of Information, *Oman 2015*, p. 32.

③ 《阿曼国别报告》，英国经济学家情报社，第 3 页。

④ Sultanate of Oman Ministry of Information, *Oman 2015*, p. 33.

1990 年，全国人口比 1970 年翻了一番。从 1994 年起，政府执行生育间隔计划。随着妇女素质和文化水平的提高，育龄妇女自动减少生育数量的情况越来越多。1988 年，每个阿曼育龄妇女平均生 7.8 个孩子，到 1998 年下降为 4.8 个。2008 年，每个阿曼育龄妇女平均生育 5.62 个孩子。20 世纪 90 年代末，由于石油价格走低，外籍人口减少，阿曼人口总数和人口增长率都呈下降趋势。1998 ~ 1999 年，阿曼年人口增长率低于 2%，同年阿曼籍人口的增长率为 2.7%。2000 年以后，情况发生了逆转，外籍人口的增加速度超过了阿曼人，主要原因是经济的快速增长需要大量的外籍劳动力，总人口增长率达到 3%。

　　阿曼第一次全国人口普查是在 1993 年，普查数据显示，截至 1993 年底，阿曼全国人口总数为 201.8 万人，其中本国人口约为 148.3 万人，占人口总数的 73.5%；外籍人口为 53.5 万人（多为印度人、巴基斯坦人和孟加拉国人，主要集中在首都地区，占马斯喀特人口的 46%）。1993 年，阿曼男女性别比为 104∶100，年人口增长率在 3.5% 左右。[①] 根据 2002 年 8 月阿曼官方公布的数字，1998 年底阿曼全国人口为 228.7 万人，1999 年为 232.5 万人，2000 年为 240.1 万人。[②] 2001 年，阿曼全国人口总数约 248 万人，其中本国人口 183 万人，外籍人口 65 万人，年人口增长率为 3.2%，其中本国人口增长率为 2.7%，外籍人口增长率为 4.5%。阿曼 2003 年 12 月 8 ~ 17 日进行的人口普查结果显示，阿曼全国人口总数为 2331391 人，人口增长率为 2%。其中，本国人口 1779318 人，占人口总数的 76.3%；外籍人口 552073 人，占人口总数的 23.7%，外籍人口占人口总数比例从 1993 年的 26.5% 降为 10 年后的 23.7%。2003 年，阿曼男女性别比为 100∶102，女性仅比男性多 1.7 万人。[③] 2006 年，阿曼全国人口总数为 257.7 万人，人口增长率为 2%。其中本国人口 188.4 万人，占人口总数的 73%；外籍人口

①　《阿曼 1999》，阿曼新闻部，第 94 页。
②　黄培昭、苏丽雅：《当代阿曼苏丹国社会与文化》，上海外语教育出版社，2003，第122 页。
③　参见中华人民共和国驻阿曼苏丹国使馆经济商务参赞处网站，http：//om. mofcom. gov. cn/。

69.3 万人，占人口总数的 27%。① 截至 2015 年 11 月，阿曼人口总数达到 430.2 万人，其中外籍人口 192.1 万人（占人口总数的 44.7%），本国人口 238.1 万人（占人口总数的 55.3%）②。

2. 阿曼劳动力人口构成

1993 年阿曼人口普查数据显示，52% 的人口低于 15 岁，3% 的人口在 64 岁以上。2003 年人口普查情况显示，阿曼的人口构成依然非常年轻，年龄在 20 岁以下的人口占 55%，80% 的人口年龄在 35 岁以下。2003 年，阿曼妇女占人口总数的 49%，其中大多数在 18 岁以下。在阿曼，75% 的政府机关职位由阿曼人担任，就职于私人部门的阿曼人很少。2006 年，阿曼籍人口在 10 岁以下的约有 44.58 万人，占人口总数的 23.7%；在 10~20 岁的约有 53.58 万人，占人口总数的 28.4%；在 20~34 岁的约有 56.73 万人，占人口总数的 30.1%；在 34~49 岁的约有 19.7 万人，占人口总数的 10.5%；在 50 岁以上的约有 13.76 万人，占人口总数的 7.3%。③ 2008 年，阿曼 1~14 岁的人口约有 141.45 万人，占人口总数的 42.7%；15~64 岁的人口约有 180.6 万人，占人口总数的 54.5%；65 岁以上的人口有 91143 人，占人口总数的 2.8%。2016 年，阿曼 1~14 岁的人口约有 101.13 万人，占人口总数的 30.1%；15~64 岁的人口约有 222.89 万人，占人口总数的 66.4%；65 岁以上的人口有 11.5 万人，占人口总数的 3.43%。2016 年，阿曼人口平均年龄为 25.4 岁，人口增长率和出生率分别为 2.05% 和 24.3‰。④ 相比于 2008 年，阿曼人均寿命从 73.91 岁提高到 77 岁。⑤

3. 人口分布

阿曼的社会过去以大大小小的部落为主，部落和家族对阿曼人有很强的约束性。随着经济的发展，阿曼的社会结构发生了巨大的变化，城市的

① EIU，Country Profile 2008—Oman，p. 12.

② 中华人民共和国驻阿曼苏丹国大使馆网站，http：//om. chineseembassy. org/chn/zjam/amgk/。

③ EIU，Country Profile 2008—Oman，p. 13.

④ 美国中央情报局网站，https：//www. cia. gov/library/publications/the – world – factbook/geos/mu. html。

⑤ 世界人口网，http：//www. renkou. org. cn/countries/aman/2014/1810. html。

就业机会吸引了大多数阿曼年轻人涌向城市。2015 年人口统计显示，77.6% 的人口居住在城市，自 2010 年以来流入城市的人口年增长率达到 8.54%。[①] 非城市人口主要为：渔民，居于沿海地区，以捕鱼为业；贝都因人，居住在阿曼南部和西部的沙漠地区，逐水草绿洲而居；农民，居住在适宜发展农业的巴提纳沿海平原地区和内陆"法拉吉"发达的地区；山民，也称希胡人，生活在穆桑达姆半岛。

4. 人口结构存在的问题

阿曼人口及城市化主要存在的问题有三。一是人口分布不均衡，人口结构过于年轻化，与本国高素质劳动力缺乏构成矛盾。多数阿曼人看不起私营部门的工作，而且比起外籍劳力来他们生产技能差，工资要求高，这使得阿曼在很多行业仍依靠外籍劳工。2000 年，阿曼加入世界贸易组织（WTO），根据相关市场准入时间表，21 世纪大批优秀人才进入阿曼，因此阿曼人的就业压力持续增大，大量即将就业的年轻人面临失业问题。二是虽然城市化程度高，但基础设施建设相对落后，面对如此之高的人口流入比例，能否保证及提升城市人口的生活质量是未来发展的重中之重。三是阿曼化进程的推行成功地开启了外籍人口的逆向流动，但外籍人口数量仍然较多，且不同外籍劳工团体之间的纠纷和利益之争不断升级，在某种程度上给社会安全带来隐患。

民族

阿曼居民绝大部分是阿拉伯人，属于闪米特人（Semite），是高加索人种地中海人的一支。历史上，阿曼的奴隶贩子曾经把东非埃塞俄比亚等地区的黑人贩卖到阿拉伯半岛的许多地方。在阿曼的沿海地区，阿拉伯居民曾与非洲奴隶杂居在一起，与非洲黑人通婚，所以阿曼人混有尼格罗血统，肤色较黑。至今仍有许多村庄居住着讲阿拉伯语的黑人，这些人就是东非黑人的后裔。阿曼的外籍人口数量很多，特别是沿海城市中有许多来自印度、巴基斯坦和伊朗等国的移民。印度移民由巴尼亚和哈瓦吉两个部

---

① 美国中央情报局网站，https://www.cia.gov/library/publications/the - world - factbook/geos/mu.html。

落组成，前者主要来自印度西部沿海城市，后者来自古吉拉特邦，他们主要居住在马特拉市。在阿曼的英国人通常在国家政治、经济领域担任要职。在侨民众多的马斯喀特和马特拉等城市，阿拉伯人人数不足一半。所以，阿曼沿海地区居民的种族较为复杂，内地的阿拉伯人则保持着欧罗巴人种地中海类型的特征。

一般认为，阿曼人（亦称阿曼阿拉伯人）的祖先来自公元前 2 世纪两次移民浪潮中的部落，即第一次移民浪潮中从阿拉伯半岛西南部直接迁徙来的也门人，第二次移民浪潮中来自西方的阿拉伯国家，从内志来的努扎尔部落。120 年马里卜大坝坍塌时，阿拉伯部落的居民纷纷来到阿曼。首批移民是由马里克·本·法赫姆·阿兹德率领的阿兹德人，后来繁衍成当政的艾布·赛义德家族。阿曼人，尤其是在农村地区的阿曼人仍保留着部落界线。阿曼全国约有 100 个部落，其中较大的有布阿利、布哈桑、哈里斯、哈贾里亚、瓦希巴、贾伊巴等。按照所处的地区，这些部落又大致分为两个集团：东北部的称希纳维（或纯血统阿拉伯人），西南部的称加费利（或混血阿拉伯人）。前者来自也门，是最早定居阿曼的阿拉伯人；后者来自半岛腹地的内志地区，在阿曼定居的时间较晚。

在与也门接壤的佐法尔地区居住的马赫拉人、卡西利人和卡拉人，与其周围的居民有较大的不同。他们肤色暗，头形较圆，鼻子较宽，头发卷曲。他们的语言更接近埃塞俄比亚的闪米特语。穆桑达姆半岛上的阿拉伯人属于希胡部落。

19 世纪末，从阿曼湾对岸迁徙而来的俾路支人（人数约 2.5 万）和波斯人（人数约 1.5 万），在阿曼经济生活中起着重要作用，俾路支人还是阿曼军队的骨干力量。

还有 1 万非洲人，主要居住在农村地区，从事农牧业。

语言

阿曼苏丹国的官方语言是阿拉伯语，通用语言为英语。阿拉伯语属于闪语系，由 26 个字母组成。阿拉伯语语法非常复杂，动词、名词有多种变格和变位，是世界上最难学的语言之一。但是阿拉伯语发音抑扬顿挫，韵律非常优美，也是世界上最美丽的语言之一。它最初主要在阿拉伯半岛地区使用，随着伊斯兰教的传播和阿拉伯人的对外征服而逐渐传播开来，最终成为整个阿拉伯民族的语言。由于葡萄牙、英国等国的殖民统治，英语也逐渐在阿曼传播开来。

阿曼各部落的方言土语各不相同。有些部落的方言受伊拉克土语影响，有些受波斯语和印地语影响。来自桑给巴尔的阿曼侨民通用斯瓦希里语。北部沿海地区的商人、水手以及大量来自印度次大陆的外籍人也讲乌尔都语。①

五　国旗、国徽、国歌

国旗　阿曼国旗为长方形，长宽之比为2∶1。旗面由红、白、绿三色组成，红色部分在旗面上形成横的"T"字图案，旗面的右侧上方为白色，下方为绿色，中间被红色宽条隔开。左上方绘有国徽图案。红色象征吉祥，白色象征和平与纯洁，绿色象征大地。

国徽　阿曼国徽图案呈褐色，由一把阿拉伯饰刀、两把弯刀和一条佩带组成，饰刀是美和力量的象征。整个图案表示阿曼人民保卫国家主权和独立的决心与力量。

国歌　阿曼国歌由拉希德·本·阿齐兹作词，整首歌旋律慷慨激昂，歌词为：愿上帝保佑苏丹塞义德安宁，快乐光荣，永得民心。愿祖国保独立，万古长新。愿国旗长飘扬，大荫永庇穆斯林。

第二节　宗教与民俗

一　宗教

1. 伊斯兰教的传入和发展

阿曼是最早接受伊斯兰教先知穆罕默德教谕的国家之一。前伊斯兰时期，阿曼普遍流行着自发的自然崇拜和拜物教。早期的部落民还有动物崇

---

① 黄培昭、苏丽雅：《当代阿曼苏丹国社会与文化》，上海外语教育出版社，2003，第122页。

拜的倾向。7 世纪初，阿曼流行好几种宗教。某些部落信仰基督教，在阿拉伯海沿岸城市还住着一些印度教徒和拜火教徒，内陆地区的大部分部落信仰当地氏族部落神和原始宗教。大约在 630 年，先知穆罕默德派使者埃米尔·伊本·阿勒·阿斯来到阿曼。统治阿曼的珠兰达的两个儿子加法尔和阿卜杜叛依伊斯兰教，从此伊斯兰教开始传入阿曼，阿曼没有经过任何战争就进入了伊斯兰时代。

在阿曼，伊斯兰教得到不断发展。除了逊尼派和什叶派，8 世纪初，伊斯兰教哈瓦利吉派的支派——伊巴德派（又译艾巴德派）逐渐盛行。伊巴德派就是以 7 世纪的学者阿卜杜拉·本·伊巴德（Abdu-llah Bin Ibad，约 650 ~ 705 年）的名字命名的。阿拉伯哈里发国家上层领导人一直企图消灭这个教派，多少个世纪以来，伊巴德教派的信徒与他们进行了顽强的斗争，15 世纪曾经在阿曼建立起强大的伊巴德国家。此后，在政教合一的教长领导下，伊巴德派教徒和葡萄牙、土耳其、波斯和英国等入侵者进行了长期的斗争，捍卫国家的独立和自由。1913 年，阿曼山区部落在穆斯林教长领导下举行起义，成立了"阿曼伊斯兰教长国"。阿曼为伊巴德教派的活动中心，并为该派培养了众多的著名伊斯兰教学者，其学说传播到也门、北非的阿尔及利亚、突尼斯和利比亚以及东非的桑给巴尔。

阿曼大多数居民信奉伊斯兰教，其中约 3/4 属于伊巴德教派，1/4 属于逊尼派。根据伊巴德教派的教义，伊玛目（教长）不是世袭，而是由各部落的谢赫（Sheikh）选举产生，伊玛目不仅是宗教领袖，也是世俗政权的首脑。伊巴德派教义千余年来一直在阿曼占据主导地位，实际上是阿曼苏丹国的国教。目前，阿曼的宗教事务由政府宗教基金部与伊斯兰事务部掌管。

阿曼人自己认为伊巴德派并不是哈瓦利吉派的一支，虽然教义有相似之处，但伊巴德派起源于阿曼，创始人是著名的宗教学者阿布·萨阿沙·贾比尔·本·宰德——阿卜杜拉·本·伊巴德为宰德的学生。其前身是"穆斯林信徒团"或"祈祷者"，在第三任哈里发奥斯曼当政时期（644 ~ 656 年）就存在于阿曼，比哈瓦利吉派（658 年形成）要早 10 余年。

阿曼的逊尼派穆斯林人数仅次于伊巴德派穆斯林人数,主要分布在巴提纳海岸、扎希拉省、东部区南部和佐法尔省。居住在阿曼的俾路支人中也有很多逊尼派教徒。阿曼的统治者和军官大都信仰伊巴德派或逊尼派。

什叶派穆斯林主要分布在马斯喀特和马特拉等沿海城镇,人数不多,约占首都人口的5%。阿曼的什叶派大多数是商人,也有部分知识分子和少数政府官员。

瓦哈比派(近代伊斯兰复兴运动的一个派别,为逊尼派分支)教徒主要分布在贾兰地区,人数少、影响小。

2. 清真寺

在阿曼共有13000多座建筑风格不同的清真寺。许多清真寺建于现代,由政府和私人共同出资修建。最具代表性的还是由卡布斯苏丹个人出资建造的位于马斯喀特的卡布斯苏丹大清真寺。该寺内有5个宣礼塔,代表着伊斯兰教的五大支柱,主塔高90米。寺内还建有苏丹卡布斯伊斯兰文化中心和图书馆。整个寺院造型优美,气势恢宏,规模宏大,一次可容纳16000名朝拜者。2001年5月对外开放后,前来参观和礼拜的人络绎不绝。

3. 宗教事务和宗教资金

宗教事务的资金来源主要是贝特·艾尔·马尔(阿拉伯语意是基金会)和宗教捐赠,这些资金由政府管理。札卡特(Zakat,即天课)既是宗教捐赠资金,也是穆斯林必须交纳的所得税,还是伊斯兰教五大功课之一。这些资金主要用于支付《古兰经》的印刷费和宗教人士的工资等。

阿曼政府设立了伊法塔办公室,除负责解答与宗教事务相关的问题,进行宗教宣传活动并为信众提供帮助外,还负责向新皈依的穆斯林教授最基本的教义,提供多国文字的宗教指南,帮助他们履行宗教义务。前往麦加朝圣也是穆斯林的五大功课之一。阿曼政府组织穆斯林朝觐团,鼓励信徒在有生之年前往沙特阿拉伯的麦加和麦地那各朝觐一次。

4. 其他宗教

阿曼对居民的宗教信仰采取宽容和忍让的态度,阿曼的法律规定:"只要不影响公共秩序或公共场所的严肃性,一切与现有习俗相一致的宗教信仰活动都是自由的。"信仰其他宗教的阿曼居民可以在专门的场所自由地举行宗教仪式。《阿曼个人身份法》规定，在不违反阿曼传统的前提下，可以为他们提供必要的设施。

在阿曼，信仰基督教的主要是英国人和美国人。1885 年，美国新教传教会首次进入阿曼。长期以来活动范围局限在沿海大城市，无法深入内地进行传教活动，传教会主要在他们主办的医疗点从事医疗等慈善活动。他们大部分属于新教各教会，少数是天主教徒。依据 2010 年的统计，阿曼 6.5% 的人口是基督教徒、5.5% 的人口是印度教徒、0.8% 的人口是佛教徒，犹太教徒的比例低于 0.1%，还有 1% 的其他信仰者以及 0.2% 的无信仰者。①

二　民俗

阿曼是一个古老的国家，其文明史至少可以追溯到 5000 年前。作为古老的阿拉伯民族的一支，阿曼人有许多独有的特征。

1. 名字

按习惯，阿曼人的名字要从祖辈继承，因此他们的名字很长，起码有三组。通常来讲，第一组是自己的名字，第二组是父亲的名字，第三组是祖父的名字，最后加上家族和部落的姓氏。因此，从他们的全名可以看出他们的父名和族名。

在阿曼，也有不用自己名字，只用家族姓氏或父亲、祖父的名字来称呼某人的情况。这既是习惯叫法，也表示对长辈的亲切和尊重。

2. 音乐和舞蹈

丰富的民族音乐是阿曼的一大特色。热情的阿曼人十分喜爱本民族的歌舞，歌舞已成为阿曼传统生活的重要组成部分。在阿曼，数以千计的民歌被一代又一代人传唱，这些歌曲记载着当时的政治、经济、社会文化、历史、地理和宗教情况，成为研究阿曼史料的重要依据。阿曼的传统歌舞

---

① Central Intelligence Agency, The World Factbook, https：//www. cia. gov/library/publications/the – world – factbook/geos/mu. html.

超过 130 种，每一种都是阿曼文化的宝藏。

阿曼的传统音乐在不断发展，受其地理环境和传统风俗的影响，大海和各地的风土人情在阿曼歌舞中出现的频率很高。传统歌舞有与海湾诸国类似的剑舞和女子的甩发舞，还有根据渔民生活创作的打渔歌和航海舞等。这些歌舞到现在还依然深受人们喜爱。1984 年，在卡布斯苏丹的指示下，阿曼传统音乐中心（OCTM）成立。现代音乐也是阿曼人生活中不可缺少的，1985 年根据卡布斯苏丹的指示，组建了阿曼皇家交响乐团（ROSO）。此后，阿曼修建了马斯喀特皇家歌剧院，作为文化与音乐艺术交流的重要桥梁，并在 21 世纪初在马斯喀特皇家歌剧院举办皇家艺术节，来自全世界的参展节目包括歌剧、芭蕾舞、弗拉明戈舞蹈、古典乐器以及声乐、爵士舞等。从 1985 年开始，阿曼开始举办皇家管弦乐节，2015 年9 月 17 日，第 30 届皇家管弦乐节在马斯喀特皇家歌剧院举办。[①]

3. 服饰

阿曼人的服饰与其他海湾国家不同，有其独特的民族风格。阿曼男人的服饰很别致。内地男子典型的装束是：蓄长须，头戴一块洁白的棉布头巾，穿长袍（Dishdashas），腰间围用银线织成的腰带，上面挂着腰刀。他们身上还带着一个小银瓶，里面是一种阿曼男女通用的化妆品，用来涂黑眼圈；还携带有一个银制管状容器，里面装着拔刺用的镊子，因为当地树上时常会掉刺。长袍没有领子，领口右边有一个小缨穗，用来蘸香水。阿曼男女都爱用香水。阿曼人的袍子都很宽松，长及脚踝，大多是雪白的，也有混色的。穿着起来清爽舒适，十分适合阿曼炎热的气候。在隆重的场合，一般在白袍外面罩件"比什特"，即一种用金线镶边的黑色、浅黄褐色、浅咖啡色或白色的大氅。男子的内衣叫"瓦扎拉"或"仑吉（Lunghi）"，是裹在腰上的一块布，阿曼男人在烈日下劳动时只裹它。

男子的头饰有很多种，有的戴帽子，有的缠头巾，根据部落、地区、季节和场合的不同而变化。沿海居民在非正式场合通常戴一种线织的绣花小圆帽，随和、方便。帽子的总体色调是白色，上面有用金丝线和各种彩

---

① Sultanate of Oman Ministry of Information, *Oman 2015*, p. 249.

线绣制的优美的花纹图案。有些内地和沿海人根据身份和用途的不同，戴各种质量的羊绒或羊毛头巾。一般来说，身份较高的人参加正式活动时都戴头巾。头巾要紧紧地盘绕在头上，缠好后必须留一个巾角垂在左耳边。现在人们为了省事，将头巾改为帽子，使戴上之后看上去仍像戴头巾的样子，免去了缠头巾的麻烦。贝都因人也时常戴颜色鲜艳的头巾，有橙色、紫色、黄色和绿色等，与所处的大漠成鲜明对比。

阿曼男子喜欢佩戴一种弯刀，称"罕贾尔"（Khanjar），佩戴在腰的右侧。弯刀原来是沙漠中用来防身的武器，现在演变成一种装饰品，象征阿曼人勇敢强悍的民族性格。罕贾尔是阿曼人身份和地位的象征，有的刀柄用犀牛角、象牙和黄金制成，上面镶有名贵的宝石。其价格相当昂贵，普通的价格在 400～500 阿曼里亚尔（约合 1040～1300 美元），高档些的价格可达数千阿曼里亚尔。成年男子在正式场合如果不佩戴弯刀，则会被认为是"衣冠不整"而遭到奚落。

在阿曼的不同地区，女子的服饰各不相同。巴提纳和佐法尔部分地区的妇女必须戴面具，遮住鼻子，只露眼睛。一些贝都因部落的妇女也要戴面具，还有些穿黑色长袍，戴黑面纱，只在眼睛处露出一条窄缝。城市妇女和一些年轻的农村妇女喜欢穿着鲜艳的印花长袍，戴艳丽的头巾，许多人已不戴面纱。服装的款式主要是长袖的直筒长衫，一般垂到膝盖下，里面是在脚踝处有紧口的裤子。沿海的巴提纳地区的妇女喜爱紫色和黑色，内地妇女的服装色彩艳丽，主要是橙色、黄色、绿色等，衣衫外还用两大块棉布缝成一件外罩，叫"来苏"。无论贫富，妇女都喜欢金银首饰，几乎每人都有几件。阿拉伯妇女佩戴的金银首饰一般都体积大、重量重，因此有金银首饰是阿拉伯妇女体重的一部分的说法。

在阿曼，无论男女都喜欢赤脚穿拖鞋，即便在正式场合，男子也常穿拖鞋。

4. 饮食

阿曼没有独具特色的烹饪技术，印度风味的咖喱菜是它的国菜。阿曼人的主要食物有大米、小麦饼、鱼、牛羊肉；水果有香蕉、橙子、杧果等。"哈尔瓦"（Halwa）是一种甜食，是把印度酥油、淀粉、红糖、小豆蔻和蜂蜜等一起放在大锅里熬制而成，是阿曼人饮食中必不可少的部分。阿曼是信奉伊斯兰教的国家，穆斯林禁止吃猪肉和饮酒。但酒类在大饭店和高档的餐馆仍有供应，政府对酒类产品收取 100% 的进口关税。伊斯兰历 9 月是斋月，白天在日落之前不准进食和喝水。非穆斯林和不需要斋戒的人白天也不准在公共场合吃喝东西，以示对穆斯林的尊重。阿曼人用餐时禁用左手。

5. 礼仪

热情好客是阿曼人的重要特征，以茶和咖啡待客是阿曼人的习惯。不论你走到哪里，主人总是先敬上一杯红茶，有时也用阿拉伯茶或阿拉伯咖啡待客。客人喝完一杯咖啡后，如果不想继续喝了，就把空杯子在手中晃一下，否则主人就会不停地把咖啡倒满。阿曼人待客的食品一般有茶、水果、饮料、小麦饼、肉、饼干等，对尊贵的客人还有羊肉抓饭、炖菜、肉和蔬菜等。到阿曼人家里做客，主人会在门口迎接。男女宾客被带到不同的房间。有时客人一进门，主人就捧出香炉，点燃香料为客人熏香。送客时更要行熏香、洒香水等整套礼仪。主人还会拉起客人的手一直送到大门外，目送客人离去。

阿曼同非阿拉伯国家的同性外籍人行握手礼，对阿拉伯国家的人行拥抱和亲吻礼。卡布斯苏丹接见臣民时，臣民可以拥抱和亲吻苏丹，一般人吻他左肩以示尊敬和崇拜；王室家族成员可以吻他的鼻子，表示亲近和热爱。阿曼长辈对未成年的男女都行吻礼，一般只吻孩子的额头，有时为朝鲜族表示热情，也吻孩子的双颊。

阿曼给予妇女多方便利，在街上、商店或办事机构都对妇女优先照顾。男子不可斜视妇女，不可行握手礼，只可点头示意；不可和女性交谈、亲近女性或拍摄女性照片。

6. 婚姻

阿曼人的婚礼多由父母包办或委托他人办理。早期，女孩在 11～12 岁订婚结婚是常有的事，现在由于女孩普遍接受教育，结婚的年龄一般推迟到 20 岁左右。女孩的婚姻由双方亲属包办，也需要女孩自己同意。男子如果想和寡妇或离婚的女子结婚，自己可以直接向女方的男性亲属提亲。

　　阿曼人结婚的第一步是"问亲"，这一步通常由父母或姐妹进行。双方同意后，下一步是"承诺"。这一阶段双方要确定男方向女方送聘礼的数目，聘礼是丈夫送给妻子的结婚礼物，是妻子的财产，完全由她支配。聘礼的形式多样，可以是结婚用品，也可以是现金，通常要送一部分黄金以供新娘保存，留备将来离婚时使用。聘礼的多少因地区而异，有的地区高达几千阿曼里亚尔。第三步就是双方在宗教法官面前签署婚约，完成法律上的程序。最后就是举行婚礼。

　　阿曼男青年多半娶堂妹为第一个妻子。阿曼人这样说："谁要娶陌生女子为妻就好比喝了一壶不知为何物的饮料一样；而娶堂妹为妻，就如喝了看得见并知为何种饮料那样痛快。"由于近亲结婚产生了很多先天畸形的后代，阿曼人逐渐扩大了择偶范围。新娘在新婚之夜要穿绿色礼服，绿色象征着丰饶，意味着新娘将为新郎生养很多孩子。在内地，新娘的手、脚和脸都要用一种棕红色的颜料画上精美的图案。旧时，阿曼的新婚夫妇第一次见面是在婚礼上，然后被护送到他们的房间或帐篷里。现在，随着社会发展，年轻人可以相互认识的场合增多。新婚第二天，要去看望新娘的父母。第三天，新婚夫妇就可开始蜜月旅行。

　　虽然根据伊斯兰教法，一个男子可以娶四个妻子，但这在阿曼实际生活中并不多见。一夫多妻的现象主要发生在偏远的山区和农村地区，城市里多满足于一夫一妻。按照伊斯兰教法，阿曼男人对妻子只要说三次"我休了你"，就可以休妻，合法终止婚姻。但是休妻的男子必须付给她赡养费。在阿曼，妇女只有在丈夫不供养她、与他人通奸或不能生育的情况下才可以向法官请求裁决离婚。离婚后的女人必须等一段时间才能再婚，以便确定她是否怀有前夫的孩子。离婚的女子回娘家时，通常要带上 5 岁以下的孩子。孩子超过 5 岁，父亲一方就有权将其留下。

　　与其他阿拉伯国家不同的是，阿曼妇女在家庭中有一定地位。男人须对妻子温厚亲切，妇女不仅可以不戴面纱，更可以骑在驴背上在前行走，其夫跟在后面。妇女见陌生人也不必回避，而是可以有礼貌地与之交谈。在称为胡希巴的贝都因人部落中，女人"一手遮天"，主宰一切。女人在这个部落中拥有权力和地位，这在阿拉伯其他部族中都是没有的。在这个部落里，结了婚的男人往往与妻子分居，住在自己父母的家里。

7. 葬礼

穆斯林的葬礼庄重肃穆。在阿曼，人死后尸体马上被仔细清洗。这是一项非常重要的宗教仪式。接着人们给尸体涂上香油，在其身上、手指上、脚趾间撒上香料和有浓郁香味的白粉"卡富尔"。最后用一块崭新的白色平纹细布把尸体包裹起来，放入木匣，在亲属护送下抬到墓地，葬到一个一米多深的墓穴内。死者侧卧，面朝麦加的方向，由其最亲近的人填埋第一锹土。墓前竖一块石碑，用石子标明头和脚的位置。下葬只在白天进行，而且要在 24 小时内完成。

丧偶的寡妇有 4 个月零 10 天的哀悼期。在这期间她不能见任何男子，以确认可能存在的遗腹子的父亲的身份，消除对孩子继承权的疑虑。她必须穿着旧衣服，不一定是黑色，只能洗自己的东西，不能化妆、戴首饰。恢复正常生活前，她要按照宗教仪式进行沐浴。

三 节 日

阿曼节日活动丰富多样，其中宗教节日有：开斋节，伊斯兰教历 10 月 1 日（斋月第 29 日傍晚如见新月，次日即为开斋节，如不见新月，则再封斋 1 日，共为 30 日，第二天为开斋节）；古尔邦节，伊斯兰教历 12 月 10 日，汉译为宰牲节；圣纪节，伊斯兰教历 3 月 12 日；伊斯兰教新年；阿术拉节，伊斯兰教历 1 月 10 日；等等。

国家节日和庆典：国庆节，11 月 18 日，也是卡布斯苏丹的生日；7 月 23 日，卡布斯登基日；12 月 11 日，武装部队日；1 月 25 日，阿曼儿童节；2 月 24 日，阿曼教师节；3 月 4 日，阿曼妇女节；3 月 21 日，阿曼母亲节（家庭节）；等等。

传统节日和庆典：赛骆驼、赛马，以及举办阿曼民歌节、马斯喀特电影节等。

第三节 特色资源

一 著名城市

马斯喀特城 阿曼苏丹国的首都，连接海湾、阿拉伯海和印度洋，自古就是重要的贸易港口、贸易集结地和商业中心，现在更是阿曼的统治中心和主要的政治、经济和管理中心，是全国人口最稠密的地区。马斯喀特城是卡布斯苏丹的王宫旗帜宫所在地，同时还是卡布斯苏丹大学、主要商业银行、世界级饭店、公园、专业医院、各种院校、培训机构、体育协会、年轻人俱乐部和文化以及艺术中心所在地。全国约 40% 的饭店、46% 的床位以及全国 10 家五星级酒店中的 8 家都位于马斯喀特。现在马斯喀特老城区的古代商铺、通道、堡垒等都已成为重要的旅游景点；新建市区也充满传统的阿拉伯和伊斯兰风格。马斯喀特的历史和现代建筑、博物馆、世界级饭店、公园、美丽海滩和排列着棕榈树的干旱河谷都会使旅游者眼前一亮。其他受欢迎的旅游景点还有艾尔·库德谷地（Wadi Al Khoudh）和希德附近群岛上的自然保护区。马斯喀特地区的山间古道也是一道亮丽的风景，这些山道修复后会连成一个山路网，可以为探险旅游、爬山等旅游项目提供更多的条件。每条路的入口都设有路牌，告知游人路线、长度、难度等级以及平均行路时间等详细信息。

马斯喀特城是一个将历史和现代融为一体，集现代化和传统风格于一身的首都城市。它的名胜古迹很多，杰拉里古城堡（Al Jalali Fort）和米拉尼古城堡（Al Mirani Fort）已有 400 多年的历史，是葡萄牙人入侵时留下的遗迹，现已改建成供游客参观的博物馆。位于布什尔的卡布斯苏丹大清真寺是阿曼最著名的建筑之一，于 2001 年 5 月竣工，是阿曼传统工艺和现代设计的完美结合。马斯喀特省的马特拉州有阿曼最重要的港口和古老的阿拉伯市场，其中马特拉市场（Mutrah Souq）是最受欢迎的传统市场，由于保存非常完整，现已成为非常有名的旅游景点。这个市场主要销售传统的阿拉伯香料、乳香、芳香剂、手工艺品、珠宝以及阿曼传统的日用器皿、服装、鞋类等。

一年一度、历时 30 天（从 1 月 15 日到 2 月 14 日）的"马斯喀特节"是阿曼人的传统民族节日。节日期间，盛装的人们欢唱民歌，围成圆圈跳古老的民族舞蹈，骑着骆驼和马在集市上穿行，还有现场制作阿曼人最喜欢的传统食品"哈尔瓦"等，一切都是古老传统的重现。2015 年，第 15 届"马斯喀特节"吸引了上百万游客。

塞拉莱城 佐法尔省省会，自然风光秀美，拥有丰富的文化、艺术和休闲项目，其中赫里夫节（阿拉伯语意为秋游节）是最受欢迎的节日。从 1995 年第一次组织"赫里夫节"开始，来自其他阿拉伯国家的旅游者就络绎不绝。赫里夫节在每年 6 月 21 日~9 月 21 日举行，其间还会举办著名的"塞拉莱旅游节"。2015 年 7 月 23 日~8 月 31 日，"塞拉莱旅游节"成功举行，其主题为"阿曼：爱与和平"。2014 年，赫里夫节共吸引43.1 万游客前来游览。①

苏哈尔城 在伊斯兰教产生之前，这里曾是阿曼的首都。它是阿曼第一个信奉伊斯兰教的城市，也是民间传说中辛巴达和他的水手们航行的起点。历史上苏哈尔是海湾和印度洋贸易通道上的重要港口和贸易中心，很早就和中国有贸易往来，一些历史学家称之为"通向中国的门户"。苏哈尔在 4000 多年前就因盛产铜而著名，现在这里的铜矿依然在开采之中。苏哈尔市风景优美，1998 年 3 月在"阿拉伯城市金杯奖"评选中获得最佳城市风光奖。现在政府投资数十亿阿曼里亚尔将苏哈尔建设成为一个工业化的港口城市，许多工业区也正在兴建中。

鲁斯塔格城 曾是阿曼历史上亚里巴王朝的首都。该城居民主要从事传统工业，如腰刀制造、编织、制糖和椰枣加工等。这里的凯斯法甜水泉是阿曼最著名的水泉之一。鲁斯塔格城堡和哈泽姆城堡堪称阿曼最大最美丽的城堡。

尼兹瓦城 位于内陆省，历史悠久，在伊斯兰创教初期，这里曾是阿曼的传统首都。众多思想家、宗教家、文学家、大学者和历史学家等会集

---

① Sultanate of Oman Ministry of Information, *Oman 2015*, p. 292.

于此，尼兹瓦被称为"伊斯兰之卵"和"阿曼心脏"。这里是伊斯兰教义学研究权威杰巴尔·本·扎伊德·阿兹迪（Jaber Bin Zaid Al - Azddi）和著名诗人、语言学家伊本·德雷德（Ibn Dread）的出生地。

尼兹瓦还是阿曼重要的行政中心和牲畜、农产品贸易中心。这里盛产棉花、椰枣、酸橙、香蕉、柠檬、杜果、甘蔗和蔬菜，它出产的玫瑰水和塔努夫矿泉水都很有名。这里还有阿曼最大的法拉吉——达里斯法拉吉。尼兹瓦的手工艺品工艺高超，项链、耳环、手镯、脚镯和戒指等金银饰品做工精致，造型优美。这里还出产独具阿曼特色的家用器皿、武器、咖啡壶、匕首和腰刀等。尼兹瓦州和巴哈拉州的穆斯林堡垒和城墙是两处著名的旅游景点。1987 年，联合国教科文组织将尼兹瓦州建于 17 世纪的堡垒、星期五露天剧场，以及墙壁和城堡均由未烧制的砖石砌成的巴哈拉州的堡垒等列为世界自然文化遗产。那里还有许多著名的古清真寺。

苏尔　东南省最重要的城市，同时也是古老的海港。几个世纪以来，它一直是主要的造船中心之一，在阿曼、东非和印度之间的贸易中占有非常重要的地位。直到 19 世纪，苏尔依然是阿拉伯半岛造船业最繁荣的地区。当地居民主要从事航海业、手工造船、纺织业和农业。

伊卜拉城　东北省的中心，也是一座古城，农业、传统手工业和贸易发达，有众多的古堡和清真寺。

二　名胜古迹

阿曼历史悠久，自然风光旖旎，拥有众多名胜古迹。陈列着不少记载国家历史和文化的收藏品的博物馆，向公众开放。除此之外，阿曼的海岸及富有文化和历史气息的建筑也成为游人聚集之地。

历史遗址　艾尔·苏瓦遗址的历史大约在公元前 6000～前 4000 年。从这里出土的文物对重新审定纪年的排列，推算火石器出现年代很有帮助。

拉斯·艾尔·吉兹遗址形成于公元前 4000～前 2000 年，共经历了 4 个重要时期。这里共出土了 6 座古墓，历史可追溯到公元前 3000 年中后期的乌姆·艾尔·纳尔时代。

瓦迪·莎巴遗址位于苏尔地区，从中出土了公元前 4000 年渔民的圆形住所。

巴塔遗址形成于公元前 3000 年，位于达哈拉地区。在这里发现了乌姆·艾尔·纳尔时期和铁器时期的古墓，挖掘工作已经开始。

拉赫克时期的防御工事在瓦迪·艾尔·艾因被发现，在那里还发掘出一些罕见的工艺品，如一块磨制矛梭的皂石。

后冰河世纪遗址发现于中部省，多达 47 处，距今在 10 万至 12.5 万年之间。

苏艾尔的宝藏发现于内地省。人们在尼兹瓦地区的苏艾尔泥砖墙中发现了一个土陶罐。罐中有 456 个大小不一的银币。银币的一面刻着"安拉的朋友阿里"，边缘上刻着"世上没有上帝，只有他的先知穆罕默德"；另一面刻着"真诚的信仰"，边缘上的字迹已无法辨认。据伊斯兰教历记载，这些银币产于不同时期，还有一些妇女装饰用的项链。

布什尔遗址位于马斯喀特省，其考古挖掘由海湾合作委员会（以下简称"海合会"）的所有成员国共同参与。在瓦迪苏克共出土 17 座青铜器时代后期的古墓，出土的手工艺品有皂石容器、陶瓷壶、黄铜头盔和黄金首饰。

从阿曼乳香产地到出口地的乳香之路遗址，多少年来，都是众多学者和游客流连徜徉的地方。2000 年，阿曼有四处被列入世界文化遗产"乳香之路"，分别是瓦迪·达凯、乌巴尔、克尔·罗里、艾尔·巴里德。

博物馆　阿曼国家博物馆于 2013 年建成，位于阿曼首都马斯喀特市，建筑面积 13700 平方米，拥有 10 个展区，分别为陆地和人类展区、海洋历史展区、武器和盔甲展区、阿夫拉季灌溉系统展区、货币展区、史前和古代历史展区、绚烂的伊斯兰文明展区、阿曼和世界展区、非物质文化遗产展区、现代复兴展区等。此外，阿曼国家博物馆还公开展出 5466 件藏品，拥有 43 个数字模拟体验厅。[①]

自然历史博物馆于 1985 年开馆，主要收藏各种哺乳动物、昆虫、鸟

———————

① The National Museum (Sultanate of Oman), https：//en. wikipedia. org/wiki/The_ National_ Museum_(Sultanate_ of_ Oman).

类的标本，向公众介绍阿曼的各种动植物。通过参观，阿曼人对野生动植物和环境保护产生了浓厚的兴趣，参观人数不断增多。自然历史博物馆还修建了国家草药园和生态花园。

儿童博物馆是阿曼最受欢迎的博物馆之一。它以各种生动形象的方式启发孩子自己动手，学习基本科学原理，培养对学习的兴趣。

阿曼－法国博物馆的前身是 1896 年法国领事的官邸，主要展出阿曼和法国关系的历史资料，早期法国外交官的家具、服装、照片等。

石油和天然气博物馆于 1995 年由阿曼石油开发公司捐建，主要介绍石油发现的历史过程和有关石油形成和开发的知识。

除了上述博物馆外，阿曼还有马斯喀特城门博物馆、阿曼中央银行货币博物馆、塞拉莱博物馆、苏哈尔城堡博物馆等。

古城堡　阿曼最主要的历史遗迹，承载着阿曼的历史和古老的建筑艺术。政府正在开发和恢复一些重要的城堡和宫殿建筑。7 世纪前的古堡——白赫拉城堡、拉斯塔格城堡等至今保存完好。著名的尼兹瓦城堡于 1668 年建成，它完全由石料砌成，高 30.48 米，直径 36.48 米，壁厚 2 米多，有 7 座大门，门前的 2 尊青铜古炮已有 300 多年历史。杰白利城堡位于首都西南方，堪称阿曼最壮观的城堡。它原来是历任教长的行宫，改建后增加了防御设施，成为城堡。另外，还有其他一些著名的城堡，其内部设有高科技的小型博物馆，开设有小礼品店和手工艺品店。为了展示不同风格的建筑、旧式武器、传统服饰和民间传说等，许多城堡开设了一些永久性展厅和一些小型博物馆，展出了大量的信息资料。

海岸旅游　阿曼海岸线延绵 1700 多公里，海水洁净，自然风光优美，是水上运动和休闲旅游的好去处。生态旅游是阿曼旅游业得以持续发展的基础，鲸鱼、海龟、海豚、候鸟、羚羊和沙丘使阿曼成为自然旅游的胜地。哈德角就以海龟繁殖和生态旅游著称。

文化旅游　为了配合旅游业的发展，政府每年举办文化和艺术活动，吸引了大量的国内外游客。如艾尔·弗勒吉城堡晚间的阿拉伯风情和国际节目表演。位于巴尔卡的剧院，于 1999 年 10 月建成。佐法尔的塞拉莱新建的能容纳 7000 名观众的大剧院，落成后能够为阿曼文化旅游业带来重大的影响。阿曼随处可见的清真寺也是一道优美的景观。它们大小不等，建筑风格各异，颇具典型的阿拉伯建筑艺术风格。

三　动植物资源

1. 动物资源

阿曼境内气候分类明显，气候的多样性为各种动物的生存创造了良好的条件。

鸟类　常年生活在阿曼的鸟类有 85 种，候鸟种类更多。全球已知的 1 万种鸟类中有 450 多种可以在阿曼找到。绿色的食蜂鸟、黄色的夜莺、紫色的太阳鸟、草原鹰长年生活在马斯喀特地区。穆桑达姆省内海拔高达 2000 米以上的地区，十分适合鹌鹑生长。在阿曼中东部地区，有从北欧的大西洋沿岸和西伯利亚长途迁徙而来的各种滨海鸟类，如苍鹭、涉禽、矶鹞、鹬等。在巴提纳平原，猎鹰夏天在海中的斯瓦第岛繁殖。阿曼湾中的丹马尼亚岛冬天有鱼鹰，夏天有成千上万的燕鸥。为保护这些珍贵的鸟类，该岛每年 5～10 月禁止游人参观。另有 30 多种鸟类仅见于阿曼南部地区，如织巢鸟、杜鹃和非洲猫头鹰等。

野生动物　阿拉伯羚羊是阿曼最有名的野生动物，适合在沙漠等恶劣和干旱少雨地区生活。它们得以在沙漠生存的一个非常重要的技能就是可以依据风的情况判断是否要下雨。羊群一般由 5 头羊组成，通常是领头的母羊带领羊群寻找雨后嫩草，成年公羊一般留下保卫羊群的领地，不随羊群走动。公羊之间经常为保护母羊和领地发生争斗。阿拉伯羚羊的寿命约为 20 年，一胎小羊的妊娠期为 8 个半月。

阿拉伯豹主要生活在佐法尔省的贾贝尔萨班区，它们的主要食物是努比亚野山羊和岩兔。

努比亚野山羊大部分时间过着小群体生活。公羊每年按照惯例争夺繁衍的权力。

阿拉伯瞪羚喜欢在灌木丛中吃草，在阿拉伯羚羊保护区内数量最多，超过一万头。阿拉伯瞪羚一胎生一只。沙瞪羚不太常见，喜沙土地形，耐力好，可长途跋涉寻找鲜草。沙瞪羚一胎生两只。

阿拉伯塔尔羊长得像山羊，喜欢小群体活动，主要生长在马斯喀特省海拔 1000 米以上的萨琳地区，少数在阿曼与阿联酋的交界地区，喜喝地下流出的泉水。他们和努比亚野山羊一样，每年公羊之间都至少有一次争夺母羊的"战争"。

此外，阿曼还有沙狐、红狐狸、狞獾、猞猁、野猫、猥、印度豪猪、香猫、阿拉伯狼、斑纹土狼以及无数啮齿类动物等野生动物。

骆驼是贝都因人的好朋友。巴提纳地区出产的骆驼是阿拉伯半岛最好的骆驼品种。这些骆驼前额宽阔，耳朵大，个小体轻，灵活敏捷，以速度快、耐力强著称，得到海湾邻国许多骆驼赛手的青睐。

马在阿拉伯半岛是高贵的动物。马作为交通工具，曾经是阿曼出口到罗马、中国和印度的最好商品。如今，阿曼马数量渐少，全国仅存 2000多匹，其中纯种马 1500 匹，另外 500 匹为杂交马。

海洋动物　漫长的海岸线为海洋生物的生存提供了良好的条件。世界 7 类海龟中有 5 类是阿曼本土物种，其中有 4 类在阿曼海域产卵。阿曼是红海龟最重要的产卵地，其他的是绿海龟（濒危动物），橄榄鳞龟（最小的海龟），玳瑁龟和棱皮龟（龟鳖目中体形最大者，只在沿海水域出现）。阿曼沿海海滩北起穆桑达姆，南至佐法尔，全年都是海龟觅食和迁徙的重要海域。哈德角（阿曼最东端）因绿海龟的产卵数量多而著名；马西拉岛有数量众多的红海龟。阿曼非常重视对海龟的保护，哈德角地区的所有海滩都对旅游者关闭。阿曼海域还吸引了大量的鲸鱼和海豚，包括在热带海域栖息，迁徙到极地寒冷海域觅食的驼背龟。阿曼海域受夏季季风影响，有丰富的海洋生物，在这里驼背龟既可以觅食又可以栖息。阿曼海域还是 21 种鲸鱼和海豚的家园。鱼类资源十分丰富，世界上共有 25000 种鱼类，其中很多种类都可以在这里找到，如鲶科鱼、鳗鲡、蓝箱鱼、梭鱼、狮子鱼、蛙鱼、小丑鱼和鹦鹉鱼等。阿曼的龙虾资源也相当丰富，用龙虾制作的菜肴是宴会上的主菜。

2. 植物资源

阿曼大部分地区为热带沙漠气候，十分炎热，降水量稀少且不规律。受气候影响，阿曼植物数量和种类有限，主要以灌木和一些特色植物为主。南部的佐法尔省在季风来临时降水量可达 200 毫米。在热季,受季风带来降雨的滋润,佐法尔的平原地带灌木丛生,绿树成荫,乳香树生长茂盛;在温季,降水稀少,树木枯黄。阿曼主要的特色植物有以下几种。

乳香树　英文名为"Boswellia carterii Birdw",是佐法尔省的特色植物。它不喜热,耐寒,适合在干旱少风少雨的地方生长,主要生长在山地低矮斜坡和陡峭的空地上,可长至 5 米高。

乳香点燃后芳香四溢,素有"软黄金"的美称,世界上公认最好的乳香便出产自阿曼佐法尔地区。乳香可以作为原料制造香料、油、香粉、香水、药品、蜡烛和树脂球。因为乳香点燃后能散发出浓郁而独特的香味,所以几乎所有的阿曼家庭都熏烧乳香。世界各地宗教仪式中使用的蜡烛也以乳香为原料。由于质量上乘,阿曼的乳香在国际市场上一直有很高的需求量。乳香的采集工艺非常讲究,大致分为三道工序,简称"三切"。每年三月底气温回升时,采集者开始第一道工序,即用一种特殊的工具去除树枝和树干的表皮,使乳白色的香树脂顺着切口流淌出来。过 14 天左右这些树脂凝固在树上后便开始第二道工序——采割,这时收获的是质量较差的乳香。第三道工序才是真正的收获,等切口处流出金黄色的乳香时就可以刮下来,直接拿到市场上出售。乳香树的采集时间长达 3 个月,每棵树的平均产量是 10 公斤,佐法尔每年可采收 7000 吨乳香。

椰枣树　椰枣树被阿拉伯人称为"树中之王",是早期阿拉伯人的生命之树。阿曼的椰枣树主要生长在北部的绿洲和平原地区,种植面积约为 12 万公顷,占全国耕地面积的 49%。海滨地区的椰枣树喜高温,耐潮湿,内陆地区的椰枣树则需要高温干旱的气候。阿曼境内有 60 多种椰枣树,每个地区都有不同的品种,成熟的季节也不相同。其中最好的品种是黄色的卡拉和扎比、红色的昆紫和卡撒。一种叫玛萨丽的椰枣很少直接食用,多数在没成熟时放在大锅里煮,主要用以制作甜点。椰枣树不仅是阿曼人重要的食物来源,还是许多传统工艺品的原料。椰枣树皮经加工后可制成绳子,树干可用于建造房屋。

四 传统艺术

　　阿曼的传统艺术以手工业为代表。阿曼的传统手工业有着悠久的历史。手工业技术的传承通常都是通过进行手工业生产的家庭代代相传。阿曼最有名的手工业包括银饰工艺、造船、木雕、铜器制作、蜡染、陶艺、纺织、靛蓝染色、香料制造、制糖等。阿曼鼓励和支持发展民族手工业，为传承和弘扬传统技能，建立了发展手工艺的阿曼手工业总局（PACI）。2004 年，阿曼手工艺遗产文献工程办公室资助出版了两卷丛书《阿曼手工艺遗产》。2015 年中旬，阿曼手工业总局发布的报告显示，全国共有12986 名手工业者登记在册，其中 1930 人得到了国家财政支持，共花费51.43 万阿曼里亚尔。①

　　阿曼的金银首饰制造工艺高超，金银匠在珠宝设计上独具匠心。他们制作的头饰、耳环、项链、戒指、手镯、脚镯等做工精细，风格独特。传统的阿曼腰刀（"罕贾尔"）体现了阿曼人设计和传统手工艺的精湛。一般腰刀制作比较粗糙，刀柄和刀鞘用木头或塑料做成。但上好的腰刀做工非常考究，刀柄呈"T"形，用乳白色的象牙制成；刀身呈弯月形，刀鞘为纯银质地，上部镂刻着精美的图案。腰刀从古代的武器演变成现代的时尚饰物，用来装饰男子华丽的腰带。人们可以从腰刀上的装饰看出佩带者的身份，如皇室腰刀的刀柄呈十字形，只有皇室成员才能佩戴；还可以从腰刀的样式看出佩戴者来自哪个部落。如尼兹瓦地区的腰刀纹饰是几何图形，鲁斯塔格地区的腰刀为玫瑰花枝图案，伊卜里地区的腰刀则是菱形图案。

　　阿曼的造船业历史悠久，技艺高超。早在公元前，阿曼的航海业就很发达。8～15 世纪是阿曼航海业的黄金时代或全盛时期，马斯喀特的船只载重量可达 600 吨。历史上，苏哈尔、苏尔和佐法尔等地的造船业非常繁荣，阿曼人造船的木材从印度和非洲进口。阿曼人造船不用铁钉，而是用椰子树的纤维把船的各个部分缝合起来，用自然油脂和动物脂肪把船板的

---

① Sultanate of Oman Ministry of Information, *Oman 2015*, p. 80.

缝隙填塞密实。阿曼人造船技艺高超的另一个表现就是，他们可以全凭记忆建造 120 英尺长、载重 500 多吨的船只，不用任何图纸。现在许多古老的木船已难觅踪迹，只有在苏尔等港口城市还可见到用传统方式造船的作坊。苏尔城至今还保留着一艘 220 吨的大船——"伟大的征服者"号。如今阿曼的传统造船业风光不再，现代造船厂代替了手工作坊，只有在苏尔还有少数工匠在维持着这种传统工艺。1980 年的"苏哈尔"号仿古船就是在苏尔建造的，它循着古代阿曼人的足迹，跋山涉水最终抵达中国广州，后又返回阿曼，以纪念"苏哈尔"号之旅和中阿之间的友好关系。

　　阿曼的木雕工艺水平高超。在每个村庄和城镇都能看到富有创造力的木雕门。木雕门所用材料通常是从印度或非洲进口的，材质非常耐用。阿曼家庭最重要的家具是各种各样的箱子。箱子常为木制，里面有格子和暗屉，用来摆放贵重物品。箱子里面放着钱、丝绸和珠宝等，由婆婆传给媳妇，作为给新娘的部分聘礼，就这样在一个家庭中代代相传。阿曼人对箱子情有独钟，不光自己设计和制作，还从世界各地收集箱柜带回国。

　　阿曼制陶工艺和技术精湛，其境内出土的最早的陶罐制作于公元前3000 年。阿曼的陶制品样式繁多，不仅有装饰用品，也有器皿类，主要有大陶罐、香炉、水缸、碗和咖啡壶等。

第二章

历 史

第一节　上古简史（公元前 3000 年~
公元 7 世纪）

阿曼是一个具有悠久历史的国度，它经历了史前阶段、古典伊斯兰化阶段、殖民主义边缘化阶段和现代民族国家形成阶段。在阿曼悠久的历史长河中，两种主体力量互动交往，主导着阿曼的历史，那就是以伊巴德教派为首的宗教力量和以民族主义作为政治支撑并逐渐主导阿曼政治的世俗力量。

一　原始社会时期（公元前 3000 年以前）

阿曼所处的阿拉伯半岛地区属于世界历史上赫赫有名的文明起源地之一。早在 1.2 万年前这里就出现了最早的居民，当时的阿曼人已经大体掌握了农田水利技术，学会了种植小麦、大麦等农作物，并开始利用地下水资源浇灌农田，还会兴修灌溉工程。阿曼的畜牧业也获得初步发展，在高原地带和草原地区，阿曼人开始驯养山羊、驴和骆驼。阿曼的手工业相对来说，位于地区前列，有纺织、染色和制陶等。阿曼人已经进入新石器时代，可以制造石刀、石斧、石钻，他们用石制武器狩猎羚羊、野山羊、鸵鸟和其他野生动物。不过阿曼人平时的食物主要以野果为主，过着饥一顿饱一顿的生活。[1] 佐法尔的希苏尔是一个燧石工具加工中心，考古专家在

---

[1]　Carol J. Riphenburg, *Oman: Political Development in A Changing World*, London: Praeger Publishers, 1998, p. 21.

巴哈拉、伊卜里、伊兹基、阿曼北部海岸和其他地方发掘出石器时代的工具。

据公元前 2300 年苏美尔楔形文字泥板记载，现在的阿曼在古代被称为马甘。在苏美尔语中，"马甘"意为"船的骨架"，地理位置大概在苏哈尔地区，以出产铜矿而闻名。公元前 4000 年，阿曼人掌握了炼铜技术。在两河流域出土的铭文中，一些楔形文字也提到马甘是苏美尔人的贸易伙伴，双方交易的物品主要是铜和闪长岩，这是苏美尔国王和阿卡德国王用来制造雕像的精美材料。马甘也向苏美尔国家出口大量的优质木料，用以建造家具。[①] 马甘地区的造船业和航海业在阿拉伯半岛声名远播。阿曼人擅长船只制造，能够乘自制船只，对外进行贸易活动。精明的阿曼人曾经远涉印度洋，一直航行到印度尼西亚和中国的南部海岸。印度学者纳菲斯·艾哈迈德（Nafis Ahmad）指出，阿曼人是"阿拉伯民族的航海家、旅行家和商人，是能够在印度洋上扬帆远航的独特民族"。[②]

阿曼位于美索不达米亚南端，濒临印度洋，这种优越的地理位置是阿曼对外经济交往的天然优势。苏美尔和阿卡德出土的泥板文书记载，阿曼的海上贸易开始于 4000 年前。这里的海上贸易地区指的就是迪尔蒙（Dilmum）、马甘和马路哈（Malukhkha）。[③] 位于贸易线路边缘的巴提纳海岸浑然将两河流域与印度洋连成一体，成为阿曼人对外贸易的基地和中转站。

二 "黑暗时期"（公元前 3000 年~前 563 年）

公元前 3000 年之后，阿曼文明史出现了漫长的一段空白，史称"黑暗时期"。现在仅存的资料是在阿曼境内发现的公元前 3000 年的古墓，墓葬品包括各类工艺品。公元前 2000 年，两河流域城市同马甘的直接贸易中断，商品只好通过迪尔蒙中转，这时双方交易的主要商品是铜矿和闪长

① Isam Al - Rawas, *Oman in Early Islamic History*, Ithaca Press, 2000, p. 26.
② 〔苏〕安·瓦施瓦柯夫：《战斗的阿曼》，《战斗的阿曼》翻译组译，人民出版社，1973，第 11 页。
③ G. F. Hourani, *Arab Seafaring Nation in the Seminar for Arabian Studies*, London, 1972, p. 6.

岩。公元前 1800 年，迪尔蒙的商业中心地位丧失。公元前 14 ~前 13 世纪，阿曼与伊拉克之间仅存在稀疏的联系。

阿拉伯半岛的东南沿海是一片十分富饶的地区，曾经不止一次遭到外来征服者的入侵，由于苏美尔人、亚述人、巴比伦人、波斯人、希腊人的侵袭，阿曼经济不断遭到破坏。但是阿曼还是捍卫了自己的独立，因为它有一支能征善战的庞大船队。然而，连年不断的战争影响了阿曼经济体系的良性运转，农业灌溉系统被破坏，商船队被彻底摧毁。

公元前 700 年，马甘同印度进行贸易。公元前 326 年，亚历山大帝国的海军将领尼查斯率由 1500 艘船舰组成的大军浩浩荡荡到达阿曼的穆桑达姆。但是，亚历山大征服阿曼的活动由于他的突然去世而停止。希腊化时期，佐法尔的乳香贸易兴盛起来，据称位于希苏尔附近的贸易中心就是乳香的交易中心之一，被称为"乌拔城"。这一城市在《古兰经》和《一千零一夜》中都被提及，但是关于这一城市的真实性，考古界仍存在争议。① 随着骆驼游牧业的出现和定居农业的消失，阿曼古代早期文明也随之消失。

三　波斯统治下的阿曼（公元前 563 年~公元 7 世纪）

公元前 563 年，波斯国王居鲁士大帝征服了阿曼。公元前 248 ~前 224 年，波斯的帕提亚人（Parthia）成为阿曼政治、经济和社会秩序的实际维护者。公元前 224 年，萨珊王朝的阿尔达希尔（Ardahir）一世推翻了帕提亚王朝，并远征阿曼，杀死阿曼国王，占领阿曼。萨珊王朝的统治扩展到苏哈尔和马甘（波斯人称为"马遵"）及其周围地区，并卷入阿曼的地方贸易，这种情况一直持续到阿拉伯部落移民扩散和伊斯兰教扩张。② 萨珊王朝利用季风活动的自然规律控制了从海湾到印度和斯里兰卡的贸易活动，世界贸易重心从红海转移到海湾。阿曼南部的佐法尔地区以

---

① Lee Siegel, "This Oasis in Southern Oman Is No Mirage," *The Washington Post*, February 10, 1992

② Carol J. Riphenburg, *Oman: Political Development in A Changing World*, London: Praeger Publishers, 1998, p. 19.

出产乳香而闻名于世，埃及、耶路撒冷和古罗马是"乳香"的主要销售场所。2 世纪，每年大约有 3000 吨乳香通过海路从佐法尔地区销往希腊、罗马等地，阿曼的香梨、乳香和丝绸成为波斯统治者难以割舍的奢侈品，是双方贸易交往的主体对象。①

2 世纪左右，马里卜（Marib）地区暴雨不断，大坝由于洪水泛滥而崩溃，阿拉伯半岛西部的阿兹德人开始移民阿曼。② 据史料记载，第一批移民阿曼的阿拉伯人包括两部分：一部分由纳斯尔（Nasr）带领，他是马里克·本·法赫姆（Malik Bin Fahm）的儿子；另一部分属于阿兹德人中的奎达（Quda）家族，来自也门萨拉赫（Sarah）山区的马里卜地区。阿兹德人主要向以下地区移民。北部地区居民迁往萨姆（Sham）和伊拉克；东部居民通过阿拉伯中部地区进入巴林；东南部居民穿越阿拉伯半岛南部地区到达阿曼。

2～3 世纪，马里克·本·法赫姆带领阿兹德人到达阿曼，波斯国王达拉派马祖尔班带兵阻止阿兹德人移民。马里克率领一支 6000 人的队伍，准备与波斯人决战。但波斯军队力量强大，马里克恐难以取胜，便转向东海岸的卡哈特（Qalhat）地区，在那里建立了在阿曼的第一个基地，并在焦夫（Jawf，位于沙特阿拉伯西北部）地区扎营。波斯人惧怕阿兹德人在阿曼长期定居，双方军队在尼兹瓦附近的撒鲁特（Salut）沙漠鏖战。阿兹德人以骑兵出击，而波斯人靠大象迎战，战争持续 3 天，波斯军队大败，退守阿曼海岸地区，并在一年之内离开阿曼西部。③

马里克建立了阿曼历史上的第一个阿拉伯王国，称为阿曼国王，随后阿兹德人和其他部落源源不断地涌向阿曼。据有关资料，阿兹德人是当时阿曼最大、最有势力的一支，有的历史学家将阿曼称为"阿兹德人的家

① Carol J. Riphenburg, *Oman: Political Development in A Changing World*, London: Praeger Publishers, London, 1998, p. 23.
② John Townsend, *Oman: The Making of A Modern State*, London: Croom Helm, 1977, pp. 24 - 25.
③ J. C. Wilkinson, *Water and Tribal Settlement in South - East Arabia: A Study of the Aflaj of Oman*, Oxford: Clarendon Press, 1977, pp. 126 - 127.

园"。① 阿兹德人散布于中东各地区，如阿曼阿兹德人、山纳赫（shanah）阿兹德人和萨姆阿兹德人等。②

阿曼各部落以结盟方式抵御并摆脱了波斯的影响，后来由于气候的变迁，居住环境恶化，许多部落离开定居点流散到中东各地。由于部落居民不断迁移，很难追寻其踪迹，所以在前伊斯兰时代，很难对"阿曼人"这一概念做出确切的界定，也很难对阿曼人进行人口统计。

第二节　中古简史（7 世纪~16 世纪初）

一　伊斯兰教产生前后的阿曼

伊斯兰教崛起以前，阿拉伯半岛并不是一个统一的政治、经济和文化实体，部落在社会生活中占据主导地位。阿曼境内的部落主要有来自也门的卡赫塔尼人（Qahtani），来自阿拉伯半岛中北部的阿德南人（Adnani）等。阿曼当时正处于阿巴迪（Abd）和贾法尔（Jayfar）两位国王的共同统治之下，它们同属阿兹德部落的珠兰达（Julanda）家族。由于波斯在阿曼的影响力极强，阿曼国王只好妥协，同波斯王克斯拉（Kisra）签订了一个协定，规定珠兰达家族控制阿曼地区，但是波斯萨珊王朝可以派遣4000 人的军队驻扎在阿曼海岸地区和苏哈尔地区，这等于萨珊王朝有条件地承认珠兰达家族在阿曼统治的合法性。在伊斯兰教出现前夕，珠兰达家族也试图将力量扩展到苏哈尔和阿曼海岸周围地区，以遏制波斯的力量，但收效甚微。

阿曼人的宗教信仰比较多元化，民众信仰和流行的宗教有祆教、犹太教和原始图腾。祆教来源于波斯、印度，流行于苏哈尔地区；犹太教主要盛行于阿曼、也门、汉志和巴林地区。此外，阿拉伯半岛中部的外来移民，普遍信仰以动植物为认同主体的图腾。

---

① J. C. Wilkinson, "The Julanda of Oman," *Journal of Omani Studies*, Vol. 3, p. 368.

② Isam Al-Rawas, *Oman in Early Islamic History*, Ithaca Press, 2000, p. 28.

随着伊斯兰教的崛起和壮大，阿曼突出的地缘位置、诱人的商业优势和优越的战略地位引起先知穆罕默德的关注。628 年，穆罕默德派遣一位能言善辩的特使到阿曼游说，号召阿曼人皈依伊斯兰教。据资料记载，塔伊（Tayyi）部落的玛兹尼（Mazin）在麦地那遇见先知后，立即折服于穆罕默德的魅力，奇迹般地皈依伊斯兰教。玛兹尼从麦地那回到阿曼以后，立刻用刀具毁坏了他们崇拜的雕像。① 阿曼人接受伊斯兰教的原因有三：第一，已经取得稳固政治地位的阿曼贵族需要一种新的宗教认同来确定当时各部落的政治、经济地位，伊斯兰教成为维系各部落统一的重要的宗教认同纽带；第二，伊斯兰教主张的一神教满足了阿曼贵族团结御敌的需要；第三，阿曼的部落与穆罕默德所在的部落社团十分友好，对部落盟友的伊斯兰教有一种天然的亲近感。

穆罕默德征服麦加以后，伊斯兰教在阿拉伯半岛迅速传播。先知穆罕默德派遣特使到阿拉伯半岛的部落中间游说，让他们皈依伊斯兰教。630 年，先知派阿穆尔（Amr）为阿曼特使，并给阿曼联合执政者佐法尔和阿巴德带去先知的一封信，信中阐述了劝服之意。阿穆尔雄才善辩，两位首领听他宣讲教义后，立即决定皈依伊斯兰教，随后在首府苏哈尔建立了阿曼最大的一座清真寺。波斯人对阿曼国王的决定十分震惊，拒绝承认阿曼的伊斯兰国家属性。双方兵戎相见，阿曼大军袭击了驻扎在鲁斯塔格的波斯军队，杀死了波斯总督。波斯人在得到安全保证后撤退回国。后来，苏哈尔和阿曼海岸周围地区的波斯居民、马甘人、犹太人也相继皈依伊斯兰教。

632 年，穆罕默德逝世。穆罕默德在去世时没有任命继承人，也未决定挑选继承者的方法。因此，他去世后接班人问题就成为众穆斯林所面临的首要难题。围绕这一问题，产生了辅士派、迁士派、合法派和伍麦叶（亦译倭马亚）派，他们之间进行了激烈的领导权之争，最后经过各方讨论，艾卜·伯克尔被推选为先知的继承者，成为第一任哈里发。艾卜·伯克尔面临的第一个难题就是平定叛乱、巩固统一政权，维护穆罕默德开拓

① Isam Al – Rawas, *Oman in Early Islamic History*, Ithaca Press, 2000, p. 36.

的伟业，避免叛教事件发生。当时，阿拉伯半岛的许多部落认为，穆罕默德逝世后他们和麦地那的关系就寿终正寝了，没有必要忠诚于艾卜·伯克尔。正如一位阿曼人所说："我们服从真主最初的传道者，辅助安拉的使者！艾卜·伯克尔与我们有什么关系？"① 许多部落脱离麦地那的统治，恢复独立状态，甚至兴兵作乱。

在阿曼，一位名叫莱基特·本·马立克·艾兹迪（Laqit，? ~633）的人自称先知，率领迪巴（Diba）地区的民众反对麦地那哈里发政权。阿曼的统治者侯宰法（Hudhaifah）给艾卜·伯克尔写信，告知阿曼局势危急，请求援助。艾卜·伯克尔命令哈瓦津（Hawazin）部落的首领伊克里玛（Ikrimah）派军平叛。莱基特的军队大败而归，莱基特及其亲信被处死，起义俘虏被遣送到麦地那。

四大哈里发统治后期，阿拉伯帝国发生分裂，并引起内战。以穆阿维叶为首的贵族自成一派，同第四任哈里发阿里争夺领导权。阿里遭暗杀后，穆阿维叶在大马士革建立了伍麦叶王朝（即倭马亚王朝）。穆阿维叶上台预示着阿曼独立的开始。根据目前的资料，历史学界关于阿曼和伍麦叶王朝的关系有三种说法。第一种说法认为，阿曼和伍麦叶王朝没有任何联系。阿曼统治者阿巴德（Abad）并没有公开反对伍麦叶王朝，穆阿维叶也没有视阿曼为潜在的威胁对手。第二种说法认为，伍麦叶王朝还没有实力和时间来管理阿曼，这说明阿曼也没有认同伍麦叶王朝的统治。阿曼和其他阿拉伯省的统治者一样，保持某种程度的独立，拒绝穆阿维叶的统治和征税，否认伍麦叶王朝的合法性。第三种说法认为，阿曼在穆阿维叶统治时期完全接受了伍麦叶王朝的统治地位，穆阿维叶派遣的地方长官齐亚德（Ttrik Ibn Ziyad）将管辖阿曼的行政地点由汉志迁转到巴士拉。不论是何种说法，都暗示阿曼与穆阿维叶统治下的阿拉伯国家之间的关系十分松散。

在叶齐德一世（Yazid I）统治期间（680~683年），巴士拉地区的阿兹德人实力大增。683年，叶齐德一世逝世，巴士拉附近的部落为争夺水

① Isam Al - Rawas, *Oman in Early Islamic History*, Ithaca Press, 2000, p. 42.

源、领地和部落头领展开内战。马尔旺一世（Marwan I，623~685）统治期间（684~685年），他试图让伊拉克总督管理阿曼，但困难重重。从地理位置来说，阿曼地处边远、偏僻的山区，很难控制。伍麦叶王朝面临着诸多危机，内部争权夺利，地方起义不断爆发，王朝处于风雨飘摇之中，无暇顾及阿曼。

伍麦叶王朝的阿卜杜勒·马立克（Abd Al-Malik，685~705年在位）于692年在平定内部叛乱以后，将注意力转向阿曼。其原因有三：一是阿曼力量的壮大，日益威胁伍麦叶王朝的统治；二是自巴士拉成为贸易中心以后，途经海湾水路的贸易变得越来越重要，而阿曼控制着海湾水路贸易的出海口，地理位置日益重要；三是阿曼成为伍麦叶王朝敌人的避难所，许多反伍麦叶王朝的力量都跑到阿曼寻求庇护。

伍麦叶王朝的伊拉克总督哈查只（Hajjaj）以残暴著称，他命令阿曼交付巨额税金，并要派特使管理阿曼，遭到阿曼统治者萨阿迪（Sa'di）和苏莱曼（Sulayman）严词拒绝。哈查只任命卡西姆（Qasim）为军队指挥官，征服阿曼。大军浩浩荡荡通过海路到达阿曼，双方的战斗十分激烈，伍麦叶王朝军队被击败，卡西姆在战争中被杀。伍麦叶王朝军队被击败的消息迅速传到伊拉克，哈查只十分恼怒，决定再次出征。他派兵4万，任命卡西姆的兄长穆贾（Muja）为军队指挥官，水陆并进。伍麦叶王朝的海军沿着海湾顺流南下，2万陆军（包括3000人的马军、3500人的骆驼军）长驱直入抵达阿曼地区。在随后的战争中，阿曼军队在陆战和海战中大获全胜。哈查只再次调兵遣将，派遣一支由5000名叙利亚人组成的军队毫不费力地击败了阿曼军队。阿曼的统治者及其家人以及其他部落成员逃往东非的桑给巴尔地区。[①]

哈查只任命哈亚尔（Khayyar）统治阿曼，他对待阿兹德部落冷酷无情，其统治以严酷著称。不久，哈查只被叶齐德·本·穆斯利姆（Yazid Bin Muslim）替换，后者任命赛义德·哈尼·哈马达尼（Sa'id Hani

---

① Carol J. Riphenburg, *Oman: Political Development in A Changing World*, London: Praeger Publishers, 1998, p. 24.

Hamadani）为阿曼统治者。随后伊拉克又一新总督叶齐德·本·穆哈拉卜（Yazid Bin Muhallab）任命其弟齐亚德·本·穆哈拉卜（Ziyad Bin Muhallab）为阿曼地方长官。穆哈拉卜到达阿曼后将哈亚尔处死。

二 伊玛目统治时期（751～1154年）

伍麦叶王朝统治后期，国家陷入困境，内外局势十分混乱。王朝的南部和北部分别发生了盖斯人（Qays）和凯勒布人（Kalb）起义。[①] 伍麦叶王朝总督的卫戍部队在京城地区鱼肉百姓、飞扬跋扈，致使民怨沸腾，叛乱频仍。哈瓦利吉派、什叶派等其他派别趁机起事，穆斯林社区内部由于经济上的贫富悬殊而产生了深刻的分歧，再加上伍麦叶王朝内部的贪污腐败削弱了穆斯林的团结，这一切似乎预示着伍麦叶王朝将寿终正寝。

伍麦叶王朝末期，伊巴德教派在哈德拉毛（Hadramawt）建立了哈德拉毛伊巴德国家（745～748年），伊玛目是阿卜杜拉·本·叶海亚·艾尔·肯迪（Abdullah Bin Yahya Al Kindi），得到了也门、阿曼和北非等遥远省份的支持。746年，它们在阿曼军队的帮助下进入汉志，占领麦加和麦地那。据史料记载，许多阿曼人都在哈德拉毛伊巴德国家军队中担任要职。[②] 但是，伍麦叶王朝并不想让伊巴德国家坐大，马尔旺二世（Marwan II，744～750年在位）派军队击败了哈德拉毛伊巴德国家，伊巴德国家的残余部队从也门取道佐法尔流散到阿曼。

伍麦叶王朝新哈里发任命的总督奥马尔·本·阿卜杜勒·阿齐兹（Umar Bin 'Abd Al‐Aziz）对伊巴德教派采取了安抚政策，赢得了穆斯林的尊重。他任命奥马尔·本·阿卜杜拉·安萨里（Umar Bin 'Abdullah Al‐Ansari）统治阿曼，后者赞同与伊巴德教派进行协商谈判。奥马尔·本·阿卜杜拉·安萨里死后，奥马尔·本·阿卜杜·阿齐兹总督将阿曼的统治权归还齐亚德·本·穆哈拉卜。齐亚德一直待在阿曼，直到阿拔斯王朝掌权。

750年，阿拔斯王朝对什叶派和哈瓦利吉派继续前朝的镇压政策。

---

① B. Lewis, *The Arabs in History*, London, 1970, p. 74.

② Isam Al‐Rawas, *Oman in Early Islamic History*, Ithaca Press, 2000, p. 111.

从这里可以看出伊巴德派和阿拔斯王朝的分歧不在于谁应统治,而是宗教原则和信仰的分歧。在这种背景下,阿曼伊巴德教派宣布建立伊玛目国家。

在阿拔斯王朝崛起时,哈瓦利吉派的势力和影响力逐渐衰弱,起义和暴乱事件逐渐减少。阿曼的伊巴德派教徒利用伍麦叶王朝和阿拔斯王朝角逐权力和王位争夺的历史机遇,在阿曼建立第一个伊玛目国家。珠兰达·本·马苏德(Al-Julanda Bin Mas'ud)当选为第一任伊玛目。

珠兰达·本·马苏德伊玛目属于珠兰达部落的贾法尔家族,这一家族一直统治着阿曼。在先知穆罕默德时期,贾法尔家族宣布接受伊斯兰教。其家族的赛义德和苏莱曼被任命为阿曼总督,直到伍麦叶家族夺权。在马尔旺统治期间,珠兰达家族被入侵的哈查只军队推翻。赛义德和苏莱曼被迫携妻带子逃往非洲,这标志着珠兰达家族统治在阿曼的结束。珠兰达·本·马苏德是贾法尔的孙子,藏匿在阿曼伊巴德人中间,他忠诚于阿卜杜拉·本·叶海亚·艾尔·肯迪伊玛目,后者派遣马苏德到阿曼发展和壮大伊巴德教派的势力。马苏德到阿曼以后,秘密宣传伊巴德派教义,反对哈里发统治,主张建立一个强大的伊巴德国家。在他的大力宣传下,阿曼的部落和大城市的商人都皈依了伊巴德教派。

伊巴德教派选举马苏德为伊玛目,标志着阿曼伊巴德派伊玛目国正式成立。伊玛目选举程序分为两个步骤,第一步是由伊巴德教派中的德高望重者推荐伊玛目候选人;第二步是伊玛目得到阿曼民众的普遍忠诚和认可。

马苏德是阿曼第一任伊玛目,他在传播伊巴德派学说方面做出很大的贡献,在老百姓中口碑极佳,人们称他为公正的、慷慨的、虔诚的和尽责的伊玛目。在短短的统治期间,他已经显示出了领导天才的特有魅力。执政初期,家族内部的分歧是马苏德面临的最大挑战,据称他的两个儿子就拒绝承认他为伊玛目。马苏德组建了一支组织严密、军纪严明的军队,军队的组织原则主要依据伊斯兰教和伊巴德派学说。他把军队划分为许多营,每个营都由 200～400 人组成。每个营都有一个指挥官,指挥官必须拥有军事技能和军事知识,通晓伊斯兰教基本教义，都有传授伊巴德教派学说的义务。加入军队的士兵收入很低，每月仅有 7 迪尔汗（银币名）的报酬。低报酬一方面在于制止他们结婚；另一方面也是当时严峻的经济形势使然。伊巴德国家的财政收入主要是战利品、地产、礼物和税收。由于马苏德伊玛目对阿曼国家控制的松散，不忍对民众追缴，很难收到税，阿曼的军事支出等财政支出只能依靠巴士拉的富商捐赠。

随着伊巴德国家势力的壮大，阿拔斯王朝的哈里发阿布·阿拔斯·阿卜杜拉·赛法赫（Abu Abbas Abudullah Al – Saffah，750～754 年在位）决定远征阿曼，其目标是多重的：推翻伊巴德国家；剪除海湾地区的各种敌对力量；消灭伍麦叶王朝的支持者和后裔。哈里发任命哈兹姆·本·古西马（Khazim Bin Khuzaymah）为远征军领袖。哈兹姆和马苏德的大军在沙漠之中列阵以对，前者要求后者承认巴格达总督的权威，接受阿拔斯王朝的统治。如果马苏德接受这些要求，他们将撤军回师，握手言和。马苏德召开伊巴德酋长战前会议，各部落拒绝了哈兹姆的要求，坚持以战定输赢。双方在佐法尔决战三次，第一次以马苏德伊玛目的胜利而告终，第二次阿拔斯王朝军队获胜。双方修整几日以后，准备最后决战。据资料显示，阿拔斯王朝军队用重金收买了伊巴德国家领导层中的两个教徒，他们向哈兹姆提出了火攻的策略，马苏德及其军队在佐法尔地区的木头房子被付之一炬。这一招果然奏效，伊巴德士兵无心恋战，回师救房。阿拔斯王朝军队乘胜追击，伊巴德军队死伤大半。马苏德伊玛目战死（有的资料认为他是被哈兹姆擒获后处死的）。[①] 这样，阿曼历史上第一任伊玛目当政不久就被杀害了，阿曼进入混乱状态。

阿拔斯王朝军队占领阿曼后，马苏德的两个儿子穆罕默德·本·扎达赫（Muhammad Bin Za'idah）和拉希德·本·纳兹尔（Rashid Bin Al – Nazr）被推举为阿曼总督。这两人在阿曼实行高压政策，镇压伊巴德教派的残余力量。

---

① Carol J. Riphenburg, *Oman: Political Development in A Changing World*, London: Praeger Publishers, 1998, p. 26.

伊巴德派教徒并没有停止抵抗运动，巴士拉的伊巴德派教徒在伊玛目阿布·育比达·穆斯利姆·本·阿比·克里麦（Abu 'Ubaydah Muslim Bin Abi Karimah）的带领下，试图在阿曼重建伊巴德国家。伊巴德派得到了阿曼亚哈姆德（Yahamd）部落的支持，并向阿拔斯王朝发起挑战。793年，双方军队会战于斋月，阿拔斯军队被击溃，胜利的伊巴德军队进入尼兹瓦。

793年，伊巴德教派在尼兹瓦附近的曼赫（Manh）地区召开会议。穆萨·本·阿比·加比尔由于个人能力以及对伊巴德教派的巨大贡献而受到推崇，大家建议他担任伊玛目，但他本人拒绝接受。穆萨·本·阿比·加比尔提名穆罕默德·本·阿比·阿凡（Muhammad Bin Abi 'Affan）为尼兹瓦和焦夫的总督，遭到多数人拒绝。793年斋月，穆罕默德·本·阿比·阿凡被选为伊玛目，这标志着阿曼第二伊巴德王朝的建立。795年，阿凡遭驱逐，瓦里斯·卡布（Warith Bin Ka'b）继任伊玛目。

瓦里斯·卡布伊玛目采取的第一项措施就是恢复阿曼的国家稳定，重新建立司法制度，改变由于法律制度的缺失而导致判决不公正和社会压抑的状况。当时就有人这样评价说："瓦里斯·卡布恢复了穆斯林的美德，阿曼恢复了正常的社会秩序。他镇压了叛教者，使被镇压者一蹶不振。"[1]瓦里斯·卡布治国有方，办事公正，一视同仁，对待亲戚也从不袒护。据说，瓦里斯·卡布曾赠予伊巴德派教徒一些奖赏，但他的外甥因为对伊巴德派教徒持反对态度而被排除在奖赏之外。

794年，阿拔斯王朝派遣一支由1000骑兵、5000步兵组成的军队远征阿曼。伊玛目瓦里斯·卡布任命马卡利斯·本·穆罕默德（Maqarish Bin Muhammad）为军队总指挥，组建3000人的步兵营。双方在赫塔（Hetta）地区决战，阿拔斯王朝的军队被击败。其失败原因有二：一是阿拔斯王朝的远征军疲乏劳顿；二是阿曼军队作战勇敢，为保卫伊巴德国家齐心协力。随后，阿拔斯王朝内部陷入了无休止的争权夺利之中。瓦里斯·卡布统治时期是阿曼伊巴德国家历史上的黄金时期，在此期间国家实

---

① Isam Al‐Rawas, *Oman in Early Islamic History*, Ithaca Press, 2000, p. 145.

现了统一。807 年，瓦里斯·卡布在解救落水犯人时溺水而亡。[1]

807 年，加桑·本·阿卜杜拉·亚赫马迪（Ghassan Bin 'Abdullah Al – Yahmadi）被选举为新伊玛目。当时阿曼的海上防御力量十分薄弱，海盗频繁出没。阿曼海岸到处停放着海盗船只，威胁着阿曼人民的生命和财产安全。为了解决以上问题和保护阿曼在印度洋的贸易，加桑伊玛目采取了两大措施：一是将首都从尼兹瓦迁到苏哈尔；二是扩大海军规模，增强海军作战力量。通过这些措施，他成功地制止了海盗在阿曼沿海的骚扰和袭击，苏哈尔又重新成为从巴士拉到东南亚和东非的贸易中心港口。海盗被平息以后，821 年，加桑伊玛目将首都迁回尼兹瓦。加桑伊玛目统治期间，阿曼出现了农业繁荣的局面。他还将伊斯兰法付诸实践，在苏哈尔，一个小偷被抓住并被押送到他的面前，他下令将小偷的手砍下来。加桑鼓励使用奴隶，但反对使奴隶过于劳累。他说，如果你让奴隶白天干活，那么晚上应该让他好好休息。在他统治期间，苏哈尔地区奴隶的数目急剧增加，农场、贸易和造船等行业都普遍使用奴隶。

822 年，加桑伊玛目病重身死，同年（一说是 823 年）阿卜杜·马利克·本·胡玛德（Abd Al – Malik Bin Humayd）继任伊玛目。胡玛德当选为伊玛目时年岁已高。在他统治期间，阿曼国家繁荣、民生幸福。正如史料所言："在这段日子里，阿曼民众享受着繁荣昌盛。"[2]

840 年，胡玛德逝世，穆哈纳·本·贾法尔（Muhanna Bin Jayfar）被选为新伊玛目（840 ~ 851 年在位）。穆哈纳脾气暴躁，"非常严厉，他不允许任何人在会议上发表观点，也从不偏爱任何人"。他扩大海军规模，集中精力进行军队建设，全国的船舰超过 300 艘。另外，他还训练了 1 万精兵驻扎在尼兹瓦。穆哈纳死于 851 年，继任者为萨特·本·马利克（Salt Bin Malik）。

萨特·本·马利克伊玛目（851 ~ 885 年在位）上台后做的第一件事

---

[1] Carol J. Riphenburg, *Oman: Political Development in A Changing World*, London: Praeger Publishers, 1998, p. 27.

[2] Isam Al – Rawas, *Oman in Early Islamic History*, Ithaca Press, 2000, p. 158.

就是裁减官员，将自己的亲信派往苏哈尔。他还加强中央集权，采取强硬手段来对付非伊巴德教派。到他统治末期，反对力量日益强大，包括伊巴德派教徒和酋长。885年，拉希德·本·纳兹尔（Rashid Bin Al－Nazr）在法尔克（Farq）自立为新伊玛目。但他没有实权，国家大事都掌握在穆萨·本·穆萨（Musa Bin Musa）手中。不久，拉希德·本·纳兹尔和他的支持者离开法尔克，前往伊巴德政府所在地尼兹瓦。新伊玛目并没有采取改变前政府行政结构的任何措施，且任用了前一届伊玛目的官员，萨特的儿子和密友都被委以重任。很明显，拉希德在拉拢人心，以使自己的统治合法化，这说明他有远见卓识、胸怀宽广的一面。

拉希德伊玛目的劲敌是亚赫马德部落的凯勒布家族，后者在阿曼各部落中享有较高威望。凯勒布家族呼吁民众推翻拉希德伊玛目的统治，各部落群起呼应，双方最后在尼兹瓦决战。拉希德伊玛目采用夜间突袭战术，击败了叛军。尽管赢了这次胜利，但是亚赫马德和阿兹德部落的成员成为反对拉希德的力量。890年，拉希德伊玛目被反对势力投入监狱。

890年，阿赞·本·塔米姆·哈鲁斯（Azzan Bin Tamim Al－Kharusi）在众多部落的支持下成为伊玛目（890～893年在位）。上台后，阿赞立即解除拉希德亲信的要职，以自己的亲信取而代之。他不满穆萨·本·穆萨大权独揽，逐渐剥夺穆萨的特权。穆萨被迫逃亡，后组织军队反攻，兵败身死。穆萨的部下尼查尔向其他部落求援，891年，尼查尔和阿赞战于卡（Qa）。失败后的尼查尔向阿拔斯王朝求援，阿拔斯王朝派出了一支25000人的远征军，其中包括一支3500人的铁甲骑兵。[①] 在强大的阿拔斯王朝军队面前，阿曼军队溃不成军，阿赞被杀。

阿曼第二伊巴德王朝灭亡的原因有三：第一，阿曼地区部族主义严重，狭隘的部族主义使民众很容易摇摆于部落与伊玛目之间；第二，部落内部的争权夺利也极大地削弱了伊玛目的权威与合法性；第三，伊巴德高层乌莱玛（Ulama，伊斯兰学者）在挑选伊玛目时首选易于控制的人，这样做的后果是老弱、无能的伊玛目上台。

---

① Wendell Phillips, *Oman: A History*, Longman Group Ltd., 1971, p. 12.

阿拔斯王朝的大军占领阿曼以后，对当地的伊巴德教派进行了残酷的镇压。卡尔马特派是什叶派伊斯玛仪派分支派别之一，创始人为哈姆丹·卡尔马特（Hamdan Qarmat,？~约899）。899年，卡尔马特的助手阿布·赛义德·詹纳比在巴林地区建立"卡尔马特国"。903年，卡尔马特大军入侵阿曼。930年，阿布·赛义德·詹纳比的儿子阿布·塔希尔（Abu Tahir）率领大军远征，一路烧杀掠夺，蹂躏了叙利亚，掠夺了伊拉克，洗劫了圣城麦加，30000人在这次洗劫中丧生。[①] 但是在攻占阿曼时并不是一帆风顺，阿曼民众用7年的时间将这支军队击败。

随后，阿曼历史陷入一片混乱，政局陷入极度混乱局面，伊玛目选举已经几乎成为儿戏。仅仅在996年，就先后有16个伊玛目被民众罢黜。此后的阿曼历史有一段空白，直到12世纪中期，史料记载卡赫塔尼人巴尼·纳伯汉（Bani Nabhan）崛起，成为一代君王。[②] 但巴尼治国无方，不久由于统治残暴而被民众推翻。阿曼频繁易主，一直处于混乱状态，长达几个世纪。

第三节　近代简史（16世纪初~20世纪初）

一　葡萄牙入侵阿曼（1507~1649年）

15世纪末16世纪初，平静的阿曼海岸出现葡萄牙征服者的远洋战舰。葡萄牙是第一个挑战中东的欧洲强国，它的入侵预示阿曼中世纪历史的终结。阿曼人一直控制着东西方贸易通道，几乎垄断了欧洲人喜欢的进口食品。阿拉伯水手从航海和贸易中获取暴利，阿拉伯半岛沿海城镇也逐步富庶和繁荣，这一切使葡萄牙人决定打破阿拉伯人的垄断地位。1498年，达·迦马发现了好望角，然后在一位阿曼航海家艾哈迈德·本·马吉德的

---

① Wendell Phillips, *Oman*：*A History*, Longman Group Ltd.，1971，p. 13.

② Carol J. Riphenburg, *Oman*：*Political Development in A Changing World*, London：Praeger Publishers，1998，p. 28.

领航下进入阿曼。16世纪初，葡萄牙成为强大的贸易帝国，试图通过削弱阿曼进而控制日益繁荣的阿拉伯海以及印度洋贸易，扩大红海和海湾的贸易范围。

1507年8月，葡萄牙舰队入侵阿曼的马斯喀特、马特拉和苏哈尔等沿海城市，并掠夺大量财富，数以千计的居民被卖为奴隶。霍尔木兹等被葡萄牙人毁坏，丧失了历史上固有的商业中心地位。[①] 葡萄牙以霍尔木兹为基地，在不到一个月的时间里就征服了阿曼整个海岸。葡萄牙以阿曼为基地，向伊朗、伊拉克和印度等地扩张，建立了庞大的殖民帝国。1586年，葡萄牙在马斯喀特建立了城镇贾拉利（Jalali），次年又建立了米拉尼城堡。1623年，葡萄牙在这些城堡的基础上控制了马斯喀特。但阿曼民众并不屈服，1521年，阿曼沿海地区爆发了反葡萄牙人的起义，但遭到失败。1550～1581年，奥斯曼帝国三度攻占马斯喀特，赶走了葡萄牙人，但后者不久又卷土重来。1649年，葡萄牙军队被苏尔坦·本·赛义夫赶出阿曼领土，彻底结束了葡萄牙人对阿曼142年的殖民统治。

二　亚里巴王朝的统治（1624～1744年）

1624年，亚里巴部落的纳西尔·本·穆尔希德·亚里巴（Nasir Bin Murshid Al – Ya'aribi）在鲁斯塔格建立了亚里巴王朝。纳西尔在赢得阿曼民众的支持后，开始驱赶在阿曼的葡萄牙人。马斯喀特和马特拉的葡萄牙人被迫与纳西尔达成一项协议，协议规定葡萄牙退出苏哈尔，每年向伊玛目纳贡，但可以在马斯喀特通行以及自由贸易。纳西尔统一了内地，收复了苏尔和古尔亚特等沿海城市。1645年，纳西尔给英国东印度公司写信，向它们提供贸易设施。这也是英国和阿曼第一次达成非官方的协定，协定内容包括：①英国人在阿曼享有宗教信仰自由；②英国人保留司法权力。[②] 1833年，美国获得了与英国相同的特权。1670年，德国也拥有了

---

① Carol J. Riphenburg, *Oman: Political Development in A Changing World*, London: Praeger Publishers, 1998, p. 29.

② Ian Skeet, *Muscat and Oman: The End of An Era*, London, 1994, p. 65.

英美所享有的特许权。1649 年，纳西尔逝世，其堂弟苏尔坦·本·赛伊夫·亚里巴（Sultan Bin Saif Al – Ya'aribi, 1649～1679 年在位）当选伊玛目。1650 年，苏尔坦·本·赛伊夫·亚里巴将葡萄牙人逐出马斯喀特，残留的葡萄牙人流窜到印度和东非海岸。收复马斯喀特标志着阿曼的势力从海湾扩展到印度洋，苏尔坦在尼兹瓦修建了圆形城堡，历时 12 年，修复了从伊兹基（Izki，又译艾兹基）到尼兹瓦的引水渠。他鼓励贸易，特别是阿曼的马匹出口，他还通过向印度、波斯、也门萨那、伊拉克巴士拉等地派遣使者，扩大阿曼的对外交往。

苏尔坦的继承者巴拉拉卜·本·苏尔坦（Balarab Bin Sultan, 1679～1692 年在位）、赛伊夫·本·苏尔坦（Saif Bin Sultan, 1692～1711 年在位）继续前朝的扩张政策。巴拉拉卜·本·苏尔坦修建了吉布林大城堡，将首都从尼兹瓦迁到那里，并在吉布林创立学院，培养学者和经学家。后来，其弟赛伊夫·本·苏尔坦同他争夺王位，巴拉拉卜郁郁而终，赛伊夫成为伊玛目。

赛伊夫在位期间，阿曼成为西印度洋的海上强国，其海上舰队所向披靡，屡建奇功。阿曼海军向葡萄牙、德国、英国、法国的商船发出挑战，势力范围辐射到伊朗海岸、海湾和东非。[①] 他通过海上征伐，聚敛了大量财富。1711 年，赛伊夫之子苏尔坦·本·赛伊夫接任伊玛目，他将首都从鲁斯塔格迁往哈泽姆（Hazim）。1718 年，苏尔坦·本·赛伊夫去世，阿曼国内陷入伊玛目职位争夺战，整个国家处于分裂的边缘，国力日衰。

苏尔坦之子赛伊夫·本·苏尔坦二世为了争夺王位，向波斯人求助。1742 年，双方签约，赛伊夫承认波斯的宗主国地位，后者帮助前者夺回王位。波斯以帮助赛伊夫光复王位为由入侵阿曼，占领马斯喀特。1744 年，亚里巴王朝灭亡。

三 赛义德王朝的近代统治（1743～1932 年）

1743 年，赛伊夫·本·苏尔坦二世去世。除了苏哈尔以外，阿曼其

---

① Carol J. Riphenburg, *Oman: Political Development in A Changing World*, London: Praeger Publishers , 1998, p. 20.

他地区都处于波斯的控制之下。赛义德家族的艾哈迈德·本·赛义德（Ahmed Bin Sa'id）担任苏哈尔州州长，控制着阿曼的沿海地区。在波斯人围困苏哈尔城、物质供应奇缺的困境中，他坚守城池，最终迫使波斯军队撤出苏哈尔地区，退守马斯喀特。艾哈迈德先在拜尔卡建立贸易市场，将内地运往马斯喀特出口的货物吸引过来，以断绝退守在马斯喀特的波斯军队的财源。随后，他又在拜尔卡举行鸿门宴，一举消灭波斯军队。1749年9月（一说10月），他在尼兹瓦被拥戴为阿曼伊玛目。①

艾哈迈德伊玛目面临着许多困难：国家饱受内战的煎熬；时刻面临波斯再次入侵的危险；一些部落并不臣服于他的统治，时刻想着起义；商业贸易危机四伏，海外势力范围丧失。艾哈迈德招募俾路支人和非洲奴隶，镇压反对他的部落。他派遣一名总督到桑给巴尔建立阿曼在东非的统治，马斯喀特的商业贸易重新复苏。

艾哈迈德扩大海上贸易，建立了强大的海上舰队，恢复了亚里巴王朝时期阿曼作为印度洋强国的地位。1775 年，阿曼已有 34 艘战舰，各配备有 4 ~ 44 门火炮，其中有 5 艘巡洋舰，各配备有 18 ~ 24 门火炮；还有 100多艘货船，各配备有 8 ~ 14 门火炮。② 1776 年，他派遣一支舰队到巴士拉，解救了陷入重围的奥斯曼帝国军队。作为回报，奥斯曼帝国授权他垄断也门和伊拉克之间的咖啡贸易。③ 艾哈迈德为了维护印度洋的安全，派遣阿曼舰队平定了海边疯狂出没的海盗，印度还在马斯喀特设立了常驻代表团。在国内，艾哈迈德修复了"法拉吉"（地下水渠）灌溉系统。

1783 年，艾哈迈德在鲁斯塔格去世，赛义德·本·艾哈迈德（尼兹瓦州州长，艾哈迈德之子）继位。赛义德的统治并没有持续多长时间，一年后被其子哈迈德·本·赛义德夺权，迁都马斯喀特，自称"苏丹"

---

① Calvin H. Allen, *Oman: The Modernization of the Sultanate*, Boulder, C. O. : Westview Press, 1987, pp. 39 - 40.

② 袁鲁林、萧泽贤：《赛义德王朝的兴衰与当代阿曼的复兴》，《西亚非洲》1992 年第 6 期，第 63 页。

③ Carol J. Riphenburg, *Oman: Political Development in A Changing World*, London: Praeger Publishers , 1998, p. 33.

（Sultan，又译素丹），国名为"马斯喀特苏丹国"。但赛义德并未正式退位，仍以伊玛目的称号住在鲁斯塔格，从而形成了苏丹和伊玛目的双重统治。哈迈德改变了伊玛目选举制度，实行世袭君主制。他是一个勇敢的武士，被尊称为"赛义德"（Sayyid）①，即"尊贵的人"。从此以后，凡是赛义德王室的直系亲属，都在名字的前面冠以"赛义德"的尊称。

1792 年，哈迈德去世。其父赛义德为他在马斯喀特举行了盛大的葬礼之后又回到鲁斯塔格，但被其兄苏尔坦·本·艾哈迈德夺权，后者控制了马斯喀特与全国大部分地区。翌年，苏尔坦自封为苏丹，成为赛义德王朝第四任统治者。在执政的 11 年中，他积极发展海上贸易，使马斯喀特成为北到伊拉克的巴士拉、东到印度、西到东非海岸的贸易中心，欧洲与阿拉伯的商船也经常往来于此，使阿曼经济获益甚大。1804 年，瓦哈比派和卡瓦希姆人入侵阿曼。苏尔坦乘船去巴士拉，谋求奥斯曼帝国的援助，但在回国途中遭到海盗袭击，头部受重伤而死。②

苏尔坦执政期间，英国在西亚地区的势力范围日益扩大。1798 年，在得知法国与阿曼进行奴隶贸易后，英国派遣使者到马斯喀特与阿曼签约。阿曼苏丹做出同英国友好的保证，并增加阿曼对英国东印度公司的食盐销售量。③ 实际上，阿曼成为英国的保护国。苏尔坦·本·艾哈迈德死后，他的儿子萨利姆（Salim）和赛义德（Sa'id）年少无谋，难以控制局势，求助于堂兄巴德尔·本·赛伊夫（Badr Bin Saif）。巴德尔在成功地排除沙特阿拉伯威胁的同时控制了阿曼的政治事务，成为阿曼的实际主宰者。1806 年，巴德尔被其堂弟赛义德·本·苏尔坦谋杀。1808 年，"赛义德"赛义德（Sayyid Sa'id）成为马斯喀特新的统治者，当时尚不满 17 岁。在他的统治下，阿曼帝国在 19 世纪中期达到历史的顶峰，历史上被称为

---

① 注：文中赛义德的译文有两种形式"Sa'id"和"Sayyid"，因为阿拉伯原文不一样，前者的原文为سعيد，后者为سيد。

② Patricia Risso, *Oman and Muscat: An Early Modern History*, New York: St. Martin's Press, 1986, pp. 179 – 180.

③ Carol J. Riphenburg, *Oman: Political Development in A Changing World*, London: Praeger Publishers, 1998, p. 36.

"赛义德大帝"。

1856 年，赛义德·本·苏尔坦病死。根据他的遗愿，其子马斯喀特州州长苏维尼继承王位，另一个儿子桑给巴尔和东非总督马吉德仍管辖东非地区。但马吉德不服，要争当苏丹，双方争执不下，英国政府出面调解，将一个强大的阿曼和东非帝国分成两个独立的国家，由苏维尼任阿曼苏丹，由马吉德任桑给巴尔苏丹。桑给巴尔每年给阿曼 4 万英镑的贡金。[①] 1862 年，英国和法国在巴黎发表联合声明，宣布尊重这两个苏丹国的独立主权。从此，这个亚非"第一海上大国"被分成两个小国。

1856 年，苏维尼·本·赛义德继任阿曼苏丹。1861 年，他的弟弟、苏哈尔州州长图尔基·伊本·赛义德（Turki Ibn Sa'id）宣布独立。1866 年，苏维尼之子萨利姆为争夺王位，在鲁斯塔格城堡枪杀了他的父亲，宣布继承王位。萨利姆的堂哥阿赞·本·基斯起来反对，率兵从苏哈尔出发，攻占了马斯喀特，被其部属推选为伊玛目。接着，萨利姆的叔父图尔基联合各部落的头领起兵反对阿赞，在进攻马斯喀特的战役中将其打死。1871 年 11 月，图尔基在英国人支持下正式登上苏丹宝座。1877 年，阿曼内地各部落和宗教界领袖联合进攻马斯喀特。在英国军舰的护卫下，图尔基才保住王位。英国人曾经授予图尔基许多高贵的称号，并保证让他的儿子费萨尔继承王位。1888 年，图尔基病死，其子费萨尔（1888～1913 年在位）即位。

1891 年 3 月，阿曼同英国签订了贸易和航海条约。条约规定，阿曼对英国货物进口免除关税，阿曼制定关税政策必须征得英国的同意，阿曼的对外航海事业也必须置于英国监督之下。同年 4 月，费萨尔还向英国人保证，他本人和他的继任者及子孙们除向英国外，不出卖、不抵押、不出让阿曼苏丹国的任何部分。[②] 1894 年，法国为了同英国争夺在海湾和印度洋的霸权，派出了常驻马斯喀特的领事，费萨尔为了削弱英国人对他的控

---

① Carol J. Riphenburg, *Oman: Political Development in A Changing World*, London: Praeger Publishers, 1998, p. 39.

② Ian Skeeet, *Muscat and Oman: The End of An Era*, London, 1994, p. 51.

制，同意法国在马斯喀特港建立货栈，阿曼商船可悬挂法国国旗。英国得知这一消息后，强烈反对费萨尔的行为，命令费萨尔做出选择：要么上英国军舰接受英国保护，要么看着他的首都和王宫遭到轰击，化为齑粉。无奈之下，费萨尔被迫取消与法国签订的建立货栈的协议。

1898 年，英国迫使费萨尔签订了第一个防御条约。条约规定，由英国人监督阿曼的对外关系，充当阿曼的外交代表，阿曼王室全面受制于英国。1913 年，费萨尔抑郁而死，其子泰穆尔继位。泰穆尔在 1913 年 1 月 9 日登基时，发表了由英国人起草的保证英国人在阿曼利益的"登基公告"。

阿曼内地各部落对泰穆尔及亲英势力十分不满。1913 年，他们在塔努夫（Tanuf）推举萨利姆·本·拉希德·哈尔蒂（Salim Bin Rashid Al - Harthi）为伊玛目。1915 年，他们在尼兹瓦正式成立"阿曼伊斯兰教长国"，并发兵马斯喀特。泰穆尔求助于英国，英国派遣印度军队支援，击退了"阿曼伊斯兰教长国"的进攻。1920 年 9 月 25 日，经英国人调停，双方签订了《西卜条约》。条约规定，苏丹同意不干涉中部阿曼（即"阿曼伊斯兰教长国"）的内政，对内地通过马斯喀特的货物征税不得超过 5%，同意各部落的人自由出入马斯喀特和沿海城镇。[①] 从此，阿曼分为"马斯喀特苏丹国"和"阿曼伊斯兰教长国"两部分，王室和各部落的关系暂时得到缓和。在未来 35 年中，《西卜条约》是规范双方关系的文本性文件。

泰穆尔统治下的阿曼，深受内忧外患之苦，十分贫穷，财政非常拮据，只能靠英国和印度政府的津贴维持统治。英国还派遣了一批政治、军事和财经"顾问"来掌管权力，阿曼的财政大权由英国人伯特里恩·托马（Bertrean Thoma）把持。1920 年 11 月，泰穆尔正式访问印度，向印度总督提出让位的请求，但遭到拒绝，于是只好回到马斯喀特。1928 年，泰穆尔不顾英国人的胁迫，写了一份逊位诏书，提出由他的儿子赛义德继任王位。从此泰穆尔长住印度，经常到卡拉奇、加尔各答、新加坡、

① Francis Owtram, *A Modern History of Oman: Formation of the State Since 1920*, London: I. B. Tauris, 2004, p. 50.

东京和神户等地度假旅行，休闲度日，过着自由自在的生活。他还娶了一个日本女人做妻子，每天花前月下，吟诗作赋。1985 年，泰穆尔死于孟买。

第四节　现代简史（20 世纪以来）

一　赛义德的统治与现代阿曼国家的开端（1932～1952 年）

1932 年 2 月，泰穆尔的长子赛义德正式即位，他是赛义德家族第 14 任统治者。赛义德即位时与他父亲一样发表了忠于英国的继位声明，英国的政治、军事和财政"顾问"控制着赛义德政权。

继位之初的赛义德面临着诸多困难，最大的难题就是财政危机。

首先，战争使阿曼国内的商品出口困难。阿曼农民收获了大量的椰枣、香蕉等农产品，牧人也养育了大量的牲畜，沿海渔业也为地方消费和出口提供了大量的产品。但是，世界经济危机、战争对经济的巨大破坏导致贸易停滞，关税收入下跌。与此同时，持续的战争导致物质需求不断增加，国内通货膨胀严重。赛义德只能通过向国民增加新税收和从英国接受援助来缓和国内经济困境。阿曼国内持续的干旱又恶化了国内的经济形势，致使许多阿曼农民移居印度。

其次，阿曼国内缺乏现代意义上的金融体制。阿曼的银行与财政系统主要由传统的货币兑换者承担媒介功能，他们利用印度的银行系统进行交易。1944 年，帝国银行（1952 年以后改名为中东英国银行）派调查组到马斯喀特，得出的结论是阿曼银行业前景暗淡。后来帝国银行也开始考虑在马斯喀特设立支行的问题，并要求垄断阿曼的银行系统。1948 年 7 月，阿曼苏丹与帝国银行签署了 20 年的垄断合同。

再次，阿曼石油开发前景黯淡。尽管早在 1925 年阿曼就开始出口石油，但石油权益都被英国公司攫取，石油产量并没有大幅度增加。外国石油公司大都将资金投在科威特和沙特阿拉伯等地的油田开发上，忽视了阿曼的石油开发。为改变阿曼石油的被动局面，赛义德想与美国的加利福尼亚标准石油公司谈判，但英国引用与阿曼 1923 年签订的石油协议①，阻止了赛义德与美国合作的企图。1937 年 7 月，伊拉克石油公司的附属公司石油特许公司 （Petroleum Concession Company） 在阿曼境内勘探，收效甚微。1947～1949 年，伊拉克石油公司想与阿曼地方酋长直接谈判，但由于赛义德对地方酋长提出警告，双方停止交易。1951 年，石油特许公司撤出阿曼。

在赛义德统治的前 20 年，阿曼的基础设施有了初步改善。阿曼开始修建交通和通信设施，在马斯喀特可以看到汽车和摩托车，阿曼政府还专门修建了一个供摩托车来往的新门。马斯喀特与马特拉之间的公路平整，两城之间的交通畅通无阻，出租车成为海边城市主要的交通工具和媒介，马斯喀特和马特拉之间可以通过电话联系。在海边的城镇和村庄，陆续修建了一些伊斯兰经学校，一些社区还逐渐普及了教育。小学生入学年龄在 5～12 岁，他们的主要任务是背诵《古兰经》。据报道，在一所学校里有 36 名学生，其中男生 18 名，女生 18 名。中学生年龄主要在 10～22 岁，大都为男性。大学的主要功能是培养法官。1940 年，阿曼政府在马斯喀特创办第一所大学，学制 5 年，主要学习阿拉伯语，到了高年级学习英语。阿曼开始修建医院。1935 年，保罗·哈里森 （Paul Harrison） 医生在马拉特建立医院。1948 年，赛义德在马斯喀特建立慈善医院，由英国领事馆人员管理。

二 赛义德统治中期 （1952～1958 年）

1952 年，赛义德政府非但没有摆脱困局，其财政反而进一步恶化。20 世纪 40 年代，阿曼政府本来想实现财政独立，但第二次世界大战的爆发以及国际局势的变化导致其财政改善的前景十分黯淡。到 1958 年时，赛义德政府已完全处于英国的股掌之中。

1952 年 8 月 31 日，沙特阿拉伯军队占领了布赖米绿洲，宣布对绿洲

---

① 该协议规定，在没有与英国政府协商的情况下，阿曼苏丹不能将国内的石油资源提供给他国开采，英国在这一问题上拥有否决权。

的 9 个村庄拥有统治权，这一行动得到当地的酋长拉希德·本·哈马德（Rashid Bin Hamad）的支持。赛义德立即做出反应，要求整顿军队，号召当地部落解放绿洲。穆罕默德·哈里里（Muhammad Al – Khalili）伊玛目也支持赛义德，派他的部落前来支援。在赛义德·艾哈迈德·本·易卜拉欣（Sayyid Ahmad Bin Ibrahim）的指挥下，大军聚集在苏哈尔准备进击。但就在此时，英国驻马斯喀特领事接到了英国政府下达的要求停止行动的命令，赛义德苏丹被迫解散军队。

这一事件使赛义德意识到建立军队的重要性。1953 年，赛义德解除马斯喀特步兵队的指挥官，而换之以英国退役陆军中尉帕特·瓦特菲尔德（Pat Waterfield）。在帕特的领导与训练下，阿曼军队的战斗力日益增强。赛义德还建立了保护阿曼沿海领土的巴提纳野战部队（Batinah Field Force，BFF），部队的指挥官是曾经参加过巴勒斯坦与厄立特里亚战争的科林·马科斯维尔（Colin Maxwell）将军和曾经在沙特阿拉伯做过军事顾问的约翰·阿米拉格（John Armitrage）将军。阿曼沿海部队的人员主要是哈瓦斯纳（Hawasina）部落的部落民。

随着布赖米绿洲问题的恶化，阿曼石油发展（PDO）公司以提供军费为诱饵，向阿曼政府施加压力。它们要求进入内地，特别是在贾巴勒·法胡德山（Jabal Fahud）地区进行石油勘探开采。随后阿曼石油开发公司向苏丹提供资金，建立了另一支军队。这支军队由于在胡德夫（Hudf）地区活动，所以称为"胡德夫军队"，也就是阿曼和马斯喀特野战部队（MOFF）。该部队士兵是由苏丹从各部落中挑选出来的，军官都来自英国，对外长负责。阿曼和马斯喀特野战部队的基地在拉丝·杜古姆（Ras Duqm），他们准备向贾巴勒·法胡德山进击。

与此同时，阿曼也在经历着一些变化。1954 年 5 月初，穆罕默德·哈里里伊玛目死亡，继承者是 35 岁的加利卜·本·阿里·希纳（Ghalib Bin Ali Hina）。新伊玛目的兄长是鲁斯塔格地区的总督。

石油公司利益、赛义德的勃勃野心和内部政治矛盾都聚焦在法胡德地区的杜鲁（Duru）部落。杜鲁部落与伊玛目在伊卜里城市的治理权归属问题上有冲突，伊玛目加利卜·本·阿里·希纳任命新总督到伊卜里统治。赛义德苏丹提出抗议，认为杜鲁在他们的权属范围之内，于是争议顿起。

1954 年，沙特阿拉伯入侵佐法尔地区，赛义德组成了第四集团军佐法尔防御部队（Dhofar Defense Force，DDF），该部队由赛义德的亲兵卫队和阿曼的巴提纳沿海部队的部分人员组成。佐法尔防御部队名义上受约翰·阿米拉格指挥，实际上是处于赛义德的控制之中。1955 年春天，阿曼解决布赖米绿洲问题的时机日益成熟。首先，阿曼与希纳斯（Shinas）城镇附近的沙迦（Sharjah）伊玛目发生了边界冲突，二者关系日益紧张。其次，阿曼发现沙特阿拉伯向"阿曼伊斯兰教长国"提供武器。最后，英国也支持阿曼的行动。1955 年 10 月 26 日，英国决定将沙特阿拉伯的军队赶出布赖米。马斯喀特野战部队从伊卜里出发，占领了通往布赖米的要道，同时特鲁西尔阿曼侦察队（TOS）也袭击了沙特阿拉伯卫戍部队。12 月 15 日，伊玛目逃跑，尼兹瓦陷落。12 月 17 日，鲁斯塔格被攻占，总督逃跑。随后伊玛目被捕，宣布效忠苏丹。

1956 年，英国停止了对阿曼的财政津贴，阿曼陷入了财政危机，经济发展几乎停滞。赛义德寄希望于石油财富，但在 1957 年 8 月，佐法尔地区每天的石油产量仅有 2000 桶。与此同时，阿曼石油公司在法胡德地区的石油开采活动也以失败告终。1957 年 5 月，阿曼中部的加利卜（Talib）地区发生叛乱，宣称恢复"阿曼伊斯兰教长国"。起义军队组织完好，装备精良，马斯喀特野战部队却供应不济，不得不退回法胡德。伊玛目的军队占领了尼兹瓦等地，马斯喀特野战部队驻扎在法胡德待命，等待英军后援部队到来。

三 赛义德政权的结束（1958～1970 年）

1958 年 7 月 25 日，根据英国和阿曼签署的合作协议，英国政府向阿曼提供财政和军事援助，帮助赛义德苏丹组建军队。同年 4 月，赛义德迁到塞拉莱居住，将政权留给英国人，他只是通过收音机、电话、电报或者信件与马斯喀特联系。

在"交流信件"的名义下，英国几乎控制了阿曼的所有事务，包括军队。正如苏丹军队（SAF）领导人大卫·司米勒（David Semiley）说："我不仅是苏丹的官员，而且也是女王的官员，我的第一职责是向女王负责。"①1959 年 1 月 12 日，阿曼政府军和佐法尔叛军展开了第二次决战。26 日，伊玛目的军队宣布投降，英国宣布废除《西卜条约》，结束了伊玛目的统治。②

英国人完全控制了阿曼的内政与外交。英国马斯喀特政治代表莱斯利·昌西（Leslie Chauncey）从外交官任上退休后，成为阿曼苏丹的私人顾问。但他没有在塞拉莱陪伴苏丹，而是作为马斯喀特总督管理阿曼的内政与外交。另一个英国人约翰·塞比尔（John Shebbeare）主要负责内部事务，其地位与赛义德·艾哈迈德平等。

赛义德苏丹一直隐藏在塞拉莱，并建立了自己的独立内阁。他的个人顾问是祖拜尔·本·阿里（Zubair Bin Ali），个人秘书为负责官员任免的哈马德·本·哈姆德（Hamad Bin Hamud）。同时，赛义德的商业代表阿卜杜勒·艾尔·穆尼姆·扎瓦维（Abd Al – Mu'nim Al – Zawawi）在卡拉奇处理阿曼外交。赛义德在马斯喀特的官员几乎没有任何改变，赛义德·谢哈卜（Sayyid Shihab）是马斯喀特总督和苏丹私人代表，不过其职责都是表面上的，仅限于维持治安和管理监狱；马格巴勒·汉（Maqbal Khan）负责处理财政事务，履行前外交部部长尼尔·因斯（Neil Innes）的职责；赛义德·艾哈迈德·本·易卜拉欣继续监督总督和伊斯兰法院，控制部落酋长，惩罚政权的敌对力量。

赛义德苏丹寻求部落的支持。酋长阿卜杜拉的两个兄弟穆罕默德和阿里分别被任命为两个省的总督。赛义德的王储卡布斯和艾哈迈德酋长的女儿之间缔结有婚约，后者还被苏丹任命为东部（Sharqiyyah）地区总督。

1962 年，壳牌石油公司在伊巴勒（Yibal）、法胡德、纳提赫（Natih）和佐法尔等地发现石油。1967 年 8 月，阿曼每天出口原油 35 万桶，每桶

---

① David Smiley, *Arabian Assignment*, London：Leo Cooper, 1975, p. 92.
② Carol J. Riphenburg, *Oman*：*Political Development in A Changing World*, London：Praeger Publishers, 1998, p. 47.

1.82 美元。1969 年，阿曼石油公司控制了佐法尔石油开采特许权，赛义德的许多亲友都获得了沿海石油开发的特许权益。在石油管理方面，赛义德尽量避免受英国的控制。1965 年，赛义德任命前军事顾问莱斯利·赫斯特（Leslie B. Hirst）为马斯喀特石油部长，其职责就是与阿曼石油公司主管接触，在固定时间里回到塞拉莱向赛义德汇报工作。

在统治的后十年，赛义德苏丹自己也陷入赤贫状态。为缓减财政紧张，1958 年，赛义德苏丹以 300 万英镑的价格将瓜达尔市卖给了巴基斯坦。1959～1967 年，英国要求阿曼建立一个发展委员会，每年投资 25 万英镑。尽管资金有限，缺乏苏丹的合作，但是发展委员会还是取得了一些突出的成就：修建阿曼的道路，从马斯喀特到苏哈尔 3 个小时就可以到达；在全国修建了 20 个医疗健康中心，并配有医院和小诊所，医务人员几乎都是印度人。农业方面，阿曼政府在贾巴勒（Jabal）地区进行灌溉建设，并在苏哈尔地区开放农场。但由于缺乏资金，地方官员不合作，农民思想保守，地方农民获益很少。

此外，阿曼石油发展公司为方便公司雇员看病，修建了一些医院。1967 年，阿曼石油公司还建立了一些技术与贸易学校。1959 年，阿曼政府开办了赛义德学校马特拉分校，随后在塞拉莱又开办了另一所分校。赛义德学校的分校在 1970 年达到 900 所。赛义德还在塞拉莱地区建立了一个拥有 22 张病床的医院。

1966 年初，赛义德苏丹设想在马斯喀特地区修建政府办事处、政府官员的官邸、邮局、女子学校、马斯喀特医院以及水利工程。1968 年 1 月，赛义德苏丹公布了阿曼发展计划，联邦德国的公司接受了塞拉莱公路修建合同。

20 世纪 60 年代，阿曼开始参与世界事务。阿曼允许印度在马斯喀特设立印度领事馆，1958 年，阿曼与美国重新签订商业协定，1967 年结束了英国在阿曼的治外法权。但阿曼的内政问题并没有得到彻底解决，伊玛目加利卜仍然是赛义德强有力的对手。1961 年，伊玛目开始寻求埃及和伊拉克的支持。阿拉伯国家联盟（以下简称"阿盟"）将这一问题提交联合国，要求联合国裁决。赛义德认为这一事件是阿曼的内部事务，拒绝阿盟的提议。阿曼在阿拉伯世界中比较孤立，其邻国都对它怀有敌视态度。赛义德苏丹在国内的支持率低下，特别是佐法尔地区发生大规模、持续时间较长的武装叛乱。叛乱发生的原因主要有以下几点。

第一，阿曼社会中流行着众多反政府性质的民族主义和民族运动，它们在社会上产生了巨大的动员力量，在民众中拥有巨大的号召力。当时阿曼盛行的民族主义有伊巴德教派主义、纳赛尔主义和阿拉伯民族主义，这些民族主义的矛头直指赛义德苏丹。1965 年，佐法尔解放阵线召开第一届会议，大会选举优素福·本·阿拉维（Yusuf Bin Alawi）为佐法尔民族主义者代表。大会负责人穆罕默德·艾哈迈德·加萨尼（Ghassani）积极推动佐法尔地区民族主义的发展，并明确提出佐法尔独立于阿曼的分离主义原则。

第二，历史上的佐法尔地区与也门和埃塞俄比亚联系密切，而与马斯喀特中央政府的关系则显得较为疏远。

第三，赛义德苏丹在佐法尔地区的统治很不得民心。一方面，赛义德向佐法尔地区摊派了大量的天课，民众难堪重负；另一方面，赛义德禁止佐法尔地区的阿曼人到沿海地区与外界进行经济交往，许多靠贸易为生的沿海居民失去了谋生之道，生活困苦。极端的贫困使这里的税收难以落实，其严厉的惩罚措施使大量民众逃往沿海的产油国。

第四，随着阿曼石油的发现以及石油美元的滚滚涌来，中央政府财政收入增多，但佐法尔地区的民众没有分享到这些财富，不满情绪迅速滋长。赛义德聚敛了大量石油财富，却没有将之用于发展国家经济，而是留作后用，成为守财奴。①

第五，阿曼经济发展停滞，天灾人祸不断。20 世纪 50 年代，阿曼遭遇百年不遇的大旱，佐法尔地区饥民遍野，为了生存，他们都纷纷逃往其他海湾国家。1969 年 11 月到 1970 年 2 月，解放阿拉伯海湾地区人民阵线（PFLOAG）对阿曼发动进攻。1970 年 3 月，阿曼苏丹军队撤出佐法尔东

---

① Carol J. Riphenburg, *Oman：Political Development in A Changing World*, London：Praeger Publishers, 1998, p. 49.

部地区。

1970 年，赛义德成为阿曼国内矛盾的焦点和核心。同年 7 月 23 日，以卡布斯·本·赛义德为首的反对派发动政变，赛义德在作战中受伤，被迫逃亡伦敦。26 日，卡布斯通过电台向全国发布国王退位的消息。29 日，英国政府认同了卡布斯苏丹政权；30 日，卡布斯在马斯喀特继承了王位，登上了苏丹宝座。

四　卡布斯苏丹执政时期（1970年至今）

阿曼王权在赛义德·本·泰穆尔和卡布斯·本·赛义德之间进行更迭，标志着阿曼历史进入新阶段。1970 年 7 月 23 日，阿曼新苏丹卡布斯在政变后就向全体国民宣布："我将殚精竭虑地工作，让你们过上幸福的生活，并拥有一个美好的未来。"① 在阿曼王权过渡的关键时刻，卡布斯成立"临时顾问委员会"来组织新政府。该委员会既没有行政级别，也没有卡布斯的正式任命。新苏丹在政府组成上表现出宽容大度的一面，1970 年 8 月，卡布斯授意"临时顾问委员会"邀请流亡德国的叔父赛义德·塔里克（Sayyid Tariq）回国担任首相职务。塔里克的主要职责是组建内阁，就阿曼经济、政治、社会、行政管理事务以及法律制定等问题向苏丹提供意见和决策。

塔里克内阁的构成表现出如下新特征：一是卡布斯苏丹直接控制国防、外交、财政以及马斯喀特与佐法尔地区的行政管理权；二是内阁成员构成显示出专家治国的特点，如卫生大臣、信息和社会事务大臣都曾经在阿联酋政府任职，拥有行政管理的经验与背景；三是部族力量在新政府中占据很重要的职位，分管教育、经济和外交事务的部长都具有十分浓厚的部族背景；四是泰穆尔时期的官员受到排斥，在内阁中处于边缘化的地位。

但是，初掌权柄的卡布斯与其叔父之间的矛盾逐渐显露。一方面，深受西方政治制度模式影响的塔里克主张阿曼实行君主立宪制，这等于限制

---

① Christine Osborne, *The Gulf States and Oman*, Croom Helm, London, 1977, p. 130.

苏丹的权力和威信，为卡布斯所不容；另一方面，在政府官员的任命中，二者观点也迥然不同。卡布斯主张继续留用泰穆尔时期的官员，而塔里克却重视具有现代行政理念的青年才俊。1971 年 12 月，两人的矛盾处于白热化状态。国家经济方面的任何事务都由卡布斯大权独揽，塔里克被排除在国家事务之外。一气之下，塔里克离开阿曼到德国访亲，留下一封辞职信给在塞拉莱的卡布斯。后来，塔里克被任命为卡布斯苏丹的个人顾问和中央银行主任，继续为苏丹服务，直到 1980 年去世。

1972 年 1 月 2 日，卡布斯将自己的内阁与塔里克的旧内阁合而为一，组成新政府。他自己担任首相、国防大臣、财政大臣和外交大臣。此外他还进行部门改组：他组成个人顾问团，其中包括英国陆军上校蒂姆·兰登（Tim Landon）、美国的罗伯特·安德逊、利比亚人奥马尔·巴鲁尼（Omer Barouni）、叶海亚·奥马尔（Yahya Omar），沙特阿拉伯的加桑·沙基尔（Ghassan Shakir）。他又将民族遗产与新闻文化部改组，分为民族遗产与文化部和新闻青年事务部；将农渔石油矿产部再分为石油矿产部与农业渔业部，并新设环境部。最后，他还任命了 3 名副首相，分管安全、法律以及财政事务。

在理政后的整个 20 世纪七八十年代，卡布斯苏丹都是以基础设施建设、凝聚年轻一代共识、加强国民教育为治国中心。彼时的阿曼大型基础设施极其落后，国内没有像样的民用机场、港口，不仅与阿曼优越的地理位置不匹配，还严重制约了经济的发展。1973 年 12 月 23 日，西卜机场即后来的马斯喀特国际机场开始动工修建。该机场建成后使阿曼更大更快的客运和货运飞机得以安全降落，并迅速成为该地区高效的空港运输中心。此后不久，阿曼加入国际民用航空组织（International Civil Aviation Authority）和阿拉伯民用航空组织（Arab Civil Aviation Organization），还成为世界气象组织（World Meteorological Organization）的成员国。

1974 年 11 月 20 日，为拓展水路交通，阿曼兴建卡布斯苏丹港。卡布斯苏丹港是阿曼的海运入口，位于东西方航运的主航道之上，连接西面欧洲、地中海、非洲港口和东方印度次大陆及东南亚的港口，是具有重要战略价值的海运十字路口之一。事实证明，卡布斯苏丹港的建成，有利于短期内提升阿曼的航运水平。

　　除了大型基础设施建设外，卡布斯苏丹还注重团结年轻一代，培养他们成为阿曼复兴的主力军。这不仅因为阿曼国家成立后需要民众的相互融合，加强下一代人的国家认同感便是巩固国家的根基，还因为阿曼需要大批有文化知识的青年人投身国家的现代化建设。20 世纪 80 年代，青年福利高级委员会（Higher Council for Youth Welfare）建立，政府连续实施多个项目，用以支持青年人发展，提供给他们培训机会并鼓舞他们解放思想和施展抱负。1982 年 11 月 18 日，在阿曼现代复兴 12 周年纪念日上，卡布斯苏丹宣布建设复兴之路的基石——卡布斯苏丹大学，并发表了激动人心的讲话："我们将要建立许多大学，这是一个庞大的计划。如果一切顺利的话，我们将打造青春洋溢之城。我们创办了青年福利高级委员会，并将 1983 年定为阿曼青年年……所有这些都将使青年人发挥突出的作用，他们将利用应有尽有的机会去施展抱负，充满活力地在各行各业尽其所能。"①

　　20 世纪 90 年代，阿曼最为显著的变化就是现代治理体系趋于完善，现代复兴的各方面都得到突飞猛进的发展。在这十年中，现代阿曼国家的体系结构正式形成，国家行政机关、议会、法院等政治结构的现代化大幅度提升，并始终严格遵循着法律原则。1991 年 11 月 12 日，根据第 94/1991 号皇家谕令，阿曼建立协商（舒拉）会议（Shura Council）。协商会议是 1981 年 10 月 18 日建立的国家咨询委员会（Consultative Council）的进一步发展，代表了阿曼民主化的进步，正如卡布斯苏丹所保证的一样，作为领导人，要"建立一个有效的基于真正协商基础上、发源于我们国家自身文化遗产，以及伊斯兰原则和历史价值观上的，与我们时代相契合的协商机构。"② 将谅解和共识因素融入协商、公正、平等和参与的公共事务中，是阿曼政府体系必要的组成部分。

　　阿曼国家政治体系的另一重大改变便是《国家基本法》的颁布，它关

---

①　Sultanate of Oman Ministry of Information, *Oman 2015*, pp. 53 – 54.

②　Sultanate of Oman Ministry of Information, *Oman 2015*, p. 55.

涉阿曼政治、经济、社会等领域的未来发展。1996 年 11 月 6 日，根据 101 号皇家谕令，阿曼正式颁布《国家基本法》。《国家基本法》修正和巩固了国家各个层面的政策准则，形成了清晰、明确、综合的法律框架。以《国家基本法》为基础，阿曼开始重新选举并重构社会的各个组织，包括国家和社会之间互动的法律和治理原则。《国家基本法》是在 1970 年以来国家和社会发展的新背景下颁布的，能够契合时代的发展需要，进一步地支持人民雄心抱负的施展。

进入 21 世纪以后，阿曼着力于发展国家经济，推动工业化、科技化、集成化的经济产业发展，并首先关注制造业领域，先后建立鲁塞欧工业区、苏哈尔工业区、赖苏特工业区、尼兹瓦工业区、苏尔工业区、布赖米工业区，以及 2010 年宣布建设的苏麦里奥工业区。根据 2011 年第 119 号皇家谕令，同年 10 月 26 日杜古姆经济特区开始兴建，这被誉为阿曼国家经济效能提升的关键所在，并使经济发展成果更加平均地惠及各个省份。

阿拉伯剧变爆发后，阿曼政局总体稳定，但在继续发展国家经济的同时，阿曼主动调整政治结构，扩大民众的政治参与，并加强对民众的文化服务。2011 年 10 月 19 日，阿曼对《国家基本法》进行修订并重新颁布。新修订的《国家基本法》更加强调民众的权利与义务，明确了政府各部门的管理责任，总体来说，与旧的《国家基本法》相比，更进一步地凸显了现代民族国家的属性。此外，自 2011 年起，阿曼新成立了最高规划委员会、国家财政与行政审计署、教育委员会、投资促进与出口发展总局、人力资源注册局、杜古姆经济特区管理局等；同时，对诸如财政事务与能源资源委员会、阿曼中央银行理事会等机构进行了改组和重组。对政府机构的重新布局和调整加强了阿曼的行政治理效能，为民众提供了更优良的公共服务。

除改革政府机构外，阿曼在卡布斯苏丹的领导下大力推进公众文化服务建设，增强民众的凝聚力，并激发他们的创造力、创新性和爱国心，更重要的是促进社会团结发展，以及政府与民众之间具有凝聚力的和高效率的互动。从民族国家历史自豪感和独立思维意识出发，阿曼于 2015 年 7 月 14 日在内地省的麦纳建成了阿曼博物馆，这座博物馆也成为阿曼悠久的历史与荣耀的复兴时期的见证。该博物馆落成后，吸引民众络绎不绝地前来参观。①

第五节 著名历史人物

一 赛义德大帝（1791～1856 年）

赛义德大帝原名赛义德·本·苏尔坦（Sa'id Bin Sultan），生于 1791 年。1804 年，年仅 13 岁的赛义德继任苏丹。他以铁腕手段清除了觊觎王位的对手，巩固了王位并发展军事力量。赛义德大帝的功绩主要有以下几个方面。

第一，建立了一支强大的海军，成为阿曼向外扩张的强有力工具，从而建立了阿曼历史上最强盛、版图最大的国家。赛义德率领大军先后占领阿拉伯半岛的东南部、海湾两岸、伊朗南部和俾路支斯坦，以及非洲东岸的桑给巴尔、蒙巴萨、马达加斯加诸岛。赛义德把桑给巴尔定为第二首都，他本人被称为"阿曼和东非帝国大帝"。赛义德大帝统治时期，阿曼国力达到鼎盛，成为海上强国，其疆界北至巴基斯坦，控制海湾地区、波斯南部海岸的几个港口，占领巴林，控制印度次大陆的俾路支斯坦部分地区。当时阿曼被称为"第一流的亚洲海上力量"，马斯喀特有载重 400～700 吨的货船 15 艘，赛义德苏丹有私人舰艇 20 艘，苏哈尔地区有一支100 艘商船的庞大商船队。②

第二，致力于发展经济。马斯喀特是当时中东贸易集散中心，占有重要的经济地位，60% 的海湾贸易商船都通过这里。在东非地区，赛义德大帝特别重视开发桑给巴尔，从印度尼西亚引进了许多丁香树，使桑给巴尔成为丁香之岛；同时，这个岛上的各种种植园也很快发展起来，尤以甘蔗和稻谷较多。因此，桑给巴尔成为东非沿岸最富裕的国家之一。

---

① Sultanate of Oman Ministry of Information, *Oman 2015*, pp. 61–62.
② 袁鲁林、萧泽贤：《赛义德王朝的兴衰与当代阿曼的复兴》，《西亚非洲》1992 年第 6 期，第 64 页。

第三，在对外交往方面也成就斐然。1840 年，赛义德大帝的特使艾哈迈德·本·努阿曼出访美国，并同美国签订了友好通商条约，确立外交关系。阿曼还同英国、法国、荷兰和其他一些国家签订了商业协定，建立了密切的经贸关系。赛义德大帝与英国王室的关系特别亲密，他专门在印度孟买制造了一艘装备了 74 门火炮的大战舰"利物浦号"，送给英国国王威廉四世。英王回赠他一艘豪华游艇。1830 年，威廉四世举行加冕典礼，赛义德大帝送了一只灰色的老虎作为礼物。1838 年 6 月，维多利亚女王举行加冕典礼，他又赠送一匹阿拉伯种马。1842 年，维多利亚女王回赠他一辆豪华的皇家四轮马车，因阿曼没有宽阔的道路而无法使用，他只好将其转送给一位高贵的印度朋友；女王又送他一套镶金的茶具，赛义德则把库里亚穆里亚群岛赠送给英国女王，作为其永久领地。

赛义德大帝执政 52 年，有 36 个子女。他酷爱航海，1856 年乘"维多利亚"号战舰从马斯喀特去桑给巴尔途中患痢疾而死，葬于桑给巴尔王宫的花园中。

二 赛义德·本·泰穆尔（1910～1972 年）

赛义德是泰穆尔的长子，1932 年 2 月，年仅 22 岁的赛义德登上阿曼王座，正式成为苏丹。赛义德早年在印度贵族学院学习，1929 年回国后任内阁大臣会议主席，即位时与他父亲一样，由英国驻马斯喀特的政治代表替他拟定了一封给英国常驻海湾政治代表比斯科的即位声明。

赛义德主张加强中央集权。他执政后，一直想合并"阿曼伊斯兰教长国"，重新统一全国。英国人为了深入阿曼内地开采石油，也支持赛义德的统一主张，并在 1954 年末指挥阿曼军队攻入内地，占领了伊卜里和鲁斯塔格。1955 年 12 月 15 日，阿曼军队攻占"阿曼伊斯兰教长国"的首都尼兹瓦。英国飞机野蛮轰炸内地的城镇和村庄，屠杀无辜居民，零星战斗一直延续到 1959 年末，在英国特种空军部队帮助下，攻陷了绿山的最后一个据点，伊玛目苏莱曼逃往沙特阿拉伯，阿曼又重归统一，国名改为"马斯喀特和阿曼苏丹国"。

由于英国多年来的控制，赛义德生性保守、多疑、专横。正如阿曼军队司令官大卫·斯米勒说，赛义德形成了狭隘的、严格的统治风格，他下定决心使阿曼免受现代化思想的污染。① 从 1958 年后，他从未离开塞拉莱王宫一步，通过情报网监视着每个人的言行。他不愿人民受教育，全国只有 3 所仅供男生就读的小学（903 名学生），不允许学生到国外留学。许多学生被家长悄悄送到外国学习，完成学业的青年则被禁止回国。他禁止人民群众使用手电筒、戴太阳镜、穿西方皮靴和骑自行车，如进口摩托车必须要经过他特别批准。他的汽车不能用汽油发动，只准由他的奴隶推着走。马斯喀特的城门必须在日落 3 小时后关闭，夜间出门的行人必须手提点着的马灯，否则就会被投入监狱。他对任何人都不相信。他的一些皇亲国戚都被迫长期流亡国外，他甚至将他的儿子卡布斯也软禁多年，威信尽失。②

　　赛义德即位之时，国库空虚，只剩下 5 万英镑，仅靠英国的资助和货款维持政府开支，根本无力搞经济建设。1964 年，阿曼发现石油。但赛义德是一个典型的守财奴，他疯狂聚敛财富，把自 1967 年开始获得的石油收入据为己有，不关注经济发展。到 1970 年，阿曼全国只有 10 公里沥青公路、3 所小学、1 个拥有 12 张病床的医院、1 个发电量只有 4500 千瓦的发电站，没有其他任何先进的经济文化设施，人均国民收入仅有 67 阿曼里亚尔（约 100 多美元）。③

　　赛义德的所作所为，引起了三股力量的反对。第一股力量是南部佐法尔地区的"佐法尔人民阵线"、大本营在伊拉克的"阿曼解放军"，以及"阿曼和海湾人民民主解放阵线"，它们都计划进攻阿曼北部地区。第二股反对力量是他的皇族宗室，他的弟弟塔里克也在国外组织力量反对他的蛮横专制。第三股力量是英国人支持的卡布斯王子。1970 年 7 月 18 日，卡布斯发动宫廷政变，赛义德在枪战中负伤，被迫在逊位书上签字。1972 年，他在伦敦的寓所里郁郁而逝。

---

① David Townsend, *Arabian Assignment*, London：Leo Cooper, 1975, p. 40.

② Carol J. Riphenburg, *Oman：Political Development in A Changing World*, London：Praeger Publishers, 1998, p. 49.

③ 袁鲁林、萧泽贤：《赛义德王朝的兴衰与当代阿曼的复兴》，《西亚非洲》1992 年第 6 期，第 64 页。

第三章

政　治

第一节　国体与政体

阿曼苏丹国为世袭君主制国家，是世界上仅存的两个苏丹国家之一（另一个是文莱达鲁萨兰国）。阿曼的政体结构源于悠远的伊巴德教派的历史传统和伊斯兰教的宗教理念，早期伊巴德国家的伊玛目选举原则表明了阿曼民主观念的悠远。1970 年卡布斯上台后，阿曼的政治体制逐渐发展和完善起来。此前阿曼的政治机构十分简陋，仅有少数行政官员管理财务、内政和税收等事务。

一　《国家基本法》

1996 年 11 月 6 日，阿曼颁布《国家基本法》，但随着时代的发展以及阿拉伯剧变的冲击，2011 年 10 月 19 日阿曼对《国家基本法》进行了修改。《国家基本法》相当于宪法，共有 7 部分 81 个条款。第一部分为国家及政府体系；第二部分为国家的政策指导原则；第三部分为公众权利与义务；第四部分为国家首脑；第五部分为阿曼议会；第六部分为司法制度；第七部分为总则。①

《国家基本法》第 1 条明确指出："阿曼苏丹国是一个独立的、主权完整的阿拉伯国家，首都是马斯喀特。"第 2 条规定："国家的宗教信仰

---

① Basic Law of the Sultanate of Oman (as last amended by Royal Decree No. 99/2011), www. wipo. int.

是伊斯兰教，沙里亚法是立法的根本。"①

《国家基本法》第一部分明确了增加政府权力的方法与程序，其中第5条规定阿曼苏丹国的政体是世袭君主制，王位由卡布斯曾祖父赛义德·本·苏尔坦家族的男性后代继承。王位继承人应是伊斯兰教的忠实信徒，他高瞻远瞩，是阿曼穆斯林父母的合法儿子。由于卡布斯没有子女，基本法对王位继承权也做出规定。第6条规定，王室委员会应在王位空缺三日内为卡布斯选出继承人，只有当王室委员会成员不能达成共识时，国防委员会才有权打开卡布斯写给王室委员会的遗嘱，上面写有王位继承人的名字。第9条规定，市民有权在法律允许下参与公共事务。该法还规定了国家机构在各个领域的职责，对国家体制、政治指导原则、国家元首、政府首脑、内阁及其成员的职责、公民权利与义务等方面做出了规定。《国家基本法》确保法律面前人人平等、宗教信仰自由、言论自由和出版自由，给予国民寻求司法公正和结社的权利。

《国家基本法》体现了具有阿曼特色的民主参与和协商原则。第58条及其细则明文规定，阿曼委员会包括协商会议和国家委员会两部分。阿曼委员会协助政府起草国家法律。阿曼苏丹有权召集阿曼委员会讨论研究各种问题，然后以大多数通过起草法案。卡布斯苏丹指出，内阁、国家委员会和协商会议要定期举行公开会议，所有成员都要出席，以确保政府政务的透明、公正。阿曼政府成立大臣会议来加强内阁、国家委员会和协商会议之间的沟通和协调。大臣会议应有效调节立法机关和执法机关之间的关系，增进它们之间的互相理解，从而调动各部门的积极性，使其工作更加卓有成效。正如卡布斯所言："只有调动了整个民族的积极性，才能开发这个国家国民的潜能，实现阿曼苏丹国复兴的目标。"②

除了扩大民众政治参与范围外，2011年修订的《国家基本法》最突出的特点便是加强了协商会议和国家委员会两个机构的权力，深化了阿曼政治体制中协商原则的应用。两个机构有权在提交卡布斯苏丹批准以前修

---

① Sultanate of Oman Ministry of Information, *Oman 2015*, p. 70.
② 《阿曼 2004~2005》，阿曼新闻部，第41页。

改内阁所提出的所有法案；此外，还允许协商会议有提议新法案的特权。新的《国家基本法》同时明确了协商会议和国家委员会的代表人数，并规定国家委员会的代表数量不能超过协商会议。[①]

具有延续性的是，《国家基本法》依然十分重视伊斯兰教的作用以及对宗教事务的管理。全国伊斯兰教事务由司法部门、宗教基金和伊斯兰教事务部主管，其职责包括管理宗教学会和讲授《古兰经》的学校。关于伊斯兰教在现代国家中的作用，卡布斯苏丹有自己的解释。他认为，伊斯兰教和现代国家是相容的，伊斯兰教应该采取务实的态度，适应世界潮流的变迁。

二 国家元首

苏丹是阿曼的国家元首，被称为陛下。他是国家的最高主宰，在立法、行政、司法、军事、财政等方面拥有至高无上的绝对权力。阿曼没有共和制度的历史渊源，国家不允许任何政党存在。苏丹既是国家元首，又兼任首相和武装力量最高统帅，并亲自掌管国防、外交等重要部门。副首相、大臣、次大臣均由苏丹任命，并集体向苏丹负责。《国家基本法》规定其职责为：维护国家主权独立和领土完整；关心国民权利和自由；制定国家大政方针；宣布国家紧急状态和战争；对外缔结条约；颁布国家总预算；批准国家所有法律、法令以及签订条约、协定、公约。苏丹处理行政事务具有固定程序，一般先由顾问与有关部门或委员会协商提出处理意见，然后呈交苏丹决策，苏丹按照相关部门意见发出指示，由国家相关机构执行。苏丹特别代表是仅次于苏丹的第二号实权人物，现任苏丹特别代表是阿萨德·本·塔里克·赛义德（Assad Bin Tariq Al Sa'id）。[②]

现任阿曼苏丹兼首相是卡布斯·本·赛义德，他于 1940 年 11 月 18 日出生于佐法尔首府塞拉莱的皇宫，是赛义德·本·泰穆尔唯一的儿子，

① Sultanate of Oman Ministry of Information, *Oman 2015*, p. 69.
② Dokoupil, Martin, "Succession Question Fuels Uncertainty in Oman," *Reuters*, Retrieved 2 August 2012.

是赛义德王族艾尔·布塞德家族第 8 代传人，是阿曼第 13 任苏丹。1956 年 8 月，他被送到伦敦一所私人学校学习。20 岁时，他进入英国桑赫斯特皇家军事学院学习。两年后结业，加入当时正在德国值勤的英国苏格兰来复枪旅担任见习军官，任中尉。后来，在与退役的年轻军官交谈时，卡布斯回忆起了自己的军事训练。"自那以后，我养成的价值观永远陪伴着我，"他说，"作为一名成功的领导者，纪律不是领导者强加给他人的东西，而是领导者也必须遵守的原则。服务的真正含义是付出而不是索取，是团体协作而不是个人行为。义务永远伴随着责任。"卡布斯的德国军旅生涯对他的人生政治价值观的塑造影响很大。半年后，卡布斯又回到英国的苏格兰学了两年的行政管理。他到世界各地旅行 3 个月后回到阿曼。卡布斯笃信伊斯兰教，是一位虔诚的穆斯林，但他在国外的经历使他具有较强的现代文明意识。1964 年卡布斯回国后，对国内落后的现状表示不满，因此被软禁在塞拉莱王宫达 6 年之久。在此期间，他学习了伊斯兰教历史。卡布斯爱好西方古典音乐，喜爱骑马、打网球和驾车出行，他对武器装备很感兴趣，还是一位神枪手。他曾与他叔父塔里克的女儿结婚，离婚后未再娶，至今膝下无子女。

1970 年 7 月 23 日，卡布斯依靠英国推翻其父的统治，自任苏丹。卡布斯苏丹接手的国家是一个矛盾重重、经济停滞的国家。29 岁的卡布斯登基以后，力图实现阿曼的伟大复兴。

政治上，卡布斯修改国名，广纳贤才。1970 年 9 月 18 日，卡布斯苏丹宣布更改国名，把原来的"马斯喀特和阿曼苏丹国"改为现在的"阿曼苏丹国"，颁布了国旗、国歌。接着，卡布斯号召原来被迫流亡国外的王室成员、知识分子和巨商富贾回国，用他们的智慧和才干为国家贡献力量，将阿曼建设成现代化强国。不论他们过去的政治态度如何，只要忠于卡布斯王室而又聪明能干，一律委以重任，他的几位王叔和许多有才能的人都纷纷回国担任要职。卡布斯整顿和加强王室的组织机构，设立皇宫事务部、皇宫办公室、皇宫典礼局等多个部门，专门办理王室的对内对外事务。

卡布斯苏丹组织了阿曼第一个现代化内阁，这是阿曼的最高行政机构，内阁成员均由卡布斯任命。其中约有一半是重要的王室成员，卡布斯自任首相（头两年由他的叔父塔里克任首相）兼国防大臣、财政大臣和外交大臣。内阁定期举行会议，由卡布斯苏丹亲自主持，卡布斯新建的王室和内阁虽几经调整，但始终保持稳定且富有活力。卡布斯接任阿曼苏丹后，阿曼仍为世袭君主国，无议会，无宪法，不允许成立政党。卡布斯苏丹兼任首相和武装力量最高统帅，并设卡布斯苏丹特别代表和三位副首相。苏丹发布的训令即是国家法律。1981 年 10 月，卡布斯苏丹下令成立国家咨询委员会，1991 年改名为"协商会议"。卡布斯苏丹在早期统治时期就强调对妇女进行培训和教育的重要性，确保妇女能与男人一样为阿曼的发展贡献她们的力量。阿曼是第一个允许妇女参政的海湾国家，1991 年阿曼妇女首次参加地方协商会议竞选，经过激烈角逐，两名妇女获胜，参加了协商会议，成为阿曼乃至海湾国家首批女议员。

外交方面，阿曼遵循中立和不结盟原则，奉行和平、睦邻友好、不干涉别国内政的外交政策，积极参加中东地区和国际事务，支持中东和平进程，维护海湾地区的和平与稳定。卡布斯苏丹在重视与英、法等西方国家传统友好关系的同时，发展与其他国家的关系，注重全方位发展对外关系和开展多边外交。卡布斯苏丹灵活务实，通过和平协商的方式，解决了同沙特阿拉伯、也门、阿联酋历史上遗留下来的边界争端。在海湾国家中，卡布斯苏丹先同以色列发展经济乃至政治关系，并成为海湾地区第一个接见以色列总理拉宾的国家元首。阿曼是海合会 6 个成员国之一，卡布斯苏丹强调海湾地区国家的团结与合作对海湾地区的安全与稳定的重要性。

为增加与国民交流的机会，促进国民参与政治生活，卡布斯苏丹经常深入阿曼社会底层了解国民的生活，也就是阿曼苏丹的"亲民之旅"。在每年长达几个星期的"亲民之旅"活动中，卡布斯苏丹到各地视察民情，为公众提供更多参与决策的机会。"亲民之旅"取得了良好效果，人们可以通过与卡布斯苏丹近距离交谈，为苏丹治国出谋划策，也满足了阿曼国民对苏丹的神圣向往，缩短了二者之间的距离感。

在每年一次的"亲民之旅"中，卡布斯苏丹经常会遇到各种各样的社会和经济问题，如年轻人的就业问题、国家收入多元化、国家资源开发利用、私营部门的作用以及与国民生活直接相关的问题，像婚礼花费过高等。"亲民之旅"让卡布斯有更多机会视察国家经济发展的状况，了解各个地区居民的生活境况，倾听国民的意见和诉求。

"亲民之旅"通常从马斯喀特出发，途径阿曼各个地区，在佐法尔省的塞拉莱结束。在大臣和顾问的陪同下，卡布斯每走访一个城市，都与当地居民进行互动交流。卡布斯接见当地政府官员，深入调查该地区政治、经济中存在的问题。卡布斯平易近人，平等对待所有国民。在一次"亲民之旅"中，卡布斯说："我们要亲自来看看你们的生活，与你们商讨并倾听你们的意见，然后再决定我们应该做哪些工作。"①

卡布斯苏丹经常出现在各种场合，如出席阿曼年度足球冠军赛、曲棍球比赛以及骆驼比赛等。他还定期到工地视察，与工人讨论国家大事或是参加国民组织的各种庆典活动。卡布斯苏丹与阿曼国民紧密而亲和的关系，为阿曼走向繁荣开辟了道路，同时也为阿曼国民参与政治事务创造了机会。

三　阿曼现代国家机构特点

阿曼现代国家机构随时代变迁，逐渐改变其原有的政治结构，形成了一整套较为高效的、符合阿曼历史文化与国情的政治体系，成为国家发展与繁荣的基石。阿曼现代国家机构共分为六大部分，其中高级委员会、附属委员会以及公共事务部门又分为 33 个分支部门。总体而言，阿曼现代国家机构具有以下特点。

第一，阿曼现代国家机构以《国家基本法》为坚实的基础，基本实现了行政体系设立及运行的法制化，实现了法规管理体系下行政部门、立法部门的有效运转，强化了各部门的主体责任意识，确保了阿曼现代政治良性发展。

第二，阿曼现代国家机构注重对高素质政府公务人员的培养与任命。阿曼是一个人际关系十分复杂的社会，裙带关系导致阿曼政府官员根据家

---

① 《阿曼 2004～2005》，阿曼新闻部，第 59 页。

庭关系或个人推荐来选聘公务人员，成为任人唯亲与腐败的源头。为了避免这一弊端，阿曼行政事务部在招募公务人员时引进现代化的中央招聘系统，这样就可以在公平、科学的基础上进行人员的选拔和任命。一是建设各类高等院校，为国家机构培养高素质人才；二是对人力资源信息进行登记，并依托数字化管理体系，时刻掌握各部门公务人员的信息。2013 年 5 月 19 日，根据第 32 号皇家谕令，人力资源注册局对其管理规则进行修正，并建立涵纳政府各部门及私营部门相关人力资源信息的综合数据库。

第三，阿曼现代国家机构具有统筹性的特点，在顶层构建上较好地解决了"令出多门"的问题。阿曼设有国防委员会、国家安全委员会、财政事务和能源资源委员会、阿曼中央银行理事会、最高司法委员会、最高规划委员会等，这些委员会负责国家国防、安全、财政、司法、发展规划等一系列重大问题的审议及决定，其主席或由卡布斯苏丹担任，或由卡布斯苏丹进行任命，从而使国家机构围绕领导人进行日常议程，有利于提高决策效率。

第四，阿曼现代国家机构体现了时代性的特点。阿拉伯剧变后，2011 年初，受西亚北非地区局势动荡的影响，阿曼局部出现小规模游行示威活动。为此，卡布斯苏丹迅速采取相应措施，修改《国家基本法》，大幅改组内阁，并新建了一系列相关机构以回应民众的有关诉求。目前，阿曼的国家机构大多在 2011 年后进行改组，其中很大部分是新组建的部门，包括教育委员会、投资促进与出口发展总局、杜古姆经济特区管理局、中小企业总局等。其实，早在 2007 年之前，阿曼便开始主动求变，建立了诸如电力和水利总局、国家文件档案信息局、国家人权委员会等机构。由此可以看出，阿曼现代国家机构依照自己的道路正在稳步发展、主动谋变、顺势而为，成为国家复兴的有力保障。

第五，阿曼现代国家机构具有专业化的特点。针对国家经济与社会发展的各个方面，阿曼均设有相对应的部门和专门委员会，除内阁相关部门及以上所提及的机构外，还设有公民服务委员会、招标委员会、医学委员会、科研委员会、阿曼学术评审局、手工业总局、资本市场管理局、信息技术局、电信监管局、社会保险总局、储备及存储总局、消费者保护总局、广播电视总局、市民防卫与救护总局、国家青年委员会等。这些机构构建起专业的现代国家组织网络，能够有效地为民众提供全方位服务。

第二节 立法机构

一 国家委员会

1997年12月27日，阿曼根据《国家基本法》第58条及其细则规定成立国家委员会。其职责是讨论所有与发展相关的问题，努力协调国家有关机构（如协商会议）与行政机构之间、政府与个人之间的关系，确保它们能相互谅解。2011年修改后的《国家基本法》对国家委员会的职责与权力进行了强化，规定其有权修订内阁所提交的法律草案，有权校正和修订现存的法律条款，有权讨论发展计划草案、内阁每年提交的国家预算、国家财政和行政审计署报告副本并发表建议。[①]

国家委员会主席和成员任命的依据是皇家谕令，其人数不得超过协商会议成员人数。他们必须是阿曼国籍，年龄在40岁以上，是该领域的资深专家，在阿曼享有崇高威望。国家委员会成员一般从以下人士——前任大臣、次大臣或同级别官员、前任大使、前任大法官、退休的高级官员、科学家、文学家、高等院校的学术权威、商人中挑选。[②]

国家委员会办公地址设在马斯喀特，每年召开4次会议，会议时间不得少于8个月，2011年以来逐步拓展，目前下设机构有法律委员会、经济委员会、社会委员会、人力资源发展委员会、教育委员会、文化和媒体委员会。[③] 委员会向苏丹或大臣会议提交议案和建议，委员会主席还需要提交年度述职报告。国家委员会的成员不能在协商会议中任职，其数量亦

① Sultanate of Oman Ministry of Information, *Oman 2015*, p. 109.

② Basic Law of The Sultanate of Oman (as last amended by Royal Decree No. 99/2011), http://www.wipo.int.

③ Sultanate of Oman Ministry of Information, *Oman 2015*, p. 115.

不能超过协商会议成员的数量。仍在政府部门任职的官员不能同时在国家委员会任职，但科学家、文学家和高等院校的专家除外。2015 年 11 月，国家委员会任命了 85 名成员，现任主席叶海亚·本·马哈福兹·蒙泽里（Yahya Bin Mahfoudh Al Manthri）于 2004 年 3 月就任并连任至今。①

二 协商会议

1991 年 11 月，阿曼成立协商会议。其前身是 1981 年成立的国家咨询委员会。国家咨询委员会的建立是阿曼"参与型政治"进程中的重要举措。卡布斯苏丹在 1970 年对阿曼全体国民发表演讲："我向你们承诺，我要做的第一件事情就是尽快开始对政府的现代化改造。"② 他将国名"马斯喀特苏丹国"改为"阿曼苏丹国"，而且进行政府机构改革。20 世纪 70 年代初，阿曼先后成立工商协会、阿曼农业和渔业委员会，这些机构为阿曼协商会议的建立奠定了基础。

20 世纪 80 年代，阿曼加快了政治民主化进程。1981 年 11 月，在卡布斯的倡导下，阿曼成立国家咨询委员会。国家咨询委员会在每年 4 月到次年 10 月之间召开会议，主要讨论与经济有关的事务，鼓励国民对经济问题献计献策。尽管这种讨论话题仅仅限于经济范围，但是咨询委员会成功地开启了阿曼高级官员与国民社团对话的先例。正如卡布斯苏丹所说："我们的最终目标就是允许大多数国民参与政治决策，执行我们的经济发展计划。"③

协商会议的成立标志着阿曼"参与型政治"逐渐走向成熟。海湾战争后，海湾各君主国顺应政治民主化趋势，相继成立协商会议，让更多的平民来参与国家大事。1990 年，卡布斯苏丹宣布以国家协商会议来代替国家咨询委员会，扩大民众参与范围，促进民众参与国家大事的兴趣。前

---

① 中华人民共和国驻阿曼苏丹国大使馆网站，http://om.chineseembassy.org/chn/zjam/amgk/。
② 《阿曼 2002~2003》，阿曼新闻部，第 33 页。
③ Qaboos, *The Royal Speeches of HM Sultan Qaboos Bin Sa'id 1970 – 1995*, Muscat: Ministry of Information, 1995, p. 93.

阿曼驻美国大使萨达卡·苏莱曼说："从语源学的角度来说，'舒拉'（shura）来自词根 shawr，即协商、建议的意思。它要求民众在广泛的范围内参与协商，集思广益。协议会议成立表明阿曼政治趋向民主。"①

1991 年 11 月，卡布斯苏丹颁布了一系列皇家谕令，协商会议最终成型。同年 12 月，第一届协商会议经全体阿曼国民选举产生。协商会议成员由阿曼全体公民通过投票选举产生，但会议主席由卡布斯苏丹任命。协商会议包括一名主席和两名副主席。协商会议成员每届任期 3 年，任职期满后，可以再次参加竞选。候选人应年满 30 岁，德高望重，没有任何犯罪记录。卡布斯苏丹在成立大会上说："协商会议的出现标志着阿曼新时代的开始。"② 1993 年，协商会议出现三点变化。第一，会议不再对外保密，而是在电视上公开进行。第二，协商会议可讨论所有立法活动，有关社会和经济领域的立法草案在呈交苏丹前，都要通过协商会议审议。第三，实行比例代表制。1994 年，女性可参加协商会议成员的竞选，并有两名女性当选，她们分别来自马斯喀特和西卜地区。1994 年 7 月，卡布斯苏丹又宣布协商会议成员从 59 人扩大到 80 人。③

2003 年 10 月，阿曼组建第五届协商会议。卡塔比连任主席。协商会议成员了进行了局部调整，并进行了一些局部改革。这些措施包括以下几方面内容。

第一，协商会议成员的任期从原来的 3 年延长至 4 年，凡得到选民继续支持的现有成员，均可以连任。

第二，协商会议有权审核法律草案，改进、修正现行法律。由政府制订的五年发展规划和国家预算只有经过协商会议的认可，其实施才具有法律效力。

---

① Sadek Jawad Sulaiman, *The Shura Principle in Islam*（Al – Hewar Center, Inc. , 1999）, p. 2, http：//www. alhewar. com/sadekshura. htm.

② Carol J. Riphenburg, *Oman：Political Development in A Changing World*, London：Praeger Publishers 1998, p. 98.

③ Charles O. Cecil, "Oman's Progress toward Participatory Government," *Middle East Policy*, Spring 2006, p. 64.

第三，协商会议通过其成员及主要机构以不同方式行使其应有职权，如立法、经济和社会职能等。

第四，扩大选举权。这是阿曼协商体制简捷化的步骤之一。

2003 年 10 月，第五届协商会议首次实行自由选举。选民从 1991 年的 5900 人增加到 82200 人，此届协商会议包括 15 名女性选民。[①] 2007 年 10 月，阿曼进行第六届协商会议成员选举，从 632 名候选人（其中女性 21 名）中选举出 84 名成员。这届协商会议讨论了阿曼第七个五年计划和 2007 年国家预算。

根据 2011 年第 99 号皇家谕令所公布的修订后的《国家基本法》，以及 2013 年第 58 号皇家谕令公布的《协商会议成员选举法》，新时期的协商会议选举要在独立、公平的氛围下进行，并对选举过程是否公正透明进行监督。

阿曼协商会议主席由会议代表选举产生，这标志着阿曼历史上新的政治参与和决策原则的产生，也是阿曼历史上前所未有的事件。协商会议有权就国家预算草案、五年发展计划、经济和社会协议的批准做详细审查。总体说来，这极大地增强了舒拉精神在民主和透明治理中的作用，通过广泛参与国家决策进程赋予其综合发展的关键作用。

阿曼协商会议最大的特征是在伊斯兰教的“舒拉”政治原则上，立法和行政机构紧密协调，以有利于国家发展计划的执行，并加强绩效水平和民众在各方面决策过程中的参与。

依照卡布斯苏丹的指导方针，制定内阁会议与阿曼委员会之间持续的协调框架，一同应对当前国家经济和社会发展中所面临的挑战。2015 年 4 月 6 日，内阁会议与协商会议举行联席会议，其目标是努力实现繁荣并落实发展项目和计划，就双方关注的主题进行有效的交流。

协商会议的特权有：①阿曼协商会议是财政和行政上独立的合法实体，办公地点位于马斯喀特省；②协商会议研讨五年发展计划和民众福利

---

① Charles O. Cecil, "Oman's Progress toward Participatory Government," *Middle East Policy*, Spring 2006, p. 64.

问题，并与有关部长一起讨论一般性国家预算，在相关皇家谕令公布和实施前，这些部长必须回应会议成员的任何疑问；③协商会议研究和评论的议题供卡布斯苏丹或内阁的部长们参考；④协商会议主席每年向苏丹提交活动报告；⑤研究并讨论法律草案和发展计划，以及政府准备批准的经济和社会事务相关的协议草案，在做出决定后提交内阁会议讨论；⑥国家财政和行政审计署必须提供每年报告的副本给协商会议和国家委员会；⑦可以要求各政府机构提供给协商会议每年的计划执行报告，还有权召集任何部长进行报告并讨论他/她司法权力范围内的任何问题；⑧有权盘诘政府各机构是否超越职权范围及违背法律，同时增强了其作为管理机构的行动效力；⑨协商会议主席同时也是五年发展计划最高委员会的成员，负责陈述计划的主要特征并监视其实施进程。①

协商会议的任期为 4 年，开始日期为选举结果公布之后，结束日期在第四年的 9 月 30 日。根据协商会议任期，第七届协商会议于 2015 年已经到期，并成功通过民众选举产生第八届协商会议。这是协商会议继续扩大民众政治参与和加快决策进程的改革尝试。第八届协商会议选举中出现了人数众多的男女候选人，并且根据内政部 2015 年第 61 号决定，增加了贾阿拉巴尼·布·哈桑州（Ja'alanBani Bu Hassan）的候选人和代表人数。②

2015 年 10 月 25 日，阿曼第八届协商会议选举结束，共从 61 个选区中选出 84 名成员，其中 23 个选区各有 2 位代表名额，38 个选区各有 1 位代表名额。③ 第八届协商会议选举最终有 590 名候选人参加，其中 20 人为女性。④ 有 611906 名投票者参加投票，投票率为 56.66%。⑤ 现任主席哈立德·本·希拉勒·马瓦利（Khalid Bin Hilal Al Ma'awali）于 2011 年

---

① Sultanate of Oman Ministry of Information, *Oman 2015*, pp. 119 – 121.

② Sultanate of Oman Ministry of Information, *Oman 2015*, p. 117.

③ "Omen: Majles A'Shura (Consultative Council)," *Inter – Parliamentary Union*. Archived from the original on 26 October 2015. Retrieved 26, October 2015.

④ Vela, Justin, "One Woman Elected in Oman's Shura Council Elections," *The National*, Retrieved 26, October 2015.

⑤ "Live Blog: 56.66% Voter Turnout for Oman's Majlis Al Shura Elections," *Times of Oman*, 25 October 2015. Archived from the original on 26 October 2015. Retrieved 26 October, 2015.

10 月首次当选，于 2015 年 11 月再次当选。① 每年协商会议的会期至少 8
个月以上，以保证举行足够多的会议来研究和讨论主题、法律草案和其他
问题，这些议程与阿曼的社会及民众有关。协商会议有时也举行特别会议。

阿曼协商会议由主席、会议办公室、常务委员会、会议秘书处组成。

协商会议主席负责监督、管理会议的进行，代表协商会议与其他机构
进行交流，有权在必要的情况下召集特别会议。协商会议设主席一名，副
主席两名，副主席经特别会议选举产生。

会议办公室依据会议活动和提交给会议讨论的相关主题为协商会议的
一般性会议制定时间表，也管理协商会议的日常事务。

依据阿曼协商会议新的章程，常务委员会的类别增加至 10 类，分别为
法律委员会、经济和财政委员会、国防安全与外交关系委员会、健康与环
境委员会、教育与研究委员会、服务与社会发展委员会、青年与人力资源
委员会、食品与水安全委员会、媒体与文化委员会、预算与决算委员会。

会议秘书处负责协助协商会议及其机构执行任务，并促进相关组织和
管理进程，在理顺协商会议操作程序的过程中扮演了关键角色。

协商会议的工作流程为：协商会议的成员将问题以书面形式递送有关
部长。这些部长进行答复后寄回协商会议秘书处，答复内容将在协商会议
中进行宣读。协商会议成员可以就广泛的主题表达观点，并就改善公共服
务和便利设施的方法提出建议，或者对经济部门的阻碍和发展滞后现象以
及解决方法表示关注。一些问题提交至协商会议特别会议进行研究，或者
征求委员的意见；其他问题则递送至相关政府部门进行说明。

此外，阿曼协商会议寻求推进与阿曼友好国家间的双边及多边关系，
与海合会以及阿拉伯社会和国际社会的立法机构建立并发展友好合作关系。

三　市政委员会

阿曼市政委员会依据 2011 年第 116 号皇家谕令建立，目的是拓展民

① 中华人民共和国驻阿曼苏丹国大使馆网站，http：//om. chineseembassy. org/chn/zjam/amgk/。

众在新时期的政治参与，将社会和政府之间的关系整合为更加紧密的共生关系。市政委员会与协商会议一同拟定和修订发展计划，整合不同地区的需要来打造整体的国家发展战略。

市政委员会第一届任期自 2012 年 12 月 22 日开始，其围绕地方群体聚焦的经济和社会问题举行定期会议，研讨各群体的发展需求。阿曼市政委员会在处理发展需要与当地群体期望时态度专注且负责。他们谨慎地随访相关事件，以当地群体需求为基础，依靠协商的方式将有关问题提交给相关政府部门。此外，市政委员会在筹备时期便与政府部门进行了紧密的合作和互动，以实现综合发展的目标。

依照 2011 年第 116 号皇家谕令所颁布的市政委员会法案，以及 2012 年第 15 号皇家谕令所制定的实施准则，市政委员会委员共 192 名，分布于阿曼 11 个省份：马斯喀特省 26 名、佐法尔省 24 名、穆桑达姆省 8 名、布赖米省 8 名、内地省 26 名、中北省 28 名、中南省 22 名、东南省 16 名、东北省 16 名、扎希拉省 10 名、中部省 8 名。除了由市民选出的 192 名委员外，市政委员会还由政府部门的代表即部长级或与部长级别相当的部门主管组成。与市政委员会联系密切的政府部门主要有：地区市政部门，如马斯喀特、佐法尔的市政部门，以及水资源部教育部、住房部、卫生部、社会发展部、旅游部、环境和气候事务部、皇家警察局等。

《市政委员会法》规定，市政委员会在国家一般权力和发展计划的框架之下行使职责，与各部门在以下领域进行协调，包括：建立、改善和美化街道、公共场所和海滩；公共卫生和防止环境污染；水资源利用；污水处理；街道照明；学校、住房和礼拜场所的建设和修缮；卫生和商业中心的建设和修缮；汽车公园的建设和修缮。此外，市政委员会也与各部门协调并针对相关领域提出建议，包括建设公园、娱乐区域，防止海滩污染，进行防护海岸等。

总体而言，市政委员会的成立是阿曼自 2011 年之后扩大民众政治与社会参与的有效措施。市政委员会致力于商讨和解决民众最为关心和涉及切身利益的基础设施建设等问题，受到了民众的欢迎，但仍有一些制度缺陷：一是以协调各部门为主要职责，并不具有强力的法律权力；二是市政委员分散于全国各省，缺乏统一的管理机制；三是市政委员会的财政属于各省分管，从财政角度上讲并不独立，限制了其纵深发展。虽然有一些制度缺陷，但不可否认的是，市政委员会是阿曼扩大民众参与的重要举措，并将发挥越来越大的制度效力。

第三节　行政机构

一　内阁

1979 年，佐法尔战争结束，阿曼内阁在人员和行政结构方面已经稳定。但此后也经过了数次调整，最近一次为 2011 年 3 月，调整原因主要为应对民众支持变革的呼声。除卡布斯苏丹亲自任首相兼外交大臣、国防大臣、财政大臣外，还有阁员 30 名，主要有：内阁事务副首相法赫德·本·马哈茂德·阿勒赛义德（Fahd Bin Mahmoud Al – Sa'id）亲王、遗产和文化大臣海塞姆·本·塔里克·阿勒赛义德（Haitham Bin Tariq Al – Sa'id）亲王、宫廷大臣哈立德·本·希拉勒·布赛义迪（Khalid Bin Hilal Al – Busaidi）、苏丹办公厅大臣苏尔坦·本·穆罕默德·努阿玛尼（Sultan Bin Mohammed Al – Nuamani）、国防事务主管大臣巴德尔·本·萨乌德·本·哈利卜·布赛义迪（Badr Bin Saud Bin Haleb Al – Busaidi）、内政大臣哈姆德·本·费萨尔·布赛义迪（Hamoud Bin Faisal Al – Busaidi）、外交事务主管大臣优素福·本·阿拉维·本·阿卜杜拉（Yousuf Bin Alawi Bin Abdullah）、财政事务主管大臣达尔维什·本·伊斯梅尔·本·阿里·巴鲁什（Darwish Bin Ismail Bin Ali Al – Balushi）、石油和天然气大臣穆罕默德·本·哈马德·鲁姆希（Mohammed Bin Hamad Al – Rumhi）、商业和工业大臣阿里·本·马斯乌德·本·阿里·苏奈迪（Ali Bin Masoud Bin Ali Al – Sunaidy ）、交通和通信大臣艾哈迈德·本·穆罕默德·本·萨利姆·福泰斯（Ahmed Bin Mohammed Bin Salim Al – Futaisi）等①。

---

① 中华人民共和国驻阿曼苏丹国大使馆网站，http：//om. chineseembassy. org/chn/zjam/amgk/。

二 地方政府机构

2011 年 10 月 26 日，依据第 114/2011 号皇家谕令，阿曼重建国家地方治理结构。现今阿曼苏丹国划分为 11 个省（马斯喀特省、佐法尔省、穆桑达姆省、布莱米省、中北省、中南省、达希莱省、内地省、东南省、东北省、中部省），省下设有 61 个州。其中，马斯喀特省、佐法尔省直接受苏丹领导，其他地区处于内政部的领导之下，苏丹负责任命各省省长。[①]

卡布斯苏丹在处理地方行政事务时也基本上延续泰穆尔时期的治理方式。马斯喀特省和佐法尔省的省长都来自王族，他们二人兼任内阁的国务大臣。各省省长大都来自名门望族，任期一般为 3 ~ 5 年。各省再被细分为不同的行政区（Ward），由酋长主持区务，酋长在国民与省长之间起到桥梁作用。

省长是政府的代表，而不是行政管理人员。国民可以向省长直接请愿，省长将相关意见传达给有关部门。省长的职能被其他部门分别承担，法律执行权力控制在阿曼皇家警察的手中，政府逮捕犯罪嫌疑人，通知省长即可，省长没有执行权。公共活动场所的管理也是如此，地方市政当局和环境部门在某个省内举办活动，可以将这一消息告知省长，但省长没有决定权。此外，省长也没有任命省立法班子成员的权力。省长的主要职责是为国民服务，同时与上级政府各部大臣保持联系，如帮助当地居民获得护照，向中央政府提供其所在地区的财政信息。

司法部的伊斯兰法官（Qadi）帮助省长处理沙里亚法院案件，审判民事纠纷。地方法院不能解决的纠纷，则转交内政部处理。地方政府每月召开一次公共会议，参加者包括省长、法官和所在省居民。公共会议成为公众讨论国家大事的讲坛，也是政府发布信息的场所。居民可以就政治上的敏感问题向公共会议提问，要求政府作答。

三 服务型行政

服务型行政，就是要求阿曼行政机构以服务民众为本，肩负起提供社

---

① Sultanate of Oman Ministry of Information, *Oman 2015*, p. 20.

会公共产品的职责，为阿曼社会良好运转夯实行政基础。阿曼服务型行政体系的建设主要由公务员部负责，该部通过对公务员进行培训来提升他们的业务能力并转变以往的行政工作观念。卡布斯苏丹认为，阿曼新时代的公务员需要用科学和知识武装自己，从而有能力在以人为本的服务理念下参与社会发展进程。① 阿曼为建设服务型行政体系，大致推出了四个方面的举措。

第一，完善法制管理。2013 年 11 月 11 日，卡布斯苏丹发布讲话，要求提高行政服务质量，并建立公务员考核评分日程表，该计划在 2014 年 1 月 1 日开始实施。此外，根据 2013 年第 78/2013 号皇家谕令，阿曼颁布了新修订的《公务员法》明确了阿曼公务员的职位级别和工资标准等级，对公务员更加努力、热心投身工作起到极大的激励作用。

第二，严控招聘入职系统。阿曼为建设服务型行政体系，牢牢抓住公务员入职的质量关，大力促进中央招聘系统的发展与现代化，目的是给应聘人员提供公平的机会，并且保证中央招聘系统能够按标准高效地完成任务。该系统还兼具为公众提供方便的作用，节省了应聘人员的时间，将重要招聘信息以公告的形式发布出来，增加了公务员选聘环节的公开性和透明性。

第三，加强公务员培训工作。阿曼《公务员法》明确提出"对公务员的培训和能力绩效评估是职业责任"，国家行政服务机构鼓励给所有公务员提供培训的机会，并对他们是否符合岗位需求做出能力绩效评估。阿曼政府数据显示，近年来阿曼公务员培训人数稳定增长，2015 年上半年，有 87787 名公务员接受了培训。②

第四，强化政府与私营部门的合作。阿曼建设服务型行政体系的第三个举措是强化政府和大量私营部门的合作。为了提高阿曼行政服务体系的办事效率，许多私营机构为阿曼政府机构提供国内外培训项目和其他业务。这些业务涉及政府机构声誉评估、高标准的审计人员课程、近期政府

① Sultanate of Oman Ministry of Information, *Oman 2015*, p. 207.
② Sultanate of Oman Ministry of Information, *Oman 2015*, p. 209.

会计和审计方向规划、衡量培训投资回报、领导及机构创新和出具其他行政机构研究报告等。

经过不断发展完善,阿曼服务型行政体系建设工作已初具成效。2015年是阿曼第八个五年计划的最后一年,公务员部为了提高行政服务体系绩效,继续制定严格的专业知识考察等方案。目前,阿曼公民服务类行政机构共有36个部门;截至2015年5月底,这些部门的员工超过180000人;2011~2015年,通过中央招聘系统入职的行政服务机构公务员有51517人。①

第四节　司法机构

作为君主制国家,阿曼没有立法议会,立法权全部由卡布斯苏丹掌握,法律由卡布斯苏丹批准后颁布实行。阿曼司法机构分为两类,即世俗类和宗教类,并以后者为主。作为伊斯兰国家,阿曼实施伊斯兰法的主要依据是《古兰经》和《圣训》。1970年8月,卡布斯苏丹叔父塔里克的新内阁成立司法部。司法部刚开始的职责主要是承担宗教事务,监督沙里亚法院、法官、宗教捐赠、宗教税收以及许多公共事务,如修复清真寺、修整灌溉系统和监管农业用地。1997年,卡布斯苏丹将司法部、内政部与伊斯兰教事务部合并,统称司法部。

一　最高司法委员会

根据第9/2012号皇家谕令,最高司法委员会进行改组,成为脱离司法部的独立机构,由苏丹担任委员会主席。② 据外国学者分析,最高司法委员会保证了苏丹对相关权力的控制,使之凌驾于司法部之上。③ 最高司法委员会拥有广泛的权力,包括制定一般司法政策;改革司法机构以保证

① Sultanate of Oman Ministry of Information, *Oman 2015*, p. 208.
② Sultanate of Oman Ministry of Information, *Oman 2015*, p. 20.
③ Bertelsmann Stiftung BIT 2016, Oman Country Report, http://www.bti-project.org.

法院及公诉部门顺利地行使职能；提高司法部、行政法院和公诉部门的办事效率，保证其法律规定符合皇家谕令要求；提出法律草案并对其进行解读；对阿曼与其他国家签署的司法合作协议提出意见，并在苏丹同意之前进行审核。[①]

二　司法行政事务委员会

1999 年，依据第 90/1999 号皇家谕令所发布的《司法部门法》，司法行政事务委员会成立。该法第 16 条规定：司法部应设立司法行政事务委员会，委员会主席由最高法院主席担任；司法行政事务委员会由 3 名任期最长的最高法院院长、司法部部长、任期最长的上诉法院院长以及任期最长的初级法院院长组成。当委员会主席空缺或因特殊原因不能履职时，由委员会内任期最长的成员接替。[②] 2012 年，第 10/2012 号皇家谕令声明，司法行政事务委员会作为司法部的下属单位，其权力来源于司法部；委员会可以对与司法体系相关的法律提出建议，其意见必须受到尊重；委员会主席拥有司法部所授予的司法权。[③]

三　法律条款冲突裁决局

法律条款冲突裁决局是依据 2008 年第 88/2008 号皇家谕令建立的，负责解决不同法院之间的司法权冲突，并对矛盾的法律条款与规章进行裁决。它是在最高法院的框架下设立的，由最高法院院长和 5 名任期最长的法官组成，后又增加了行政法院院长和 3 名任期最长的法院顾问。

四　法院

阿曼法院主要分为三大类：沙里亚法院、普通法院、行政法院。沙里亚法院由 3 名伊斯兰法官掌管，隶属于普通法院，主要负责民事案件的审

[①]　Sultanate of Oman Ministry of Information, *Oman 2015*, pp. 75 – 76.

[②]　Sultanate of Oman Ministry of Information, *Oman 2015*, p. 93.

[③]　Sultanate of Oman Ministry of Information, *Oman 2015*, p. 94.

理，审理范围包括结婚、离婚、继承、儿童抚养权等。

普通法院则主要以欧美法系及伊斯兰法系混合的法律体系进行审议和判决，其中民事案件交由沙里亚法院处理，刑事案件大多遵照欧美法系的司法原则，也掺杂伊斯兰法律的审理和量刑原则。普通法院分为三个级别：初级法院，即各州地方法院，通常由一名法官负责审理案件，主要处理民事案件，如夫妻矛盾、离婚、财产纠纷等；马斯喀特的上诉法院，为第二等级，通常由 3 名法官负责审理，职责是审查初级法院判决后的上诉案件，受理受损害一方的上诉；最高法院，阿曼司法系统中权力最大、级别最高的司法部门。

行政法院主要负责监管政府机构的管理决定及行为，保证行政机构的合法性和公正原则，更好地维护公众权利以及给民众自由以合法支持。2009 年，第 3/2009 号皇家谕令扩大了行政法院的权力，赋予其派遣工作人员到全国各省调查和接受上诉案件的权力。①

五 其他司法部门

阿曼公证部门的相关职权法案由 2004 年第 40/2004 号皇家谕令发布，在维护其权力及保证稳定的行政治理方面发挥了重要作用。公证部门给民众提供文件、授权书、结婚证、离婚证等证明材料，全国 60 个公证部门作为独立的单位，分布于各省。

阿曼和解委员会是司法体系中践行"舒拉"原则的一个重要组成部分，该委员会的调解与和解原则并非诞生于当今的阿曼，而是在古代便已有之。② 由于相互熟识，阿曼人便自然倾向于以和解的方式解决问题，许多问题的早期解决路径均是以平和及调解为基础的。阿曼和解委员会的建立源于 2005 年第 98/2005 号皇家谕令所颁布的《和解法》。2014 年，和解委员会的地方法官接案 19408 件，经过一年的努力，成功解决18642 件。

高等司法研究所依据 2010 年第 35/2010 号皇家谕令建立，位于尼兹

---

① Sultanate of Oman Ministry of Information, *Oman 2015*, p. 96.
② Sultanate of Oman Ministry of Information, *Oman 2015*, p. 97.

瓦，主要职责是培训符合法院系统及政府部门要求的高素质法官和法律人才，以保证他们能够达到国际化的专业水平。从 2010／2011 学年开始招收第一批学员以来，已累计培养 159 名学员，这些学员分布于行政事务委员会、公诉部、行政法院等阿曼众多司法及行政机构。

根据 2011 年 2 月 28 日发布的第 25／2011 号皇家谕令，公诉部被确定为独立机构，这说明其具有独立的行政权和财政权。公诉部有 144 名高级领导，含 22 名女性；36 个附属机构，分布于阿曼各地。2014 年，公诉部共接案 45306 件，比 2013 年增加了 4767 件。①

第五节 宗教宽容

阿曼是伊斯兰国家，其宗教与政治紧密相连，对非穆斯林群体及伊斯兰教内部的不同派别采取宗教宽容的态度。宽容长久以来都是阿曼人的性格特征。阿曼社会尊重多元化的信仰和传统，这成为阿曼与其他国家之间、阿曼社会各群体之间良性互动的关键基础。阿曼政治秉持谅解、和平共处和相互接纳的传统，以对话、友善和尊重作为文明交往准则，有力地保证了阿曼政治及社会的繁荣稳定。

卡布斯苏丹曾在很多场合公开表达其尊重信仰自由的温和立场。例如，他在 2011 年 10 月 31 日阿曼委员会开幕的国王演说中说道："这里的要旨是开放的和多种多样的观点，他们不会被偏狭侵染。我们要稳步且适当地沿着世世代代所走过的路，促使国家和社会前进。"② 从法律角度讲，阿曼以法律的形式保证民众的自由与安全，根据《国家基本法》第 28 条规定，即"依照宗教习俗所进行的仪式，只要不危害公共秩序或与道德相抵触，是自由且受到法律保护的"③，以及《个人事务与家庭法》第 282 条规定，在保证不与阿曼传统相抵触的情况下，阿曼的非穆斯林有权

---

① Sultanate of Oman Ministry of Information, *Oman 2015*, p. 99.

② Sultanate of Oman Ministry of Information, *Oman 2015*, p. 101.

③ Basic Law of The Sultanate of Oman（as last amended by Royal Decree No. 99/2011），http：//www. wipo. int.

建立自己的宗教场地。①

阿曼宗教基金和宗教事务部主要负责国内宗教事务，努力拓展对伊斯兰教开明旨意的认识，支持能够理解现代精神、对国家丰富的历史遗产没有偏见的伊斯兰机构及宗教学者。宗教基金和宗教事务部的主要职责便是宣扬正确的精神价值观，基于沙里亚法的宗教原理规范民众的信仰，监督国内的宗教事务。

为了贯彻宗教宽容与对话的原则，宗教基金和宗教事务部连续 14 年举办了伊斯兰教法学研讨会。2015 年 4 月 5～8 日，第 14 届研讨会举行，其主题为"我们时代的法律体系：宗教和教义的方法革新"，来自阿拉伯以及伊斯兰国家的众多学者、知识分子、专业研究者参加了此次研讨会。② 2011 年 4 月～2015 年 7 月，阿曼在世界 20 个国家中的超过 66 个地方进行了宗教主旨巡回展览，总主题为"宽容、理解和共生：阿曼苏丹国的伊斯兰讯息"，这些展览帮助增强了人们的价值观意识，成功促进了国际群体之间的相互尊重。宗教基金和宗教事务部还设立了一个网站（www. islam – in – oman. com），网站采用 8 种国际语言。2014 年，该网站发布了 3 部纪录片，突出体现了阿曼在宽容、共存、伊斯兰艺术和宗教论述方面的独一无二的实践，这些纪录片为本国及海外民众所认同。③

阿曼还就伊斯兰教法领域进行人才培养，根据 2014 年第 35/2014 号皇家谕令，原沙里亚法研究所变为沙里亚法科学学院。该机构具有行政和财政上的独立属性，并与国际教育水平接轨，被视为阿曼稳步发展宗教学术和沙里亚法科学体系的重要机构。2014/2015 学年，来自 20 多个国家的 1000 余名学生进入学院学习。④

---

① Sultanate of Oman Ministry of Information, *Oman 2015*, p. 101.
② Sultanate of Oman Ministry of Information, *Oman 2015*, pp. 101 – 102.
③ Oman's Message of Islam, http：//www. islam – in – oman. com/interfaith – dialogue. html.
④ Sultanate of Oman Ministry of Information, *Oman 2015*, p. 105.

第四章

经　济

第一节　概述

一　历史概况

阿曼历史悠久，历经了繁荣和强盛，也遭受过外国的入侵和奴役。在有文字可考的历史记载中，阿曼人的航海业就很发达。凭借优越的地理位置和精湛的航海、造船技术，阿曼沿海地区通过海上贸易日渐富庶和繁荣。1507 年，"强大的"葡萄牙为了控制日益繁荣的阿拉伯海和印度洋贸易，派军队入侵阿曼，占领其沿海地区长达 142 年之久，直到 1649 年苏尔坦·本·赛伊夫·亚里巴教长（即伊玛目）将他们彻底驱逐出阿曼。阿曼开始进入繁荣时期。1718 年教长苏尔坦·本·赛伊夫二世去世后，在新教长的选举过程中阿曼爆发了内战，整个国家陷入混乱，国力衰退，繁荣的局面到此结束。波斯军队趁机入侵阿曼，1742 年，赛伊夫·本·苏尔坦二世同波斯军队签订条约，承认波斯的宗主国地位，阿曼再度沦为殖民地，亚里巴王朝（1624 ~ 1744 年）灭亡。1744 年，艾哈迈德·本·赛义德被选为新教长，他带领阿曼人民赶走波斯侵略者，恢复了国家的统一，建立了强大的海军和商业舰队。阿曼进入赛义德王朝，变成了拥有完整主权的国家，19 世纪上半叶，其疆域已经越过阿拉伯海湾进入东非，控制了桑给巴尔岛。19 世纪中叶，阿曼发展到顶峰，成为控制印度洋贸易的地区强国，与法国、英国和美国等大国都建立了政治关系。

19 世纪与 20 世纪之交，英国通过武力胁迫包括阿曼在内的海湾国家签订了一系列协定和条约，把它们变成了英国的"保护国"，阿曼又进入了衰退、孤立的局面。1930～1970 年，阿曼苏丹赛义德·本·泰穆尔实行了 40 年与世隔绝、闭关自守的政策。他把石油收入换回的黄金藏在塞拉莱古城堡的地窖里，没有他的批准任何人不能出国旅行，阿曼人戴眼镜或骑自行车都是犯法的。那时，阿曼经济与社会发展速度极其缓慢，甚至停滞，百姓健康状况很差，疾病肆虐，肺病、痢疾、沙眼和麻风病很普遍。贫困、落后和愚昧迫使很多人，特别是受过良好教育的富人背井离乡去国外谋生。

在发现石油之前，阿曼的经济活动主要以传统的珍珠采集业、渔业、造船业、农牧业和转口贸易为主。20 世纪 20 年代以前，位于海湾诸国附近的采珠场年产珍珠量约占世界总产量的一半，采珠业也一直是海湾各国居民最重要的财源之一。由于 20 世纪 20 年代后日本人工养殖的珍珠迅速打入国际市场，珍珠价格大幅下挫，海湾诸国的采珠业逐渐萧条。虽然 1967 年起阿曼石油已经开始出口，但是石油收入没有用于发展国民经济。因此，在 20 世纪 70 年代初，除了传统手工业外，阿曼基本上没有现代化的非石油工业，农业和渔业都很落后。1970 年，阿曼全国只有 10 公里长的沥青公路，地理位置优越的港口年吞吐量仅为 12 万吨；只有 3 所小学，有教师 30 名、学生 909 名；有 12 张病床、3 家银行和 4 家分行、1 所职业培训中心、2 个邮电所，没有航空港，年产淡水 0.308 万立方米，年发电能力仅为 800 万千瓦时。阿曼当时经济状况基本上是一穷二白，被列为世界上最贫穷的国家之一。1970 年，阿曼国民生产总值仅为 3 亿美元，人均 100 多美元。自从 1970 年卡布斯苏丹上台以来，阿曼才充分利用出口石油收入发展国家经济。

二　卡布斯苏丹执政后的阿曼经济

1. 经济政策

1996 年的《国家基本法》规定，国民经济的基础是公正和自由经济原则，主体是国有企业与私营企业之间的合作，目标是实现经济与社会发展，按照国家的总体规划并在法律的范围之内，促进生产力发展，提高公民的生活水平。

现阶段，阿曼经济发展遵循三条基本原则：第一，建立一个能够自我调节的、开放的、多样化的经济体系；第二，推进经济私有化和实行自由市场经济政策，推动建立有竞争力的高效私营部门；第三，开发人力资源，不断提高人力资源的质量和技术能力，使人力资源成为国家发展的切实动力。

进入 20 世纪 70 年代以后，随着石油产业成为国民收入的主要来源，阿曼经济开始进入快速发展阶段，在社会和基础设施发展方面成就显著。石油被认为是阿曼社会发展不可或缺的"工业血液"，阿曼经济严重依赖石油收入。2014 年，阿曼政府收入的 72.3%、国民生产总值的 47% 和商品出口总量的 65.5% 来自石油和天然气行业。[①]

为打破单一依赖石油经济的格局，避免经济体系的脆弱性和国家发展的不稳定，阿曼实行了以石油出口带动经济多样化和整个国民经济发展的战略。阿曼在第三个五年计划（1986～1990 年）时就提出了"国民经济来源多元化"的发展目标，采取的主要措施有：调整产业结构，吸引外资，增加收入和促进就业；加速推进产业多元化，重点发展农业、渔业、中小企业和开发其他矿产资源；实施经济私有化、就业阿曼化等，通过开放政策和自由经济，积极引进外资和先进技术，鼓励私人投资，并且取得了显著成就。20 世纪 80 年代和 90 年代初，多元化的对象集中在制造业方面，阿曼政府向国内和国际公司提供优惠，鼓励它们在阿曼的工业园区开办工厂。自从发现大量天然气储量后，多元化的政策更多转向开发天然气资源及其相关的工业。为了实现经济的可持续发展，阿曼政府加大了改革力度，加速推进产业多元化、经济私有化、就业阿曼化进程，取得了一些成就。但十几年过后，阿曼非石油产业占国民生产总值的比重并没有实质性的改变，由 1990 年的 54% 上升到 2002 年的 57%，后又下降到 2014 年的 53%。财政预算中，石油收入占预算总收入的比例从 2002 年的

---

① Sultanate of Oman Ministry of Information, *Oman 2015*, pp. 258 – 259.

73.1%、2003 年的 71% 下降到 2004 年的 56.5%，又上升到 2015 年的 79%，约合 91 亿阿曼里亚尔。[①] 这表明国家收入多元化的趋势并没有形成坚实的基础，非石油部门在经济中的作用仍然弱小。除了多元化，私有化也是阿曼经济的一项重要政策。阿曼政府给自己的定位是私营部门的促进者而不是竞争者。2000 年加入世界贸易组织后，阿曼政府意识到只有通过对外开放和提高私营部门的竞争力，才能在国际上赢得竞争。政府鼓励私营企业参与各经济领域的建设。政府的私有化政策主要有：出售政府控股的企业给私营企业；将公共部门的作用限制在私营企业无法发挥作用的领域。20 世纪末，阿曼政府在能源、水力、电信等重要部门已经开始了私有化进程。

阿曼虽然实施了一系列五年发展计划，但经济结构仍不成熟，对石油依赖严重，经济受国际石油价格波动的影响很大。2015 年第一季度，由于全球油价下跌，阿曼国民生产总值呈负增长，与 2014 年相比，损失 9 亿阿曼里亚尔，赤字达 25 亿阿曼里亚尔。[②] 为了减轻经济对石油的依赖，阿曼政府一方面开源节流，寻找新的油源；另一方面加强炼油业发展，减少对成品油的进口。实施经济多样化政策以来，经济发展的重心放在非石油制造业上，自从发现大量的天然气储量后，经济多元化的重点就集中到天然气行业。阿曼是阿拉伯半岛上较早采取措施减少国家经济对石油的依赖，发展经济多样化并取得明显效果的国家。

2. 经济发展概况

阿曼经济依赖石油资源的开采及出口，2015 年的低油价导致阿曼财政预算赤字达到 65 亿美元，将近占到国内生产总值的 11%。[③] 阿曼政府采取限制外国资本和增发债券的方法来弥补赤字，但效果不佳，且对长远经济发展不利。除此之外，阿曼力求提高采油技术以增加产量，同时继续

---

① Sultanate of Oman Ministry of Information, *Oman 2015*, p. 258；《阿曼 2004～2005》，阿曼新闻部，第 88 页。

② Sultanate of Oman Ministry of Information, *Oman 2015*, pp. 257 – 258.

③ Central Intelligence Agency, The World Factbook, "Oman," https://www.cia.gov/library/publications/the – world – factbook/geos/mu. html.

聚焦于经济的多元化、工业化和私有化进程，其目的是在 2020 年将石油部门对国内生产总值的贡献率由 46% 降至 9%。旅游业和天然气行业将成为政府经济多元化战略的关键组成部分。在推行经济多元化战略的同时，阿曼还努力创造更多的工作岗位以保证越来越多的阿曼人就业。然而，2011 年动荡之后，社会福利增加、财政收支不平衡与石油价格降低等问题变得越发严峻，阿曼政府试图减少福利项目以缩小赤字，但公众普遍持反对意见。

根据 2015 年美元对阿曼里亚尔汇率，2013 年，阿曼国内生产总值仅为 1599 亿美元；2014 年为 1646 亿美元；2015 年为 1714 亿美元，位列世界第 71。2015 年，阿曼国内生产总值增长率为 4.13%，比 2014 年提高 1.19 个百分点。2015 年，阿曼人均国内生产总值为 44600 美元，2014 年与 2013 年分别为 44300 美元和 44500 美元。2015 年，阿曼人均国内生产总值世界排名第 35 位。

虽然阿曼国内生产总值逐年增长，但由于石油价格的波动、经济增长点的单一和社会福利的大规模支出，阿曼政府储蓄率呈逐年降低的势头。2013 年，阿曼政府储蓄率占国内生产总值的 32.5%，2014 年降低至 26.9%，2015 年则为 13.8%。2015 年，阿曼政府储蓄率世界排名第 147 位。较低的政府储蓄率不利于国家对经济危机等突发情况的处理，且不利于提高政府宏观经济杠杆的效能，对国家长远经济发展不利。

特别要强调的是阿曼国内生产总值的部门构成情况，2015 年阿曼农业、工业和服务业产值分别占国内生产总值的 1.5%、55.1% 和 47.2%，农业自给率严重不足。其中，农业部门的产品主要有酸橙、香蕉、苜蓿、蔬菜、骆驼、牛和鱼类；工业部门的产品主要是原油、液化天然气、建材、水泥、铜、钢铁、化工品、光纤等。①

3. "阿曼 2040 展望"

"阿曼 2040 展望"是阿曼未来经济发展计划，旨在保证民众从一系

① Central Intelligence Agency, The World Factbook, "Oman," https：//www.cia.gov/library/publications/the – world – factbook/geos/mu. html.

列发展项目中获得更大的实惠，促进国家经济多元化的发展。新的展望计划寻求扩大民众就业机会，最大限度地夯实经济部门的发展基础，尤其是国家机场、海港、工业园区的建设和可利用资源的开发。在"阿曼2040展望"的目标中，实现国家财政收入多元化并创造更多的"自主创业项目"是平衡国家不同经济部门及省份发展需求的重要手段。

自从2013年成立以来，"阿曼2040展望"委员会召开了数次会议商讨国家未来经济发展及民众需求，对当前国家经济及社会现状做了具体分析，谋划未来20年国家计划执行与社会经济发展。"阿曼2040展望"委员会在会议中提出，在第九个五年计划前半期加强国家政治参与及经济合作，对不同群体所关心和讨论的问题进行研讨。该委员会还提出，"阿曼2040展望"应以不同社会群体间的互动为基础，计划建立各个政府部门之间战略合作机制，以保证它们与该展望相兼容。"阿曼2040展望"委员会还认同当前"阿曼2020展望"的评估报告，并将其作为实现未来国家经济利益的重要组成部分。

4. 阿曼在各个五年计划中取得的成就

卡布斯苏丹执政之初，阿曼经济状况极差，人民生活在水深火热之中。所幸石油出口换来大量的石油美元，为国家经济发展提供了雄厚的资金支持，石油全部收入用于经济建设和社会福利事业，国家经济进入快速发展时期。1970～1975年是阿曼经济发展的起步阶段，重点发展了交通、水电、建筑、教育和卫生等关系国计民生的基础项目，为此后实施发展国家经济的一系列五年计划打下了一定的基础。1974年，阿曼石油收入增长301%，经济增长率为23.5%，创历史最高纪录，但通货膨胀率也高达23%。1974年，阿曼成立了国家发展委员会，为经济有步骤地发展制订了一系列计划。

第一个五年计划（1976～1980年） 这一时期石油收入猛增，共计82.1亿美元，占政府总收入的85%～86%。国民经济年均增长20.3%，1980年达到29%。用石油收入发展交通运输、建筑、能源等基础设施，经济得到迅速发展，社会面貌也发生巨大变化。政府部门所在地、发电站等基础设施建设是这一时期的重点。1980年，阿曼国内生产总值为19.75

亿阿曼里亚尔，比1970年的1亿阿曼里亚尔增长近19倍，人均国民收入上升到2200美元。

第二个五年计划（1981～1985年） 这一时期石油产量逐年递增，5年内石油收入达222.83亿美元，占国家财政总收入的比重接近90%。1981年以来，国际石油价格不断下跌，这一时期阿曼石油收入增长困难，国民经济增长速度放慢，财政赤字也逐年增加。这5年国民经济年均增长率为13.1%。阿曼积极争取外国赠款和贷款。美国出于战略考虑，在1981～1984年为阿曼提供了3.4亿美元的军事援助和5000万美元的赠款。英国银行在1982年给卡布斯大学工程提供2.35亿美元贷款，日本也给予少量的援助。阿曼这一时期的目标是将传统经济向现代经济转变，提高人民生活水平，完成阿曼现代化经济所需要的基础设施建设。"二五"计划期间，阿曼政府共投资100亿美元，到1985年底，已基本完成能源、交通等领域的基建目标。石油占国民生产总值的比重从1970年的67%下降到1985年的46%，非石油部门的产值占国民生产总值的比重从33%上升到54%（其中工业占21.8%，农业和渔业占10%）。①

第二个五年计划期间，政府共投资150多亿美元，用于发展公路、港口、机场、炼油厂、水泥厂、供电网、医院和学校基础设施和社会福利。国民享受免费教育和免费医疗。1975年，阿曼全国只有10家小工厂，资金为50万阿曼里亚尔；1985年底，全国共有1400多家工厂，资金为3亿多阿曼里亚尔。

第三个五年计划（1986～1990年） 这五年，国家重点发展工业、农业和渔业。1986年国际油价下跌，阿曼经济发展速度放慢。政府意识到单一石油经济存在弊端，开始提出使"国民经济来源多样化"，集中改善卫生、教育和社会服务设施，实现经济平衡，克服低油价给国民经济带来的困难。政府拨款5000万阿曼里亚尔无息贷款给私营企业，给发展银行增加资金1300万阿曼里亚尔，以促进私营企业的发展。1990年，阿曼国内生产总值为40.84亿阿曼里亚尔（合10.61亿美元），人均收入为

---

① 袁鲁林：《阿曼实行经济多元化政策》，《人民日报》1986年11月18日。

7073 美元。

第四个五年计划（1991～1995 年） 这一时期，国家的重点是发展私营企业，注重非石油产业的发展，集中力量发展农业、渔业、加工工业、旅游以及发展和扩大公共服务行业等，使经济基础多样化。同时，重视首都以外地区的发展，相关投资从第三个五年计划中占总投资额的 42% 增加到 60%。"四五"计划结束时，非石油企业的产值所占比重从"一五"计划的 43% 增加到 62%，其收入所占比重从 8.5% 增至 24.4%，其出口所占比重从"一五"计划的 3.8% 增至 20.7%。1995 年，阿曼国内生产总值为34.538 亿阿曼里亚尔（合 89.825 亿美元）。到 1995 年底，阿曼人占总劳动力的 36%。

第五个五年计划（1996～2000 年） 这一阶段的总目标是：保持并逐步提高公民收入水平；开发人才资源，控制外籍劳工人数，实行阿曼化；支持私营部门，加快私有化进程；至 2000 年消灭财政赤字；改变石油作为国民收入唯一来源的经济结构，实现收入来源多样化，即实现收入多样化、产业多元化、就业阿曼化。1997 年，阿曼国民生产总值达到 60.75亿阿曼里亚尔。1998 年，由于国际油价下跌，石油收入减为 54.571 亿阿曼里亚尔（合 145.46 亿美元），2000 年为 76.23 亿阿曼里亚尔（合 198.2亿美元）。

前五个五年计划期间，阿曼政府在基础经济建设和满足国内需求的项目中投入约 1125 亿美元，为阿曼经济发展奠定了基础。

第六个五年计划（2001～2005 年） 阿曼政府提出了在现有水平上稳定个人收入，国民生产总值的年增长率不低于 3%，5 年内为阿曼人提供 10 万个在私营部门就业机会的目标，还计划增加教育和培训基金，限制外籍人在某些行业就职。禁止外籍人从事 36 种职业的禁令从 2004 年 1月开始生效。

政府希望通过国内外私营企业的合作，在这 5 年内通过发展规模经济和服务业来推动私有化进程。"六五"计划投资额达 12.85 亿阿曼里亚尔，按不动产计算，比第五个五年计划期间的投资增加了 2.24 亿阿曼里亚尔。在"六五"计划的第 4 年，私人投资比例从第五个五年计划的

37.7% 增加到 53.9%。

2002 年，阿曼国民生产总值接近 200 亿美元，实际增长 2.9%，人均国民生产总值为 8314 美元；政府财政收入为 78 亿美元，支出约为 67 亿美元，实现盈余 11 亿美元；通货膨胀率为 -0.8%；外债约为 37 亿美元，占国民生产总值的 18.5%。

第七个五年计划（2006～2010 年）① 阿曼最高规划委员会确定了"七五"计划的 15 项部分社会经济发展目标。

（1）"七五"计划期间，以固定价格计算的年均经济增长率不低于 3%；在努力提高人民生活水平的同时，保持目前的低通胀率水平。

（2）改善普通教育质量，扩大高等教育机会，采取战略措施，提高高等教育的质量。

（3）赋予国民就业以最优先的地位，制订明确的国民就业计划。

（4）适度支出，努力实现公共开支的可持续性；努力增加非石油收入，提高以石油天然气为首的产业部门的生产率，优先考虑提高石油储量的新勘探作业。

（5）提高和改善国家行政机构的效率，加强对国家行政机构工作绩效的监督。

（6）在实现经济增长的同时，特别关注与之相配的人口和人力资源的可持续开发、社会关怀和妇女参与，使之与阿曼的政策、传统和社会实情相协调。

（7）促进水资源的开发和保护，扩大供水网。

（8）关注环境保护，在"七五"计划的发展政策、计划和项目中列入环境保护标准；优先考虑地区开发，特别是为偏远地区提供适当的住房和基本服务。

（9）保护民族遗产，密切与地区和国际组织与机构的文化往来。

（10）加强旅游、渔业、工业的发展，加快港口和机场等与出口相关

---

① 中华人民共和国驻阿曼苏丹国大使馆经济商务参赞处网站，http://om.mofcom.gov.cn。

的基础设施建设，积极与各个国际经济体建立伙伴协议。

（11）促进本国和外国私人资本的投资，加速实施私有化政策和计划。对政府撤资所获收入进行指导，建立项目和投资基金，为制造企业提供融资，促进经济的多元化。

（12）为中小企业的发展提供融资、行政和技术支持。

（13）推动金融机构的发展，使之能够更好地运营资金投放业务；改善退休基金状况，开发新的管理手段，提高投资潜力。

（14）推动公共和私营部门的研发活动，提高阿曼非石油产业竞争力。开发和不断更新各个产业部门的数据库和信息，使其能够做出与可持续发展相协调的正确的经济决策。

（15）通过政府电子系统的开发，实现"数码社会"的国家战略，带动 IT 业的发展。

除五年计划外，1995 年阿曼政府还制订了名为"阿曼 2020"的远景规划，目标在于将阿曼经济推向一个新阶段，使人均收入翻一番。至 2020 年，阿曼经济发展的具体目标有：原油产值在国内生产总值中的比重下降到 9%（1996 年为 41%）；天然气产值在国内生产总值中的比重增加到 10%（1996 年小于 1%）；非石油生产部门在国内生产总值中的比重增加到 29%（1996 年为 7.5%）。

第八个五年计划（2011～2015 年）[①]　第八个五年计划自 2011 年起开始实施，截至 2015 年已经完成相关计划项目。

基础设施建设领域：阿曼完成并增建一批新的重点项目：苏哈尔—布莱米铁路项目、艾达姆—塞姆伊特公路项目、杜古姆工业捕鱼项目、杜古姆贸易港口内的基础设施建设、陆耶新城建设项目、马斯喀特排水网项目、渔业养殖设施项目、在马斯喀特完成建设 4 星级会议中心和展馆项目。此外，还将建设炼油和石化项目、里瓦地区的工业塑料项目、马斯喀特—苏哈尔石油管道等。

医疗、教育领域：在贾兰、摩霍特等地建设了中心医院，并在一些省

---

① 中华人民共和国驻阿曼苏丹国大使馆经济商务参赞处网站，http：//om. mofcom. gov. cn。

份建立了健康中心；建设 28 所学校，以适应和应对不断增加的需求和必要的搬迁。

市政及水利领域：建设阿曼文化中心项目；在穆桑纳（Musunah）地区启动体育场建设项目；在苏维克（Suwaiq）和穆得海比（Al Mudhaibi）地区建设污水处理厂和管网；在萨马伊尔（Samael）地区兴建水网；在伊卜里和苏尔（Sur）地区实施地下水坝项目；在马斯喀特和塞拉莱实施污水处理项目。

农业渔业及旅游业领域：在哈拉尼亚特（Al Halaniat）岛的施米亚赫（Al Shwimiah）建设渔港并实施各种农业计划；在苏尔建立海事博物馆；为阿曼旅游发展公司开发各种旅游项目；发展旅游经济，建设一批 3 星级、4 星级、5 星级饭店。

第九个五年计划（2016~2020 年） 2016 年 1 月 1 日，卡布斯苏丹签署第 1/2016 号皇家谕令，批准第九个五年计划，该计划开始正式实施。"九五"计划聚焦于经济多元化战略，提升农业、工业、旅游业、渔业和矿业等部门未来对国内生产总值的贡献力度，在给阿曼人创造更多新就业机会的基础上拓展国家经济产能。"九五"计划对阿曼人力资源发展项目进行大量投资，重点在于教育、培训和提供给国民就业项目。继续将社会、文化、历史遗产、地区发展、财政可持续领域视为重点，并以互动实践的新手段推进规划进程，包括广泛的共同体参与和保证教育体系的毕业生在知识与技术方面符合劳动市场需求。这些需求将更紧密地与劳动政策和经济多元化战略相结合，同时加强私营经济在国家发展中的作用。①

阿曼最高规划委员会秘书长苏尔坦·本·萨利姆·哈伯斯向阿曼官方报纸《阿曼报》表示，规划的总体目标是未来 5 年国内生产总值年均增长率达到 3%，规划的核心目标是实现真正意义上的经济多元化，同时确保安全稳定的通货膨胀率，促进私有企业发挥效用，使投资在国内生产总值中所占比重达到 28%。② 此外，阿曼政府希望到"九五"计划末期时

---

① Sultanate of Oman Ministry of Information, *Oman 2015*, pp. 257 – 258.
② 中华人民共和国驻阿曼苏丹国大使馆经济商务参赞处网站，http://om.mofcom.gov.cn。

将石油和天然气产业在国内生产总值中的比重由"八五"计划期间的44%和3.6%分别下降到26%和2.4%。[①]

连续实施的八个五年计划使阿曼经济取得快速发展。因为阿曼经济增长的拉动力主要仍是与石油和天然气出口相关的部门，所以其他部门的收入虽然也在增长，但因为总量太少，对宏观经济的影响甚微，且国家经济受石油价格波动较大。截至2016年4月，鉴于油价长期低迷、全球经济发展缓慢的趋势，国际货币基金组织将2016年阿曼经济增长率预期值从2.8%下调至1.8%。[②]

第二节　农牧渔业

一　发展概况

自1976年推行第一个五年计划开始，阿曼农、牧、渔业取得了巨大进步。1970～1983年，阿曼政府投入发展农业和渔业的经费总额为1.1亿多阿曼里亚尔，发展和改善水资源的开支为1.17亿阿曼里亚尔，其中0.23亿阿曼里亚尔用于修建水坝和修理改进铧犁。[③] 1978～1992年，阿曼农业总产值年均增长率为8.9%，1993年、1994年分别为5.2%和3.2%。1999年，按照现行市场价格，阿曼农业和畜牧业创造的总产值达1.07亿阿曼里亚尔，2003年为1.053亿阿曼里亚尔（占国民生产总值的1.2%）。[④] 2014年，阿曼农业和渔业部门创造的总产值为4.06亿阿曼里亚尔，相比于2013年的3.71亿阿曼里亚尔增长9.4%。[⑤]

就畜牧业而言，阿曼畜牧业在阿拉伯半岛处于领先地位，是阿拉伯半

---

① 中华人民共和国驻阿曼苏丹国大使馆网站，http://om. chineseembassy. org。

② International Monetary Fund，http://www. imf. org/external/index. htm.

③ 黎刊载文谈阿曼建国十三年在工农业等方面取得的成绩，见新华社《参考消息》1983年12月9日（上），第86页。

④ 《2008阿曼国别报告》，英国经济学家情报社，第28页。

⑤ Sultanate of Oman Ministry of Information, *Oman 2015*, p. 284.

岛牲畜主要出产国之一。牲畜主要在南部的佐法尔省广泛养殖，因为那里每年 6～9 月受季风影响，雨水和牧草都比较丰富。2002 年起，阿曼推行了一项改进天然牧场，保证畜牧业可持续发展的全国性政策。通过该政策，阿曼加强了对天然牧场的管理，改善了畜牧用地供应。

二 农业

1. 概况

阿曼在传统上是个农业占优势的国家，在大规模开发石油资源以前，阿曼国民收入的主要来源是农牧业和渔业。那时绝大多数人从事农牧业和渔业，只有少数人从事商业和手工业。阿曼北部的农业区集中在巴提纳滨海地区和内陆的谷地，主要种植椰枣，柠檬、香蕉、烟草、西红柿和洋葱。南部地区的农作物主要是椰子、番木瓜和香蕉，集中在受印度洋季风带来降雨的狭长的沿海平原地带。阿曼目前有大量棕榈科植物，其中有 39 万棵酸橙树、43.4 万棵杧果树以及 15.9 万棵椰子树。[1] 由于自然条件和科技水平限制，阿曼的农牧业生产技术都很落后，农产品不能满足自身需要。

阿曼全国农业用地面积较小，仅为 13.6 万公顷，其中耕地面积 6.01 万公顷，占 44.2%。[2] 农业是传统的经济支柱，受干旱、沙漠广布等自然条件的限制，占国内生产总值的比重较小，但是仍然为国家提供了约 1/3 的就业机会。1967 年石油开始出口以后，石油工业迅速发展，逐渐形成了以石油为支柱的单一经济结构。相比之下，农业的重要性下降很多，2015 年农业总产值占国民生产总值的比重不足 2%。[3]

2. 主要农业活动

椰枣是阿曼经济发展和环境保护不可缺少的重要组成部分，也是有战略意义的主要作物。阿曼政府已经开始实施国家椰枣改进种植计划，2004

① Sultanate of Oman Ministry of Information, *Oman 2015*, p. 285.

② 中华人民共和国驻阿曼苏丹国大使馆网站，http：//om. chineseembassy. org。

③ Central Intelligence Agency, The World Factbook, "Oman," https：//www. cia. gov/library/publications/the－world－factbook/geos/mu. html.

年先后在 109 个农场建立了椰枣加工和包装部门。政府和种植者共同出资增建了大量的温室，从 20 世纪 90 年代的 440 个增加到 2003 年底的 1500个。内陆地区的吉玛农业研究站的克隆实验室培植了约 3 万株高质量的椰枣树苗，通过"更换旧的椰枣树"工程分发到农民手中。巴哈拉的无性繁殖实验室培育出了优良的高产椰枣幼苗，并向农民发放。为了提高国家椰枣产量，该实验室将把培育椰枣幼苗的数量提高到每年 3 万株。此外，该实验室还培育了菠萝和香蕉幼苗等。

阿曼人养殖蜜蜂有很长的历史，他们认为这是来自真主安拉的启示。《古兰经》里"蜜蜂"一章里就有这样的记载：蜜蜂按照真主的教导，开始在山坡上、在树丛里、在人类居住的地方建造蜂巢；蜜蜂辛勤地工作，自食其力；蜜蜂体内分泌出可以食用的液体，这是给人类的灵药。

阿曼绿洲里有茂密的棕榈林、椰子林、橡胶林、乳香林、甘蔗林和农田，这为养殖蜜蜂提供了良好的环境。阿曼特有的果树如椰子树、番木瓜树和刺梨等为蜜蜂提供了丰富的采蜜源，这也使这里的蜂蜜形成了独特的风味。阿曼有两种知名的蜜蜂：艾皮斯米利法拉（Apis millifera）和艾皮斯弗劳丽（Apis florea）。阿曼北部的传统养殖场，通常把蜜蜂养在一段段掏空的枣树木桩里，养蜂人把木桩的后边切开，把蜂蜜取出来。现在，现代化的养殖方法已经被广泛采用，极大地提高了养殖效率。为了保证蜂蜜的质量，有关部门采取了各种措施加强管理。阿曼农业渔业部严禁将当地蜜蜂和进口蜜蜂混养。政府为所有阿曼养蜂人提供服务，宣传养殖经验并给予物质帮助。阿曼已注册的专业养蜂者有 3000 名。他们结合现代和传统的养蜂方法，生产出高质量香味独特的蜂蜜。

3. 发展现状

阿曼发展农业注重科技含量的提高，近年来政府建立了许多农业研究站、农业服务和农业研究中心。农业研究帮助阿曼农民保护庄稼，提高和增加农产品的质量和数量。政府通过农业研究中心为农业的发展提供了许多便利条件，包括财政优惠和其他服务，如安排飞机为庄稼洒药、发放农药和高质量的种子、建设模范农场、引进先进的灌溉系统储存宝贵的水资源等。

阿曼现有两个农业研究中心：一个研究农作物的种植技术；另一个进行实验室植物保护研究。农业研究站开展农业科学研究，如提高农业生产力、防治虫害等，就农民遇到的诸如昆虫群袭、基因改进计划、改进柑橘生产等涉及众多领域的各种问题给予指导和建议。阿曼还与日本国际合作公司合作，在未开垦的土地上种植红树林，种植面积从 2000 年 4 月的 600 公顷增加到 2004 年的 1000 公顷。为培养农业科技人才，阿曼政府兴办了卡布斯苏丹大学农学院和农业专科学校；每名中专毕业生回乡可分得 2 公顷土地。

2014 年，阿曼农业部门全部产量为 151.5 万吨，相比于 2013 年的 148.4 万吨增长 2%；其中蔬菜种植产业扩大了耕种面积，并引进了现代先进技术，使 2014 年的产量增加至 33.5 万吨，相比于 2013 年的 31.3 万吨增长 7%。根据 2004～2005 年的统计，阿曼可耕种的小块土地为 32.4 万费丹（1 费丹等于 1.038 英亩），2013～2014 年的农业统计调查显示，可耕种的小块土地增加到 35.5 万费丹，增长了 9% 左右。2004～2014 年，阿曼拥有土地家庭的农民数量从 15.4 万人增加到 23.7 万人；家中没有土地的专职农民从 15213 人增加到 18522 人。[①] 数据显示，阿曼的农业人口和土地耕种面积有较大幅度增长，但仍属于粗放经营的生产方式，且无土地农民的增多一方面有利于阿曼使用资本主义工业化生产方式的集约型农业发展，另一方面也给社会带来了一定的不稳定因素。

目前，阿曼农业渔业部加快落实"阿曼 2040 展望"的农业部门发展战略，并与联合国粮农组织（UNFAO）开展合作，目标是在广泛意义上保证食品安全，减少水果和蔬菜进口，并鼓励民众在相关部门工作，改善农业产量并促进经济收益。

三 渔业

1. 概况

渔业是阿曼最重要的非石油产业之一，也是主要的食物来源之一。阿

---

① Sultanate of Oman Ministry of Information, *Oman 2015*, p. 285.

曼有 1700 公里的海岸线，渔业资源非常丰富，有 150 多种鱼类和甲壳类生物，其中有很多都具有商业开发价值。如阿曼盛产沙丁鱼，每年可制作大量的沙丁鱼干和沙丁鱼罐头。南方沿海盛产名贵的龙虾，远销美国、日本和澳大利亚等国。当地主要的海产品有金枪鱼、石斑鱼、鳌虾、龙虾、沙丁鱼、虾等。

2. 发展措施

近年来，由于渔业对经济建设的重要性不断增强，阿曼大力投资建设新港口和渔业市场。目前，阿曼丰富的渔业资源还远远没有得到充分开发利用，政府正大力兴办渔业加工工厂。政府确定了一批项目和规划以推动传统捕捞业的发展和现代化。为防止过度捕捞，政府限定一些深海鱼类如龙虾、鲍鱼每年 2 个月的商业捕捞期。对于传统渔业部门的发展，由青年船只公司赞助提供一批中型捕鱼船。该公司还和当地银行合作提供软贷款，帮助年轻人购置新的渔网、跟踪仪器和其他捕鱼设备，鼓励年轻人从事与渔业相关的行业。

政府为渔业的发展进行的策略研究包括养殖季节、利用有限空间尽可能多地增加鱼的产量等方面；还包括加强对现有养鱼基地的管理和持续发展，促进养鱼农场和贝类养殖场的发展，改进传统设备以及加快渔业产品加工等，并为渔民提供相应的技术和资金以保护和支持渔业的发展，另外还开发和制定了相应的研究项目和法律。根据第 51/1991 号皇家谕令成立了一个渔业研究基金，自 1991 年起，该基金已经资助和开发了 26 个项目。质量控制和建立储藏设施是渔业发展的重点，2002 年 4 月，由日本投资，阿曼政府在马斯喀特的艾尔布斯坦（AL - Bustan）建立了渔业质量控制中心（FQCC），2005 年成立了一个渔业中心。为了对渔业技术和相关科学进行研究，政府又建了两所渔业培训学院，一所在塞拉莱，另一所在哈布拉（位于巴提纳海岸线上）。这使阿曼的年轻人能够充分学习和研究与渔业相关的知识和技能。

1980 年，阿曼国家渔业公司（ONFC）成立，并于 1987 年合并成阿曼渔业公司（OFC），政府占 24% 的股份。渔业公司可以从政府的渔民奖励基金会（Fishermen's Incentive Fund）中获得补助金。农业渔业银行也鼓励小规模捕捞和商业捕捞。在阿曼的长期目标中,渔业占国民生产总值的比重将从 1999 年的 1% 增加到 2020 年的 2%。

渔业发展的动力一部分来自水产养殖业,特别是在国际市场上利润比较丰厚的龙虾和对虾养殖。2000 年,在杜古姆建立了阿曼国际虾业公司(OISC)。2001 年,佐法尔渔业公司(DFICO)建成,它拥有阿曼最大的鱼产品加工和罐头厂,主要制作金枪鱼、沙丁鱼罐头,加工鱼肉和鱼油等产品。2002 年初,按照欧盟的标准又建成了 4 个现代化的鱼类产品加工厂,分别位于塞拉莱、噶拉(Ghala)、阿什哈拉(Al - Ashkarah)和马西拉,由阿曼渔业公司管理。

捕鱼和渔业加工是阿曼非常重要的出口产业。阿曼是欧盟成员国允许进口渔产品的进口国之一。阿曼有 30 多家公司出口渔产品,其中 16 家公司出口渔产品到欧盟。1982 年,阿曼农业渔业部和美国经济技术合作联合委员会签订渔业合作协定,规定该委员会将资助美国渔业专家的工作和在美国机构中培训阿曼行政和科技人员。协定还包括建立一座海洋科学和渔业中心,为阿曼培养海洋生物学和其他海洋学方面的人才。建立海洋科学与渔业中心的全部费用为 5900 万阿曼里亚尔(折合 1.6993 亿美元),阿曼方面提供 3600 万阿曼里亚尔,其余由美国政府提供。

私营部门投资的项目有鱼类加工工厂、港口服务类(制冰厂、船舶工厂、燃料站、餐馆和咖啡屋、渔网和捕鱼工具制造厂、现代船舶制造厂等),还有一些旅游项目,如海豚观赏和水族馆等。

3. 发展情况

2014 年,阿曼渔业部门的捕捞量从 2013 年的 20.6 万吨增长至 21.1 万吨,但由于海产品等价格的相对下降,2014 年渔业部门产值比 2013 年缩减 0.2%,为 1.66 亿阿曼里亚尔。在阿曼渔业部门中,传统渔业生产方式的捕捞量占总量的 98.3%。① 此外,阿曼出于保护渔业资源与海洋生态环境的初衷,决定禁止使用水底拖船进行捕捞作业。

目前,阿曼农业渔业部开展了一系列项目,目的是促进渔业部门的出

① Sultanate of Oman Ministry of Information, *Oman 2015*, p. 285.

口并增加其价值。这些项目中最为引人注目的是扶持水产养殖业发展，并对阿曼使用传统生产方式作业的渔民给予补贴，在 2014 年，有 736 位渔民获得了政府的资助。同时，阿曼政府还改造和修缮了 19 个渔业海港。①

截至 2015 年底，阿曼在渔业部门工作的人员为 48000 人，包括 42552 名传统渔民、2746 名渔业运输人员以及 2525 名与渔业相关部门的人员，这些人中有 95% 为阿曼人。② 随着水产养殖业等行业的发展，预计从事渔业的阿曼人将会增加。

四　畜牧业

1. 概况

阿曼畜牧业主要集中在下面几个地区：塞拉莱山地的北部主要放牧牛群，哈贾尔山区主要饲养羊群，南部地区发展奶制品工业。阿曼特色畜牧业为骆驼和良种马养殖。2013~2014 年的农业调查显示，相比于 2004~2005 年的普查，全国动物资源种类的比例有相应的提升。其中，山羊的数量为 210 万头，比 2004 年的 150 万头增长 40%；绵羊的数量为 54.8 万头，同比增长 56%；牛的数量从 30.1 万头增加至 35.9 万头；骆驼的数量增加至 24.2 万头，同比增长 107%。2013 年，阿曼畜牧部门出口总量约为 18.5 万吨，2014 年增加至 20.7 万吨。此外，新鲜牛奶的产量增长 48%；家禽产量增长 22.6%，红肉的产量和鸡蛋的产量分别增长 22.3% 和 7.1%。③

2. 主要牧畜——骆驼和马

骆驼在阿曼人的生活中扮演着重要的角色。人们用骆驼作为交通工具，饮用骆驼奶，食用骆驼肉，还举办著名的骆驼大赛。阿曼人饲养骆驼的历史悠久，当地骆驼以力量和奔跑速度著称。在阿曼，骆驼的颜色因地区的不同而略有差异，一般有深色和浅色之分。佐法尔一带的骆驼多为黑

---

① Sultanate of Oman Ministry of Information, *Oman 2015*, p. 285.
② Sultanate of Oman Ministry of Information, *Oman 2015*, pp. 285 – 286.
③ Sultanate of Oman Ministry of Information, *Oman 2015*, p. 286.

色，其他地区的骆驼颜色较浅。阿曼每年举行一次盛大的赛驼大会，一头骆驼的价格现在高达 75000 阿曼里亚尔。① 饲养骆驼的利润十分丰厚，从事这一行业的人也越来越多。阿曼骆驼饲养业有严格科学的管理制度。在骆驼繁殖的季节，对雌雄骆驼进行严格的筛选，新出生的小骆驼都有一张出生证明，上面记录着关于身体状况的各种数据。比赛用的骆驼，其饮食极其讲究，食谱有蜂蜜、酥油和牛奶。饲养和训练一般分 4 个阶段：选种、休息、瘦身和跑道适应性训练。

在卡布斯苏丹的关怀下，"养驼事业董事会"于 1989 年成立，以弘扬阿曼传统的养驼事业。该组织经常参加国家的节日庆祝活动，举行赛驼大会，还在国外开展骆驼饲养项目。政府还为该组织修建了现代化的赛驼场地，配备了良好的骆驼圈。现在，阿曼拥有世界上最好的骆驼群，纯种骆驼的数量超过了 20 万头。② 在政府的鼓励和支持下，养驼业对阿曼人来说已成为极有吸引力的行业。根据第 8/2003 号皇家谕令，阿曼制定了《草场、畜牧管理法》，目的是控制骆驼数量，保证草场的可持续发展。它对防止佐法尔省的沙漠化有很大的影响。该地区 95% 的骆驼都已登记注册，贴上标签准备卖掉或出口，以保护自然草场。

阿曼盛产良种马。《马可·波罗游记》中这样记载：13 世纪的时候，阿曼的库哈特和佐法尔地区就向海外出口马匹。传说，阿拉伯地区第一匹马的名字叫作"咤德·阿·雷巴"，古籍《马谱》记载，先知所罗门从自己马厩里挑选出这匹马赐予当时居住在阿曼地区的艾德部落。在卡布斯苏丹的支持下，阿曼成立了皇家赛马董事会，按照国际先进标准，对马匹的选种和饲养实行科学专业的管理。阿曼还有两个很重要的组织——阿曼骑术联合会和皇家马厩，分别负责安排骑术比赛和饲养马匹。皇家马厩已经成为世界阿拉伯马组织的成员。现在阿曼每年都要举行盛大的赛马活动，还有马球、盛装舞步等其他和马有关的比赛活动。

3. 发展措施

阿曼政府为发展畜牧业推行了一系列发展项目以保证产量和食品安全，

① 《阿曼——辉煌的年代》，阿曼新闻部，2001，第 127 页。
② Sultanate of Oman Ministry of Information, *Oman 2015*, p. 286.

包括引进现代化生产技术、实行肉类产品加工销售和管理一条龙服务等，这些项目帮助小规模养殖者获利，增加了畜牧业者在农村经济中的比重。

阿曼的动物养殖研究中心和一些研究站正在进行一系列课题研究，主要课题是如何改良当地牛、绵羊和山羊品种，改善当地的动物饲养状况。早期成果已经被采纳，一些私营公司的几家工厂正在试验将农业和渔业的废料用作原材料生产动物饲料。政府投资最新的技术、设施来降低山羊和绵羊的死亡率，提高成活率。农业发展中心对畜牧业者进行了培训，推广最新的研究成果，帮助养殖户提高饲养效益。

政府在南部地区发展奶制品工业，为了增加牛奶和其他奶制品产量，给生产奶制品的农民提供销售帮助和现代化的管理技术。阿曼推广国家畜牧免疫工程，保护动物不受瘟疫和传染病的威胁。有关牧场和畜牧业管理的新法律鼓励畜牧业从业者饲养牲畜，有效利用高产草料植物，引进营养价值高的新品种草料植物，使他们获得更好的经济效益。

第三节　工业

阿曼工业起步较晚，基础薄弱，历史上以简单的传统手工造船业、编织业和首饰加工业为主。20世纪70年代，阿曼全国只有10个简陋的工厂，1975年才开始发展工业。最初工业发展计划重点是建立小型制造业，尤其是进口产品替代工业。国家的工业政策是优先发展石油工业，保护象征民族文化遗产的传统手工业，同时积极发展现代民族工业，如天然气开发、电力工业、海水淡化业、矿产开采和冶炼业、建材业、食品和农渔产品加工业，以及轻工制造业。自1983年政府正式提出开展工业化运动后，阿曼工业发展速度加快。石油是阿曼经济最重要的主体部分，是阿曼社会发展的"工业血液"。阿曼虽然自20世纪70年代中期起实施了一系列五年发展计划，并在80年代中期提出了"国民经济来源多元化"，但国民经济仍严重依赖石油，受国际石油价格波动的影响很大，经济结构不成熟。1998年全球油价狂跌，阿曼GDP呈负增长，出口损失20亿美元，预算赤字达6亿阿曼里亚尔（约合15.6亿美元）。由于石油产量的减少，

2005 年石油在国民收入中的比重由原来的 74% 降低到 65%，同时天然气所占比重上升到 9%。2005 年，其他部门的收入增加到 8.26 亿里亚尔，比 2004 年增长了 7%，在国民收入中所占比重为 26%。① 2015 年，阿曼工业占 GDP 的比重为 55.1%。②

阿曼政府很早就意识到单一经济模式的危险性，在第三个五年计划期间提出了"国民经济来源多元化"的口号，立足本国资源，发展中小工业、传统手工业，开发铜、铬、黄金等矿产资源，以改变国民经济严重依赖石油收入的状况。为了实现国民收入多元化，阿曼政府重点发展的有石油生产和炼油、天然气和液化天然气生产、建筑业、水泥生产、铜矿开采和生产、钢铁工业、石化工业和纤维板制造等。

一 石油工业

1. 石油开采的历史

阿曼的石油开采始于 20 世纪 20 年代，由当时隶属英国波斯石油公司的达尔希开采公司对阿曼进行了一次地理勘探，没有发现石油。1937 年，隶属于伊拉克石油公司的阿曼石油开采有限公司，获得在阿曼全境（除佐法尔以外的地区）勘探石油 75 年的权利。1953 年，佐法尔城市服务石油公司获得了佐法尔地区石油勘探权，1962 年勘定第一口油井，1967 年开始生产石油，同年 8 月 1 日阿曼向国外输出了第一船原油。从此，阿曼主要的财政收入就来自石油部门。

2. 石油生产的现状

在海湾地区，阿曼是个石油资源不太丰富的国家，阿曼的石油自 1962 年起用于商业开采，1967 年开始出口。2016 年 1 月，阿曼已探明石油储量约为 53 亿桶（约 7.16 亿吨），在中东地区排第 7 位，在世界排第 22 位。③ 阿曼地质构造复杂，油田埋藏深，开发成本相对较高。20 世纪

---

① 《阿曼 2005～2006》，阿曼新闻部，第 138 页。

② Central Intelligence Agency, The World Factbook, "Oman," https: //www. cia. gov/library/ publications/the - world - factbook/geos/mu. html.

③ U. S. Energy Information Administration, http: //www. eia. gov/.

90年代初，阿曼每桶原油的开采成本为8～9美元，引进国外先进采油技术和经验后，近年来每桶原油的开采成本下降到3.5美元左右。而沙特阿拉伯、科威特等国每桶原油的开采成本均低于1美元。但阿曼的原油质量好，含硫、磷成分很少，可提炼多种成品油，在国际石油市场上很受欢迎。

阿曼的石油资源主要分布在北部和中部的陆上地区，由资源条件复杂、特点各异的小油田群组成。[1] 按照目前的石油生产速度、新油藏的发现和技术开发等诸多因素，对阿曼石油的开采期限进行精确评估十分困难，但石油专家认为阿曼仍有大量未探明油藏尚待开发。

阿曼的原油生产量在1976年达1.35亿桶，到1995年第一次超过了3亿桶。随后的1996年、1997年产量继续增加。1998年，由于国际石油价格下跌，阿曼把石油年产量削减到3.27亿桶。1999年，由于石油价格大幅度上涨，阿曼石油年产量又回升到3.28亿桶，其中有3.09亿桶供出口。2000年，阿曼石油年产量为3.27亿桶（89.6万桶/日）。到2001年底，石油产量已经达到95.6万桶/日，同年阿曼出口原油90万桶/日。到2003年末，由于几个油井出油量下降，产量下降到90.9万桶/日，出口量变为81.92万桶/日。2013年，阿曼原油产量为94.2万桶/日，出口量为80.6万桶/日，10年间日均原油产量增加了3.63%，日均出口量下降了1.61%。2014年，阿曼原油产量增长至94.3万桶/日。[2] 2015年1～11月，原油和凝析油产量总计3.27亿桶（约4418万吨），同比增长3.6%。其中，原油2.95亿桶（约3986万吨），同比增长3.1%；日均产量为97.87万桶，同比增长3.6%；同期出口2.83亿桶（约3824万吨），同比增长5.4%，出口量约占生产总量的86.5%。[3] 现有19家石油公司在阿曼29块特许区域内进行石油勘探，2014年全年共进行石油探测钻井49处，

[1] 《阿曼：不该被忽视的油气大国》，《中国化工报》，http://www.ccin.com.cn/ccin/news/2014/02/20/288199.shtml。

[2] Sultanate of Oman Ministry of Information, *Oman 2015*, p. 269.

[3] National Center for Statistics and Information of Oman, https://www.ncsi.gov.om/Pages/NCSI.aspx.

随着勘探工作的进展，还可能有新增储量。[1]

阿曼现共有 5 家石油生产公司，分别是阿曼石油开发公司（PDO）、阿曼西方公司、阿曼杰帕克斯公司、阿曼艾利夫公司和阿曼努维斯公司。阿曼石油开发公司是阿曼最大的石油公司，也是海湾地区最大的石油公司之一，拥有 97 块油田，占阿曼石油生产和出口总额的 94%。1980 年，阿曼政府宣布对阿曼石油开发公司实行国有化，拥有其 60% 的股份，壳牌公司占 34% 的股份，道达尔占 4% 的股份，葡萄牙的合资开采公司占 2% 的股份。阿曼石油开发公司在管理和技术上严重依赖壳牌公司的帮助，壳牌控制着阿曼大部分的油田，其他油田分别被另外 4 个公司拥有。阿曼靠近海边的油田有 95 块，主要的产油区块是伊贝尔（Yibal）油田、尼莫尔（Nimr）油田、法胡德油田和拉赫瓦尔（Lekhwair）油田。其中伊贝尔油田位于阿曼北方，是阿曼最大的油田，伊贝尔油田和马斯喀特附近的法赫尔港由一条横贯南北的输油管道连接着，阿曼石油开发公司 1/4 的石油来自这里。

在石油产业的下游部门中，1982 年，位于法哈尔港的第一家阿曼炼油厂投产。该厂投资额为 4300 万阿曼里亚尔（合 1.2 亿美元），其中阿曼政府占 99% 的资本，阿曼中央银行占 1%。该厂产品有航空油、普通汽油、高级汽油和柴油等，主要供本国使用。过去阿曼成品油完全依靠进口，有了自己的炼油厂后，进口成品油的金额从 1982 年上半年的 4950 万阿曼里亚尔降为 1983 年上半年的 700 万阿曼里亚尔。法哈尔港炼油厂最初成品油产量为 5 万桶／日，2005 年为 8.5 万桶／日。[2] 为了减轻法哈尔港炼油厂的压力，阿曼政府在苏哈尔投资建设了第二座炼油厂，新投资兴建的苏哈尔炼油厂的产量为 11.64 万桶／日，2006 年第 3 季度开始商业运作，新炼厂产量的 90% 供出口。2014 年，法哈尔港炼油厂产量为 3600 万桶，苏哈尔炼油厂产量则为 4570 万桶。[3]

---

① Sultanate of Oman Ministry of Information, *Oman 2015*, p. 268.

② 《阿曼 2005 ~ 2006》，阿曼新闻部，第 146 页。

③ Sultanate of Oman Ministry of Information, *Oman 2015*, p. 269.

3. 石油出口

阿曼既不是石油输出国组织（OPEC）的成员，也不是阿拉伯国家石油输出国组织（OAPEC）的成员。阿曼有不遵守 OPEC 在生产配额、石油价格和石油税收政策等方面规定的自由。但阿曼支持 OPEC 的限产保价政策，因为该政策允许阿曼根据本国的实际情况，参考 OPEC 提减价幅度，自主地调整原油价格和产量。

如表 4-1 所示，阿曼原油主要出口日本、韩国、泰国、中国。自2003 年起，中国取代日本成为阿曼最主要的石油进口国。2013 年，阿曼原油产量的 59.4% 出口中国。

表 4-1　2013 年阿曼石油主要出口目的地和出口量

单位：万桶/日

出口目的地	出口量	出口目的地	出口量
中　国	38.28	新西兰	1.64
日　本	10.44	印　度	1.42
新加坡	5.44	美　国	0.55
泰　国	5.19	其　他	1.38
韩　国	2.98		

资料来源：Muhammad S. Olimat, *China and the Middle East Since World War II*, Lexington Books, 2014, p. 165。

2012 年 4 月 1 日，阿曼石油和天然气大臣穆罕默德·本·哈马德·鲁姆希表示，该国石油资源目前只开发利用了 16%，称如果使用最新的生产技术来克服石油开采区复杂的地理条件和其他困难，新发现的石油储量可以翻番。阿曼石油开发公司把投资的重点放在恢复和提高石油产量上，期望把老油田的探明储量提高 23%~50%，投资重点包括：通过提高天然气回注技术，使穆海兹纳（Mukhaizna）油田的产量增加到（6 万~8 万）桶/日；投资 2 亿美元，用高压天然气回注技术使北方的卡恩艾拉姆（Qarn Alam）油田分 4 个阶段提高产量。据估计，阿曼对恢复和提高石油产量的投资是石油生产成本的两倍多。这样阿曼每桶石油的成本将从 3~4 美元增加到 9 美元。

二 天然气工业

1. 天然气资源

自 20 世纪 80 年代末 90 年代初分别在位于阿曼中部的赛赫劳勒（Sayh Rawl）和拜里克（Barik）发现大量的非伴生气储量后，阿曼政府便将天然气作为增加收入的一个重要行业来发展。阿曼天然气资源储量大，发展前景好。2015 年底，根据美国《油气杂志》的统计，阿曼天然气储量为 6866 亿立方米，世界排名第 29 位。[①] 2014 年，阿曼天然气产量 376.87 亿立方米，其中 82% 为非伴生气，同年对外出口 790 万立方米的液化天然气。[②]

2014 年阿曼大力发展天然气工业符合阿曼经济多样化的发展战略，而且寻找新的天然气资源前景看好，天然气将成为阿曼实现经济多元化的支柱产业。为降低经济对石油的依赖，阿曼加强了对中部地区天然气的开发和利用，把天然气工业作为经济多样化和发展战略的基础。阿曼经济多元化的重点内容之一就是建设以天然气为基础的苏哈尔工业园区内的工业项目以及通往塞拉莱和苏哈尔的天然气管线。

1984 年 9 月起，阿曼石油开发公司着手进行一项为期 10 年的非伴生气体勘探项目，希望在国内能够用天然气替代石油，以增加能够出口的石油产量。1985 年，阿曼天然气产量达到 39.3 亿立方米，其中有 12.9 亿立方米回注油田，9 亿立方米被放空烧掉，1.9 亿立方米丢失，15.5 亿立方米被消费。1985 年，阿曼石油开发公司在莱赫韦尔（Lekhwair）发现气田，计划在那里建设天然气回注厂。这个工厂是莱赫韦尔油田配套设施升级项目的一部分，耗资 1 亿～1.3 亿美元。由于不断发现新气田，阿曼的天然气产量不断增加。1987 年底，阿曼天然气产量为 390 万立方米/日；2004 年增加到 241.5 亿立方米；2014 年为 226 亿立方米。[③]

---

① 《2015 年世界油气探明储量及石油产量估计值》，《当代石油石化》2016 年第 1 期，第 46 页。

② Sultanate of Oman Ministry of Information, *Oman 2015*, p. 269.

③ Central Intelligence Agency, The World Factbook, "Oman," https://www.cia.gov/library/publications/the-world-factbook/geos/mu.html.

2. 天然气收入

随着产量不断增加，天然气工业是阿曼最有前景的一个行业，它在国民经济中的地位不断上升，天然气部门的收入也逐年增长。阿曼天然气的收入全部归国家支配。1988 年，阿曼国家天然气公司的收入为 64.9 万阿曼里亚尔，比 1987 年增长 17.5%；1991 年为 4400 万阿曼里亚尔，主要用于勘探和开发新气田。1992 年，阿曼天然气收入达到 6310 万阿曼里亚尔；1993 年和 1994 年的收入有所下降，分别为 5790 万和 5250 万阿曼里亚尔；2004 年为 9500 万阿曼里亚尔，比 2003 年增加 11.8%；2005 年为 2.73 亿阿曼里亚尔，占全年预算总收入的 9%；[1] 2014 年为 17 亿阿曼里亚尔，占全年财政总收入的 12.1%。[2]

三　石油天然气工业的国际合作

跨国公司积极投资阿曼石油和天然气的开发、生产和技术创新。1995 年中期，阿曼政府提供了至少 10 块大部分未勘探过的石油区块（主要在南部地区）给国际石油公司，以鼓励它们在该地区的石油勘探活动。在勘探活动中，1999 年 6 月，阿曼石油开发公司宣布发现了 5 年来最重大的新油田，这是日本石油勘探公司（Japex）在伯尔罕（Burhan）和穆海兹纳（Mukhaynah）进行了近 10 年的勘探后发现的新油田。2000 年 6 月，两个油田开始生产石油，预计产量均为 2.5 万桶/日。2000 年 8 月，南方的安努尔（AN - Noor）油气田开始生产天然气；同月，阿曼石油开发公司宣布在南方和中部又有新油田发现。2003 年，阿曼已经证实的石油储量增加了 1.22 亿桶，其中 3580 万桶是原油，其余是冷凝液。截至 2014 年，有 19 家石油公司在 29 个授权地区进行了石油勘探。[3]

从时间来看，阿曼政府及阿曼石油天然气公司与国际石油公司合作的情况如下。

---

[1]　《阿曼 2005～2006》，阿曼新闻部，第 147 页。

[2]　Sultanate of Oman Ministry of Information, *Oman 2015*, pp. 258 - 260.

[3]　Sultanate of Oman Ministry of Information, *Oman 2015*, p. 268.

1990～2000 年 1992 年，阿曼液化天然气公司、阿曼政府、壳牌公司、法国道达尔公司和日本、韩国的一些公司合作，在盖勒哈特投资建设一个天然气液化工厂。阿曼政府占 51% 的股份，由日本的千代田公司（Chiyoda Corpn）和美国的福斯特惠勒公司（Foster Wheeler）共同建造，共花费 22.5 亿美元，成为迄今阿曼最大的单个建筑项目，2000 年 2 月开始生产，经扩建后年产液化天然气 990 万吨。1996 年美国特里顿能源公司（Triton Energy）、阿科公司（Arco）、日本石油勘探公司、葡萄牙派特（Partex）阿曼公司、阿曼菲利浦石油公司获得 4 块油田的勘探权。1997 年初，沙特阿拉伯尼莫尔（Nimr）石油公司获得在阿曼东南沿海地区勘探石油的特权。1998 年 6 月，美国阿莫科公司（Amoco）、西方石油公司（Occidental）、特里顿公司（Triton）与阿曼政府签订 3 个勘探和生产协议，共投资 8000 万美元。

2000～2010 年 阿曼石油天然气公司的跨国合作越发扩展。2001 年，丹麦阿曼马尔斯克（Maersk）石油公司获得阿曼西部 2 个区块的石油勘探特权，同年澳大利亚的诺沃斯能源公司（Novus Australia Energy）与阿曼政府签署了勘探和生产分成协议。2002 年，阿曼与法国道达尔公司、美国亨特石油公司签订勘测和生产分成协议；同年，与泰国石油勘探及开采公司签署了价值 900 万美元的 44 区块石油勘探协议。2004 年，与中国石油化工集团公司（SINOPEC）签署了阿曼南部 36 和 38 区块的勘探与生产分成协议，同年与壳牌公司、道达尔公司和阿曼巴尔塔克斯（PARTEX）公司续签了 6 区块的特许经营协议，为期 40 年。2005 年，德国 UHDE 工程公司与里瓦石油化工公司（LPIC）签署了承建苏哈尔二氯乙烯项目（EDC）的氯碱电解厂部分的合同，合同金额为 2300 万美元；同年 6 月，与爱尔兰循环石油公司（Circle Oil Company）签署了 49 区块、52 区块油气勘探生产的特许协议，共投资 4000 万美元；同年 9 月，与瑞典高特石油资源有限公司（Got Oil Resources Limited）和丹麦奥丁能源公司（Odin Energy）签署了 15 区块特许勘探开采协议，两家公司将投资 1100 万美元。2006 年，英国能源公司被授予 60 区块天然气田的勘探开采权。2007 年，阿曼政府与英国石油公司签署开发占地 2800 平方公里的 61 区块的天然气。2008 年，阿曼政府与西方石油公司和阿布扎比的石油公司组成的联合体签订开发 62 区块石油的协议；① 同年 9 月中旬，中海油国际经贸有限公司与阿曼盖勒哈特液化天然气公司签署商业合作协议。

2010 年以后 2013 年，印度承包商获得阿曼的一个天然气开采项目订单，合同金额为 2.5 亿美元。2014 年，与英国派特法公司签订天然气田中央处理设备的设计和建造合同，总价值 12 亿美元；同年美国雅各布工程集团获得阿曼天然气集输管道项目设计、建设项目，总金额约 20 亿美元。② 2015 年 12 月，迈尔泰克尼蒙特（Maire Tecnimont）公司与阿曼政府签订建设聚烯烃装置项目，投资约 8.95 亿美元。2016 年 2 月，英国石油公司与阿曼政府签订了修改 61 块区的石油协定，预计将修改分成协议，将 61 块区向南部和西部延伸 1000 多平方公里。③

此外，阿曼还在海湾合作组织框架下参与海豚（Dolphin）能源公司天然气项目，以天然气管道将卡塔尔、阿曼、阿联酋连接起来，自 2008 年下半年起，海豚能源公司和阿曼签订了为期 25 年的天然气供应合同，截至 2014 年，每天向阿曼供应天然气 540 万立方米。④ 伊朗预计也将与阿曼签订价值 120 亿美元的天然气供应合同，为阿曼供应天然气。

四 其他主要工业部门

1. 矿产业⑤

阿曼矿产业历史悠久，早在 5000 多年前，阿曼人就开采铜并出口美索不达米亚。阿曼的矿产资源多分布在北部地区。目前，阿曼境内发现的

---

① 中华人民共和国驻阿曼苏丹国大使馆经济商务参赞处网站，http://om.mofcon.gov.cn/。
② 《雅各布工程集团获阿曼天然气集输管道合同》，中国石化新闻网，http://www.sinopecnews.com.cn/news/content/2014-03/11/content_1384890.shtml。
③ 《英国石油公司和阿曼石油公司签署阿曼哈赞气田分成协议》，中国管道商务网，http://www.chinapipe.net/national/2016/27578.html。
④ Sultanate of Oman Ministry of Information, *Oman 2015*, p. 269.
⑤ 以下数据参考王威《阿曼矿业投资环境概况》，《国土资源情报》2011 年第 11 期，第 26~28 页。

矿产资源有铜、金、银、铬、铁、锰、镁、煤等。除金属矿产外,阿曼还蕴藏着丰富的工业矿产,如石灰石、大理石、石膏、磷酸盐、盐、石英石、高岭土等。

铜矿 在公元前 1000 年的铁器时代,苏哈尔附近就发现了铜矿。阿曼铜矿藏量约为 2500 万吨,有青铜矿和黄铜矿两种,矿石含铜率为 2.1%。1983 年,阿曼矿业公司重新开采苏哈尔铜矿区,建成炼铜厂,并于当年向荷兰的鹿特丹出口了第一批铜产品(500 吨),此后炼铜厂的产量和出口量不断增加,成为阿曼经济多样化的重要环节。1994 年,苏哈尔地区铜矿采尽,后经过勘探,于 1997 年在巴提纳海岸发现重要的铜矿矿床,在炼铜厂附近的马西拉岛附近又发现了铜矿。据估计,这些铜矿的储量约 2000 万吨。

铬铁矿 阿曼的铬铁矿总储量约为 250 万吨[1],占全球铬铁矿总储量的 10%,主要分布在马斯喀特西南的萨马耶勒、伊兹基和萨马德(又译赛麦德)之间的三角地带和尼兹瓦的南部、纳赫勒的西部等。1991 年,阿曼政府投资 300 万里亚尔建成阿曼铬铁矿公司,负责铬铁矿的探测、开采以及售卖。此后数年,阿曼尝试建立铬铁冶炼厂,并向海外销售经过冶炼的铬产品。终于在 2013 年 6 月,阿曼马斯喀特海外集团与印度因迪希尔(INDSIL)集团合资建设的阿曼第一铬铁冶炼厂建成并开始试运行。第一阶段试运行的两个月内,公司投资约 3500 万美元,两台 75000 吨熔炉全都满负荷生产;第二阶段,公司投资至少 4500 万美元,冶炼炉数量增加 1 倍,铬铁生产能力则也增加 1 倍,达到 15 万吨。[2]

石棉 阿曼石棉储量约为 1000 万吨,主要集中分布在北部的萨哈姆和苏哈尔附近地区。矿层长 460 公里,宽 30~60 公里,厚约 3 公里。阿曼石棉质量上乘,最长纤维可达 10 毫米,最富矿含石棉率高达 4.5%,最贫矿含石棉率不低于 1%。

金矿 阿曼有金、铜混合矿石矿藏,金矿储量约为 1182 万吨,每吨

---

① 中华人民共和国驻阿曼苏丹国大使馆网站,http://om.chineseembassy.org/chn/zjam/amgk/。

② 中国铁合金在线,http://www.cnfeol.com/getie/n_103629116745.aspx。

可出产黄金 5 克。1994 年建成一个提炼金银的加工厂，1995 年投产。阿曼政府不将黄金作为国家经济战略储备，因此截至 2016 年底，阿曼没有黄金储备。[1]

煤矿　阿曼煤储量约为 3600 万吨，主要分布在塞拉莱西北的恩萨里地区和东部的马萨瓦谷地。阿曼政府鼓励私营部门开发煤矿。

大理石　阿曼天然大理石矿较丰富，储量为 5000 万吨，质量上乘，主要分布在马斯喀特周围、尼兹瓦、比德彼德和纳赫勒等地区。目前生产大理石的公司有 4 家，所产的大理石产品畅销国内外。

硅　阿曼硅储量丰富，约为 1500 万吨，且埋藏浅、品质高、质地好，可开采 200 余年。阿曼已探明的硅沙储量达数亿吨，主要分布在阿曼中部、马斯喀特和佐法尔以及其他两个地区。马斯喀特省的萨利勒矿点储量约为 1000 万吨，可从中提取硅、二氧化硅、硅铁等制造玻璃、工业洗涤剂、马赛克和其他生活用品的原料。阿曼和俄罗斯之间有硅合作项目。

其他矿产资源及其分布情况　主要非金属矿藏及储量为：石膏，7 亿吨，主要分布在塞拉莱和萨姆里之间地区；白云石，1500 万吨；石灰石，2 亿多吨；高岭土，400 多万吨。

为了保护国内矿产资源并促进矿业部门的发展，1974 年阿曼制定并颁布了《石油与矿产法》；为打破垄断、开放市场，阿曼政府于 2003 年对该法做了修正，并出台了一系列鼓励政策，包括资源收入税减征 5%，允许外资进入并设立独资企业，对进口采矿设备免征关税，采矿作业最长可达 25 年等。[2] 根据 2014 年 9 月 21 日颁布的第 49/2014 号皇家谕令，阿曼成立矿业总局，目的是推行综合的地质勘测战略，促进矿业部门发展。

1973 年成立的阿曼矿业公司是阿曼政府与美国的马歇尔阿曼勘探公司、加拿大的帕劳斯派克逊阿曼有限公司的合营公司，负责阿曼矿产尤其是铜矿的勘探和开发。刚开始，阿曼政府占 21% 的股份。1980 年，该公司由阿曼政府全部收归国有。1981 年，该公司在矿区内兴建了一个联合

---

① 前瞻数据库，http://d.qianzhan.com/xdata/xsearch? q = 黄金产量。

② 王威：《阿曼矿业投资环境概况》，《国土资源情报》2011 年第 11 期，第 27 页。

企业，其中包括炼油厂、天然气发电厂、小型海水淡化厂以及居民区，总投资额为 1.5 亿美元。1983 年正式建成投产，每天可加工铜矿石 3500 吨，年产铜矿 3 万吨，纯度达 99.9%。2000 年，阿曼私营企业国民矿业公司获得政府许可，从事铜矿及黄金开采。目前，在阿曼约有 7 家公司从事铜、铬、铁、锰等金属矿产资源的勘探、开发和生产，其中阿曼矿业公司、国民矿业公司年产 200 万吨铜矿石。2011 年 5 月，阿曼精铜产量为1300 吨，黄金产量达 4640 盎司，银产量达 7079 盎司，全部出口英国。[①]2006 年，新成立的扎哈拉矿业公司也获得区块探矿权，对位于古宰因地区的铜矿进行勘探、评估。

此外，来自澳大利亚的一家公司与当地企业合作在鲁塞尔地区进行锰矿的开采生产，年产锰金属 1 万吨。2011 年 9 月，阿曼马斯喀特海外集团和印度因迪希尔集团联手承建阿曼首座铬铁冶炼厂，2013 年 7 月底第一台高碳铬铁炼炉投产，9 月第二台投产。目前，该厂拥有 2 台功率为24000kVA 的矿热炉，能生产碳含量在 57% 左右的高碳铬铁，年产能在75000 吨左右。[②]

2. 水泥工业

水泥是阿曼的主要输出产品之一，阿曼利用本国的石灰石和石膏矿产资源建立了许多水泥公司。其中，阿曼水泥公司于 1994 年大幅度扩充生产设备，耗资 9360 万美元，并于 1995 年初期投入生产，将年产量从 88万吨提高到 118 万吨。阿曼水泥公司现有生产能力为 150 万吨/年，目标是将年产能力增加到 180 万吨。2011 年，由中国建材装备有限公司承接的阿曼水泥公司第三条生产线点火成功，使阿曼水泥公司日均生产能力达到 8500 吨，年生产能力达到 300 万吨左右。[③] 2012 年上半年，阿曼水泥公司销售额达 2806 万阿曼里亚尔，2011 年同期为 2481 万阿曼里亚尔，同比增长 13%；2012 年上半年，公司净利润为 1012 万阿曼里亚尔，2011

① International Copper Study Group, http：//www. icsg. org/.
② 中国铁合金在线, http：//www. cnfeol. com。
③ 《阿曼水泥公司第三条水泥熟料生产线点火成功》，中华人民共和国商务部网站，http：//www. mofcom. gov. cn/aarticle/i/jyjl/k/201101/20110107374516. html。

年同期为 830 万阿曼里亚尔，同比增长 22%。[①] 2015 年，阿曼水泥公司产量为 207.8 万吨，相比于 2014 年的 208.9 万吨略下降 0.53%。[②]

　　除阿曼水泥公司外，阿曼还拥有赖苏特水泥公司，该公司产品主要出口也门和东非。2004 年 3 月，阿曼赖苏特水泥公司与中国天津水泥工业设计院在天津签署一项合作协议，由瑞斯特公司投资 5000 万美元，由中方负责施工，在阿曼南部的塞拉莱建设一座日产能力 3000 吨的水泥厂。[③] 2005 年 10 月，赖苏特水泥公司第 3 条生产线投产，其年生产能力由 130 万吨提高到 230 万吨，2007 年将增加 60 万吨。2009 年 9 月 9 日，天津水泥工业设计研究院和阿曼赖苏特水泥有限公司签署了莱苏特水泥 5 号粉磨站（100t/h）安装的工程总承包合同，次年 12 月 21 日，该项目投产。2012 年前 9 个月，赖苏特水泥公司销售额为 7035 万阿曼里亚尔，2011 年同期为 6267 万阿曼里亚尔，同比增长 12%；2012 年前 9 个月，公司净利润为 1911 万阿曼里亚尔，2011 年同期为 1171 万阿曼里亚尔，同比增长 63%。

五　工业园区

　　自 20 世纪 80 年代起，阿曼政府为发展本国工业，推动经济多元化，在各地区相继建立了 5 个工业园区，并对各个工业园区提供了多种优惠政策，如园区提供便利的工作和生活服务设施；工业部门可长期租借工业用地，面积达 4500 平方米，起租期 25 年，期满可再延长 25 年，政府只征收象征性的租金（工业用地年租金 0.25 阿曼里亚尔/平方米，预制建筑用地租金 2～4 阿曼里亚尔/平方米）；低廉的工业用水、电和燃料费用（电费每年为 5～8 月 0.024 阿曼里亚尔/千瓦时，9～4 月为 0.012 阿曼里亚尔/千瓦时；水为 0.003 阿曼里亚尔/加仑；天然气为 0.0204 阿曼里亚尔/千瓦时）等。阿曼全国有 200 多个工厂分布在这些工业区，主要的工业区

[①]　中国行业研究网，http://www.chinairn.com。

[②]　Omen Cement Company, http://omancement.com/financial_statements.aspx.

[③]　《中国阿曼签署水泥生产协议》，《人民日报》2004 年 3 月 22 日。

有以下几个。

1. 杜古姆经济区

杜古姆经济特区是近年来阿曼集中发展的大型经济工业产业区。杜古姆原是临近阿拉伯海的一个海港小镇，位于阿曼东部，2008 年仅有 5100 人。[①] 但随着国家开发力度的加大，杜古姆人口迅速增长，预计 2020 年将达到 10 万人。如今，杜古姆经济特区依靠优越的地理位置、完善的基础设施、大量的国内外投资、石油精炼工厂等现代化工厂，一跃成为阿曼经济发展的重要驱动力量。杜古姆经济特区包括杜古姆港、杜古姆国际机场、船舶修理码头、工业园区等基础设施。

2011 年 10 月 26 日，根据第 119/2011 号皇家谕令，成立杜古姆经济特区管理局。杜古姆经济特区计划于 2020 年在园区内投资建立众多工业企业，以及旅游度假区、中心商务区、居民生活区、休闲娱乐区、主要道路等，并吸引约 150 亿美元投资，创造 20000 个直接或间接就业岗位。[②] 为吸引更多国内外投资，2013 年 12 月 26 日，卡布斯苏丹颁布第 79/2013 号皇家谕令，依据《商业机构法》加大对国外投资企业的免税力度。[③]

当前，中国是杜古姆经济特区项目的主要投资方。作为 2015 年中阿博览会的落地项目之一，中国 – 阿曼产业园已于 2016 年 5 月开工建设。据悉，产业园占地 1200 公顷，分为重工业区、轻工业区、五星级酒店旅游区 3 个板块。产业规划为石油化工产业、天然气加工产业、建筑材料产业、海洋产业、清真产业、现代农业产业以及电子商务和物流产业。产业园首批投资项目共 10 个，其中宁夏企业投资建设的项目 5 个，分别是：宁夏中科嘉业新能源科技管理服务有限公司 1GW 光伏组件项目，宁夏建材集团日产 5000 吨水泥项目，银川玉顺油田服务科技股份有限公司钻井、修井器材加工项目，宁夏大丰建材公司保温板、加气块项目，银川方达电

---

①　Oxford Business Group，*The Report*，p. 278.

②　Sultanate of Oman Ministry of Information，*Oman 2015*，p. 279.

③　Sultanate of Oman Ministry of Information，*Oman 2015*，p. 85.

子系统工程有限公司丝绸之路网站及高新技术产品孵化器。① 另据阿曼对媒体公开的中阿协议内容，到 2022 年，中国企业对该工业区的投资将达到 107 亿美元，包括建造一个日处理原油 23 万桶的石油提炼厂，以及共同投资建造水泥厂、石油化工厂、太阳能企业和汽车装配厂等多个项目。②

2. 鲁赛尔（Ar Rusayl）工业园区

鲁赛尔工业园区 1983 年始建，1985 年投产，是阿曼第一家工业园区，占地面积 320 公顷，距卡布斯港 45 公里，距西卜国际机场 6 公里处，交通十分便利。阿曼工业园区总机构也设在该区，政府各相关部门均在区内设有办事机构。园区内设施齐全，有阿曼国民银行分行、保险、邮电、金融、卫生和通信等机构。还建设了男女职工宿舍、商店、超市、休闲中心、足球场、电影院和清真寺等设施。随着电子商务和数字技术在阿曼的发展，2003 年 9 月，马斯喀特的知识绿洲园（KOM）在鲁赛尔工业园区正式建成，这是一个综合性的信息技术工业园区，是阿曼信息技术工业发展的关键。2004 年 5 月，知识绿洲园获得年度公共服务奖。

鲁赛尔工业园区以发展中小型工业为主，为实现阿曼经济多样化而建。政府鼓励外国公司在该园区内建立出口外向型、具有高附加值的产业，如电子、食品加工、汽配、农业渔业产品加工等。园区内有国家建立的基础设备齐全的厂房，供投资者租用。租用期最短为 25 年，可延长到 99 年。鲁赛尔工业园区已有 137 家企业加入，主要有海绵垫厂、饼干厂、金属构件厂、水泥砖厂、文具厂和茶叶加工厂等。1999 年，园区内建成阿曼海湾塑料厂。2004 年，已有 20 家当地企业和外资企业在这里落户，另外还设有 3 个信息中心。

3. 苏哈尔工业园区

苏哈尔工业园区建成于 1992 年 12 月，位于首都与阿联酋的迪拜之

---

① 《中国－阿曼产业园今年 5 月开工建设》，新华网，http://news.xinhuanet.com/local/2016－04/22/c_128920890.htm。

② 《法媒：中企签约向阿曼杜古姆港工业区投资 107 亿美元》，参考消息网，http://www.cankaoxiaoxi.com/finance/20160524/1169733.shtml。

间，距马斯喀特 220 公里，与迪拜相距 180 公里，总面积为 330 公顷，是阿曼目前最大的工业园区，主要发展面向海湾地区的出口加工型企业，为园区内的重工业项目工程服务，促进了整个阿曼工商业的发展。苏哈尔工业园区的产业投资大部分来自私人投资者，为社会提供了大量的就业机会，也表明了人们对阿曼的发展前景充满信心。2001 年，许多大型工业项目，炼铝厂、发电厂和阿曼第二家炼油厂等在该园区投入建设。

阿曼政府计划铺设两条主要的天然气管道：一条长 350 公里，从法赫尔（Fahl）的港口通到该园区，向苏哈尔的主要工业项目、电站和苏哈尔工业园区供给天然气；另一条通往位于塞拉莱的赖苏特工业园区。苏哈尔工业园区和赖苏特工业园区的天然气网连通后，这些地区将使用廉价的天然气作为燃料，可大幅度降低生产成本，将会有更大发展。

4. 赖苏特工业园区

赖苏特工业园区建成于 1992 年 11 月，占地 103 公顷，位于南部的佐法尔省，距省会塞拉莱 15 公里，距塞拉莱港口 6 公里，交通便利。阿曼政府的目标主要是利用该区的地理位置，发展面向东非、也门、远东和环印度洋国家的出口加工型工业。目前园区内有 15 个工厂，另有 12 个工厂在建，主要产品有文具、鞋和服装等。1997 年，阿曼第二家面粉厂在这里建成投产。2004 年，价值 250 万阿曼里亚尔的阿曼制药公司在赖苏特工业园区内落成。

5. 盖勒哈特工业园区

盖勒哈特工业园区位于东部省的苏尔州西北，距苏尔市 13 公里，占地 400 公顷。2001 年开始动工建设，主要是以天然气为燃料的大型工业项目。园区内建有液化天然气厂、炼铝厂、石油化工厂和化肥厂。园区濒临阿曼湾和阿拉伯海，有深水港，交通方便，地理位置优越，且靠近液化天然气项目，对投资者有很大吸引力。

6. 布赖米工业园区

布赖米工业园区位于新成立的布赖米省，与阿联酋的阿布扎比接壤，是阿曼与阿联酋边境贸易的重要口岸之一。

7. 尼兹瓦工业园区

尼兹瓦工业园区于1994年11月建成，位于内陆省的中心城市尼兹瓦附近，距离尼兹瓦15公里，距离马斯喀特180公里。园区总面积200公里，园区内工厂生产的主要产品是瓷砖、纸和食品。

六　合资工业项目

1. 供水管网建设

阿曼最大的承包公司加尔法工程承包公司（Galfar Engineering and Contracting）中标获得了金额为2555万美元的苏威克州供水网建设项目。印度的莱森和图布如公司（Larsen & Toubro）中标获得了阿曼哈布拉州和塞赫姆州两个供水网项目，金额分别是2501万美元和1997万美元。

苏哈尔的供水管网项目也在进行中，从苏哈尔向北、西、南铺设三条主要供水管，总价值1.47亿美元，总长280公里。2004年底，印度盖蒙公司（Gammon）与阿曼的艾尔马塔贸易承包公司（Al Matar Trading & Contracting）联合中标该项目。[①]

2. 电力建设

目前，私营部门越来越多地在电力领域投资，3家国际投资公司与当地的合作者共同修建了3个大型发电站，分别是：投资1.6亿阿曼里亚尔在巴提纳地区修建的巴克发电站；投资0.45亿阿曼里亚尔在东部地区修建的阿尔卡米发电站，用天然气发电，发电量预计达到29万千瓦时；总投资1.5亿阿曼里亚尔的塞拉莱发电站，发电量为24.2万千瓦时。

2016年6月，阿曼宣布由新加坡凯发集团正在开发的海水淡化项目将于2017年投入运营。该项目是凯发集团在阿曼马斯喀特省开发的规模最大的海水淡化项目，每天将可为阿曼额外供应20万立方米饮用水。据悉，针对该项目开发公司已与阿曼水电公司签署了一份20年期（2017～

---

① 《阿曼观察家报》2005年7月30日，转引自中华人民共和国驻阿曼苏丹国大使馆经济商务参赞处网站，http：//om. mofcom. gov. cn/。

2037 年）的购水协议。①

3. 化肥产业

卡尔哈特的阿曼印度化肥厂，位于东部省的苏尔州，总投资 11 亿美元，是阿曼石油公司和印度两家化肥公司的合资企业。该化肥厂已于 2003 年 10 月完工，设施完备。化肥厂与印度合资公司签订为期 20 年的尿素购销协议。该化肥厂 50% 的股份由阿曼石油公司持有，印度农民化肥合作有限公司和克里夏克·巴拉提有限公司各占 25%。2008 年 3 月，阿拉伯国家石油和天然气公司与阿曼企业签订了合资组建生产氨肥和氮肥的化肥企业合同，公司资本为 2 亿美元，其中阿曼企业占 51% 的股份。目前，该化肥厂年产 4000 吨氨肥和 7000 吨氮肥。②

4. 苏哈尔钢铁厂

阿曼投资者与日本子部钢业合作建立苏哈尔钢铁厂，预计耗资 7.84 亿美元。钢厂建成后，阿曼将不需要进口钢铁，能够实现钢铁的自给自足。

5. 阿曼光纤厂

阿曼与芬兰诺基亚公司合资 2000 万美元建设的阿曼光纤厂是中东第一家光纤厂，也是阿曼尖端科技领域的代表企业。阿曼光纤厂于 2000 年初动工，配置了较新的光纤生产技术和设备，年产光纤 35 万公里，年产光纤电缆 7000 公里。光纤厂的建成，满足了国际和国内光纤市场的需求，是阿曼政府重视发展尖端科技领域的表现。

第四节　旅游业

阿曼自然风光优美，旅游资源丰富，发展旅游业的条件好。阿曼海岸线长达 1700 公里，有优美的沿海风光和富饶的海滩。在首都马斯喀特附近的深海区，可观赏到海豚和金枪鱼穿梭腾跃的自然景观。国家实施野生

---

① SDPLAZA, http://www.sdplaza.com.cn/article - 3572 - 1.html.
② 中国经济网, http://intl.ce.cn/gjzx/africa/dz/gssj/200903/30/t20090330_ 18661250.shtml.

动物保护政策，设立了多个面积广大的自然保护区，那里众多的海龟、阿拉伯羚羊和著名的乳香树等动植物资源吸引游客无数。南部佐法尔省的塞拉莱地区终年温和湿润，是个风景优美的避暑胜地。阿曼是个历史悠久的文明古国，历史遗迹和风景名胜遍布全国，可大力发展生态旅游业、探险旅游业、文化遗产景观、水上运动以及沿海休闲游乐景观。阿曼发展旅游业不仅依靠丰富的旅游资源，而且安全稳定的社会环境也为旅游业的发展提供了坚实的保障。

一 旅游业政策与发展

阿曼政府重视旅游业的发展，旅游业是阿曼经济多样化政策发展的重点产业之一。第二个五年计划期间，阿曼开始重点发展旅游业。为了支持旅游业，阿曼颁布了《旅游法》，工商部成立了旅游局，民间成立了旅游协会，根据第 61/2004 号皇家谕令，阿曼政府成立了旅游部。2004 年 10 月，阿曼旅游酒店专科学院开始重建，积极开展对旅游从业人员的业务培训。学院可以给阿曼人提供旅游专业的培训，现有 250 多名阿曼人在这家学校学习。

政府加大对包括旅游设施在内的基础项目投资，并积极号召国内外投资商为开发旅游项目进行投资，为投资商投资提供各种便利条件。由于阿曼是个风景优美的旅游胜地，投资者的热情很高。由公私合营部门合作开发的项目主要有巴里·艾尔·吉萨工程。该项目占地 50 万平方米，距离马斯喀特 20 公里，总耗资约 2 亿美元，其中政府投资占 40%，其余 60% 为私营企业投资。该项目由阿曼政府和当地的祖拜尔公司参与，由香港香格里拉集团主管，负责包括别墅和服务公寓、娱乐设施、商业中心和小型码头的建设。

2016 年 3 月，阿曼宣布开发 3 个水上乐园，总投资额达数十亿美元。其中，阿曼旅游开发公司的马斯喀特水上乐园项目被阿曼政府指定为重点工程项目，旨在解决提升阿曼私营企业在旅游业中的作用的问题。阿曼旅游开发公司首席执行官表示，开发并管理此类项目的目的之一，便是培训和提升未来阿曼旅游业从业者的管理能力。此外，开发水上乐园项目，还旨在刺激国内旅游市场，目前大部分阿曼人选择到周边的阿联酋等国家旅游，阿曼官方统计数据显示，2015 年超过 100 万阿曼人前往阿联酋旅游。因此，阿曼水上乐园等项目的开发，有利于阿曼旅游业"2040 战略"的落实，该战略预计旅游业创造价值将增长 6%，游客人数将增至每年 500 万人。

为了推广旅游业，阿曼政府和私营企业都积极参加一些国际旅游博览会、各种相关会议和旅游营销活动。阿曼在开罗、伦敦、悉尼、东京和巴黎等地建立了旅游办事处，通过宣传把旅游业推向海外市场。在西卜国际机场还开设了游客信息中心。为了更好地介绍本国旅游资源，卡布斯苏丹大清真寺和各个港口、城堡都印有英语、阿拉伯语的宣传手册。在不同的地区，发行不同的小册子、地图和旅行指南等出版物。

自 20 世纪 90 年代初开始，作为政府鼓励发展旅游政策的一部分，前往阿曼的签证手续大大简化。目前，中国、欧盟、美国、加拿大、澳大利亚、新西兰、新加坡和日本等 60 多个国家或地区的公民在入境时可获得停留期为 1 个月的访问签证。海合会国家的公民入境无须签证。办理签证的费用为 6 阿曼里亚尔，签证有效期为 1 个月；再付 6 阿曼里亚尔，就可以延长签证的使用期限；持有入境签证的人如果旅行时间少于 24 小时，可以免交登船费用。阿曼还与卡塔尔、阿联酋联合办理出入境签证，持有该联合签证的旅游者可以在这三个国家自由通行。2005 年，中国政府批准阿曼为中国公民出国旅游目的地国。[1]

二　旅游配套设施

随着最近些年国外游客增多，一些旅游基本设施也相应发展起来，许多国际级酒店已经落成。截至 2016 年 9 月，阿曼拥有五星级酒店 10 家、四星级酒店 12 家、三星级酒店 18 家、度假村 4 家、露营地 12 块、青年

---

[1]　中华人民共和国外交部网站，http：//wcm. fmprc. gov. cn/pub/chn/gxh/cgb/zcgmzysx/yz/1206_ 1/1206x1/t6217. htm。

旅社 2 家。① 2014 年，阿曼共接待游客 220 万人，比 2013 年增加 10 万人，酒店部门的收入和入住率均有上升。据阿曼最新的旅游统计，2014 年阿曼三星级、四星级、五星级酒店平均入住率为 60.4%，接待约 120 万游客，总收入达到 1.915 亿阿曼里亚尔。② 2013 年，阿曼共接待非海湾国家游客近百万人，其中排名前十位的国家为印度（244786 人）、英国（133529 人）、巴基斯坦（67893 人）、德国（55126 人）、美国（53165 人）、法国（47830 人）、埃及（28541 人）、意大利（26063 人）、菲律宾（24897 人）、孟加拉（20191 人）。③ 阿曼旅游部制定了详细的经营和推广战略，正在与阿曼皇家警察商讨便利签证事项，并正在规划其他新的政策措施。从 2005 年初开始，阿曼旅游部与阿曼国民经济部、世界旅游组织合作着手开发一套旅游卫星账户系统（TSA），该系统建成后可提供大量的旅游统计数据供政府参考。在其他基础设施方面，2016 年，阿曼国际会展中心落成，占地面积 22000 平方米，拥有 14 个会议大厅、1 个层级式礼堂（3200 个座位）。④ 阿曼国际会展中心被认为是阿曼旅游和商务服务业的重大项目。

阿曼旅游部门为快速发展旅游产业，吸引私营部门进行投资。2013 年，经阿曼旅游局批准、商工部登记注册，首家由阿曼华人华侨投资的旅游企业——蓝星国际旅游有限公司（China Blue Star International Travel and Tourism L. L. C）于 4 月 29 日在马斯喀特隆重开业。公司主营业务是国际旅游、代理各国航空公司机票及酒店预订、协助办理中东各国及中国签证、提供专业导游和国际驾照服务等，是一家集观光旅游、商务考察和各类会展为一体的综合性旅游服务企业。蓝星国际旅游有限公司成立后，将会满足阿曼与中国日益旺盛的双向旅游需求，为商务交流提供周到便捷的服务。⑤

---

① 阿曼旅游局，http：//lvyou168.cn/travel/om/omantourism1/accommodation.htm。
② Sultanate of Oman Ministry of Information, *Oman 2015*, p. 287.
③ Number of Tourists to Oman, https：//en.wikipedia.org/wiki/Tourism_ in_ Oman.
④ Oman Convention and Exhibition Center, http：//www.Omanconvention.com.
⑤ 中国新闻网，http：//www.chinanews.com/hr/2013/05 – 07/4794141.shtml。

第五节　交通与通信

阿曼地形非常复杂，多沙漠、山地，这给阿曼的交通和通信工作带来很多不便。1970 年卡布斯苏丹执政后，大力建设交通和通信网络。根据 2013 年 10 月公布的计划，阿曼将在未来 15 年内投入 500 亿美元修建和改善基础设施，其中 200 亿将投向交通领域。[①]

一　交　通

1. 公路

阿曼境内铁路网建设起步较晚，运输主要依靠公路。

1970 年，阿曼全国只有 10 公里长的沥青公路。卡布斯苏丹执政后，政府开始着手在全国建立庞大的公路网。1980 年，阿曼全国沥青公路（单行线）全长 1622 公里，到 1985 年增加到 3211 公里；同期沥青公路（双行线）从 14703 公里增加到 18280 公里。[②] 2014 年阿曼交通信息部统计报告显示，阿曼全国拥有 13857 公里铺设道路和 16414 公里非铺设道路。

除交通信息部外，地方市政委员会和水资源部也在国内不同省份进行公路建设工作。2014 年，水资源部有 88 个路政项目在建。2015 年，265 公里长的巴提纳地区高速公路一期工程开工建设。目前，阿曼正在修建 240 公里长的比德彼德—苏尔高速路，建成之后将完全贯通马斯喀特省和东南省。[③]

2. 铁路

铁路是保持阿曼经济与社会发展、连接全国产业中心的重要基础。铁

---

① 中国－阿拉伯国家经贸合作网，http://cncuip.com/news/zhengce/2016－10－13/2998.html。

② 《金字塔经济学家》周刊载文谈阿曼苏丹国经济发展情况，见《参考消息》1990 年 1 月 14 日，第 61 页。

③ Sultanate of Oman Ministry of Information, *Oman 2015*, pp. 309－310.

路部门拥有长距离运输大量商品、原材料及旅客的能力，因此在保持国家长远经济发展方面有着至关重要的作用，做出了强有力的贡献。阿曼铁路项目的目标是创造新的工业和服务业，以支持地方产能扩展，将阿曼转变为输出技术劳动力的国家。[①] 为实现发展目标，阿曼重组了陆路运输部门，修订了已有的法律条例，并颁布《陆路运输法》，其中的条款契合了阿曼经济发展中旅客及货物运输的要求。

阿曼铁路部门于 2015 年正式成为商业实体，此后开始对符合条件的公司进行招标，于 2016 年启动总长 2244 公里的苏哈尔—布赖米铁路建设项目。该项目签署了三份合同，总额达 1390 万阿曼里亚尔，完工后铁路设计时速为货运线路每小时 80~120 公里、客运线路为每小时 200 公里。[②] 此外，自 2015 年起，阿曼还开始规划全国高速铁路网，设计时速为客运线路每小时 350 公里、货运线路每小时 200 公里，预算总额达 150 亿美元。为便于施工，该铁路网将分九段分别招标，首段铁路线全长 207 公里。据悉，中国建筑、中国中铁总公司中铁四局和中铁研究院等 17 个基建集团参与首段工程竞标。[③]

3. 空运

随着旅客人数的增多和货物吞吐量的增加，近年来阿曼空运部门发展迅速。以前，距离马斯喀特 40 公里的西卜国际机场是阿曼空运最重要的国际机场，但现在它已经让位于新建的机场，并成为阿曼航空运输网络的一个组成部分。

马斯喀特国际机场第一阶段工程已于 2014 年 12 月展开，工程由新跑道、指挥塔台、空中交通管制中心和民航局大楼组成。预计全部四期工程完工后，马斯喀特国际机场每年旅客接待量将达到 4800 万人。作为新地标的塞拉莱机场已于 2015 年 6 月 15 日改造完毕，正式启用。该机场拥有 65000 个旅客自动终端机，具有通行 200 万旅客的能力，还有 4 公里长、

---

① Sultanate of Oman Ministry of Information, *Oman 2015*, p. 310.

② Sultanate of Oman Ministry of Information, *Oman 2015*, p. 311.

③ 中国工程建设网，http：//chinacem. com. cn/tzjs/2015 - 1/181781. html。

75 米宽的机场跑道，能够起降世界上最大型的飞机。此外，杜古姆和苏哈尔两地也于 2014 年开始建设机场。①

阿曼民航局负责监管航空运输部门，管理范围主要是保证原有和新的机场高标准、高效率地运行。2014 年，马斯喀特国际机场国内外航班增加到 82000 起落架次，比 2013 年增长 1.5%；接待旅客 870 万人，比 2013 年增加 40 万人。2013 年，塞拉莱国际机场起落航班 7432 架次，接待旅客 74.5 万人；2014 年起落航班数和接待旅客量分别达到 8571 架次和 842000 人。② 2015 年 5 月，马斯喀特国际机场接待旅客 400 万人，比 2014 年同期增加 30 万人。

阿曼航空公司成立于 1993 年，总部位于首都马斯喀特，是阿拉伯航空运输组织成员，以马斯喀特国际机场为枢纽，经营阿曼国内航线以及飞往中东、南亚、欧洲、中国等地的国际航线，阿曼政府为阿曼航空的最大股东，拥有其 97.96% 的股份。③ 2014 年，阿曼航空飞行 23000 架次，输送旅客 510 万人，比 2013 年增加 100 万人。2014 年 5 月，阿曼航空开通了至菲律宾、印度尼西亚和新加坡的航线，并于 2015 年底开通 51 个飞行目的地。④ 2016 年 12 月 10 日，阿曼航空开通中国到阿曼的直飞航班，由中国广州起飞，终点为马斯喀特，每周四班，班期为周一、周二、周四、周六。⑤

截至 2016 年 12 月，阿曼航空共有 46 架飞机，其中包括 4 架波音 787"梦想"客机、6 架空客 A330 – 300s 客机、4 架空客 A330 – 200s 客机、5 架波音 737 – 900s 客机、22 架波音 737 – 800 客机、1 架波音 737 – 700 客机、4 架巴西航空工业公司制造的 E – 175s 客机。此外，2017 年将有 4 架波音 787"梦想"客机加入阿曼航空，预计 2018 年阿曼航空的飞机数量

---

① Sultanate of Oman Ministry of Information, *Oman 2015*, p. 311.

② Sultanate of Oman Ministry of Information, *Oman 2015*, p. 312.

③ 民航资源网，http://data.carnoc.com/corp/airline/wy.html。

④ Sultanate of Oman Ministry of Information, *Oman 2015*, p. 313.

⑤ Oman Air, https://booking.omanair.com.

将达到 57 架，至 2020 年将超过 70 架。[①]

4. 海运

几个世纪以来，阿曼凭借优越的海上交通位置，扬帆远航。发达的海运是阿曼经济发展至关重要的条件。阿曼的主要海港有卡布斯苏丹港、塞拉莱港、苏哈尔港等。

卡布斯苏丹港口是苏丹历史最长的现代化港口，于 1974 年建成。1984 年起，港口开始运输集装箱，这是海运贸易的主要部分。自 2015 年开始，卡布斯苏丹港转型为主要接待游客的港口，其所有进出口集装箱业务均转给苏哈尔港。2014 年，卡布斯苏丹港共停靠船舶 2324 艘，其中有 97 艘客轮，运送旅客 30.5 万人。[②]

塞拉莱港的优势在于邻近国际海运交通线，依托塞拉莱自由贸易区，有利于发展集装箱业务。当前塞拉莱港集装箱吞吐能力为 500 万标准箱，总共 6 个集装箱货轮泊位。阿曼政府计划将塞拉莱港拓展为集货物、服务、商业、旅游为一体的现代化海港，并将其集装箱吞吐能力增加到 700 万标准箱左右。2014 年，塞拉莱港停泊船舶 2691 艘，其中包括 37 艘客轮，吞吐货物 1020 万吨，比 2013 年增加 230 万吨。[③]

苏哈尔港耗资 2.5 亿美元，历时 5 年建成，于 2004 年 4 月投入使用，肩负商业和工业双重任务，主要为国家迅速发展的天然气能源产业服务。一些重工业项目已通过审核，开始建设。一期工程包括 1 个炼铝厂、1 个炼油厂、1 个化肥厂和 1 个甲醇工厂。还有些基础设施建设工程也已动工，以满足本地区和国内市场需求。2014 年 9 月，苏哈尔港开始承接集装箱装卸和货船入港业务，同年有 1918 艘船舶停靠，港口集装箱吞吐能力从 2013 年的 21.5 万吨增加到 33 万吨。[④]

海塞卜港位于穆桑达姆省，始建于 1983 年，2002 年 9 月开始实施港

---

① Oman Air, https: //booking. omanair. com.
② Sultanate of Oman Ministry of Information, *Oman 2015*, p. 307.
③ Sultanate of Oman Ministry of Information, *Oman 2015*, p. 307.
④ Sultanate of Oman Ministry of Information, *Oman 2015*, p. 308.

口扩建计划，包括修建防波堤和码头、拓整土地等。穆桑达姆省目前着手升级海塞卜港，并将其作为该省"2040 展望计划"中经济发展的重要组成部分。2014 年，海塞卜港有 1430 艘船舶停靠，其中 42 艘为客轮，接待旅客 71772 人，此外还有 57000 艘小型船只停靠。[1]

希纳港前身是个捕鱼港，2001 年 4 月被改造为商业港口，主要是为北部巴提纳地区的国内贸易运输业务服务，如家畜、消费品、水果蔬菜等产品的运输。2002 年 8 月，该港挖到 4 米深，港口入口处挖到 4.5 米深，以便停靠更大的船只。2013 年，阿曼交通运输部制订综合发展计划，决定将希纳港升级为集旅游、渔业、商业为一体的先进的现代化港口。

5. 输油管道

阿曼重点建设的内地油田至法赫尔港的输油管道，总长 279 公里，不加压流量为 72.5 万桶/日。[2] 截至 2013 年，阿曼共有冷凝管道 106 公里、天然气管道 4224 公里、石油管道 3558 公里、输水管道 33 公里、成品油管道 264 公里。[3]

二 邮政和通信

1. 邮政

1978 年，阿曼设立邮电电报电话部。2005 年，根据第 84/2005 号皇家谕令，将阿曼邮政设为独立机构。截至 2015 年底，阿曼全国共有 88 个邮政办公网点、6000 余个邮箱。每天有 3 次送信时间，把信件送达各地。目前，阿曼邮政引入了电子邮政服务，提供免费 ID 账号，保证民众寄送和接收数字邮件。每年阿曼至少有 6 套邮票发行上市，有标准邮票和纪念邮票，2004 年发行了阿曼首日封和世界和平日纪念邮票，2014 年 12 月发行了野生动物（包括 6 种鸟类、阿拉伯羚羊、蝴蝶等）主题邮票，邮资

---

① Sultanate of Oman Ministry of Information, *Oman 2015*, p. 308.

② 中华人民共和国驻阿曼苏丹国大使馆网站，http://om. chineseembassy. org/chn/zjam/amgk/。

③ Central Intelligence Agency, The World Factbook, "Oman," https://www. cia. gov/library/publications/the – world – factbook/geos/mu. html.

分为 100 派沙①、150 派沙、200 派沙不等。②

2. 通信

根据第 30/2002 号皇家谕令，阿曼颁布《通信管理法案》，并据此成立了通信管理局。通信管理局是一个法人实体，管理阿曼通信设施的建设、运营和维护，还负责确保通信服务运营商收益的增长，并确保消费者可以得到国际标准服务，使消费者在一系列合理的可接受价位之间进行选择。2013 年 2 月，阿曼通信管理局实现了阿曼所有城市及乡村通信网络全覆盖；2014 年 7 月 4 日，引入了现代化的电子监管系统。③

（1）固定电话通信网络

阿曼电信公司（OMANTEL）是阿曼首家电信公司，是电信业的领军人。由于不断引进新型高端服务、扩展网络等，阿曼电信公司始终是 IT 行业的领头羊。阿曼电信公司的数字化网络覆盖率达到 100%，覆盖国内每一个地区。所有的网络都与一套交换机系统相连，再通过与同步数字高速链接系统运行。尼兹瓦的菲克和塞拉莱之间有一条长达 930 公里的光纤电缆，网络升级后可提供大约 27 万条电话线路，改善了所有电缆经过地区的通信服务质量。第二条光纤电缆将阿曼和邻国也门连接起来。截至 2015 年上半年，阿曼有固定电话 40.2 万台、移动电话 640 万部。④

为了使人口密集和人烟稀少的地方享受到同样优质的服务，阿曼安装了一个包含有东、南、北 3 条线路的主干网。通过在最初的 3 个地区试验运营，现已经向农村和偏远地区提供通信服务。对那些尚未被地面网络覆盖的偏远地区，电信公司利用小型卫星地面站系统通过卫星向这些地区发送高质量的数据、声音、传真和可视信号。

（2）电子和数据服务

阿曼电信公司和互联网用户密切合作，通过网站提供电子服务。与它合作的机构有马斯喀特政府、阿曼皇家警察局、人力资源部、社会服务部

---

① 阿曼的货币单位，1 派沙 = 0.001 阿曼里亚尔。
② Sultanate of Oman Ministry of Information, *Oman 2015*, p. 316.
③ Sultanate of Oman Ministry of Information, *Oman 2015*, pp. 81 - 82.
④ Sultanate of Oman Ministry of Information, *Oman 2015*, p. 316.

和教育部等。为了推进政府服务的电子化和基础设施的信息化建设，2014年阿曼信息技术局发放了190万个电信执照，统一接入914个政府网站，建成731461个电子支付路径。① 一些银行还通过网络或短信服务告知客户存款数目等。

（3）互联网服务

2003年初，阿曼引进了互联网全球漫游服务，这样出国的阿曼人在国外通过输入自己在阿曼电信公司注册的用户名和密码就可以浏览网页。为了实现这一目标，阿曼电信公司与全球互联网漫游联盟签订了漫游协议，全球互联网漫游联盟可以通过1.1万套系统和110多个国家的服务供应商向用户提供安全可靠、速度快捷的网络漫游服务。此外，阿曼国内的互联网服务也取得长足的进展，截至2015年上半年，阿曼家庭宽带使用人数已达到198000人。②

（4）移动通信

目前，阿曼移动通信运营商有两家：阿曼移动通信公司和海鸥电信公司。阿曼移动通信公司2004年3月13日成立，隶属阿曼电信公司，是阿曼第一家获得移动通信运营牌照的移动服务供应商。马斯喀特运营的交换机容量为20万条。尼兹瓦、苏尔、伊卜拉和伊卜里等地开始使用新的交换机，可容纳65万条线路，投入更多新交换机的计划在酝酿之中。由于移动通信发展迅速，国内市场私有化和竞争不断加剧。阿曼移动公司用出色的服务捍卫了它的地位。2004年6月，卡塔尔电信公司、丹麦电信公司和它们在阿曼的合作者共同组建的纳瓦拉斯财团获得了阿曼第二张全球移动服务牌照，成立了海鸥电信公司，把在阿曼移动通信市场的份额迅速扩大到10%。随着阿曼移动通信服务质量和国民经济水平的提高，阿曼移动通信使用量大幅增长，截至2015年，阿曼移动电话使用人数为640万人，其中310万人使用移动网络业务。③

① Sultanate of Oman Ministry of Information, *Oman 2015*, p. 81.
② Sultanate of Oman Ministry of Information, *Oman 2015*, p. 316.
③ Sultanate of Oman Ministry of Information, *Oman 2015*, p. 316.

第六节　财政与金融

一　财政收支

阿曼政府的财政收入严重依赖石油出口。2014 年，阿曼政府财政收入的 72.3% 来自石油产业，但同年石油价格下跌，给财政收支情况带来较大的影响；阿曼天然气产业收入 17 亿阿曼里亚尔，约占总收入的12.1%。关税和公司所得税是阿曼政府的另一个收入来源。阿曼无个人所得税，海关税收除特殊商品外只征收 5% 的低关税。财政支出项目主要有国防和国家安全、给公共部门雇员涨工资、支付贷款利息、政府在阿曼石油开发公司的份额、天然气的探测和开发、人力资源的培养、参与和支持私营部门等。政府收支相抵后，财政余额变化不太明显。2014 年，阿曼政府财政收入为 141 亿阿曼里亚尔，受石油价格波动的影响，比 2013 年减少 1 亿阿曼里亚尔；公共开支为 151 阿曼里亚尔，比 2013 年增加了 1.2亿阿曼里亚尔；财政赤字约为 10 亿阿曼里亚尔。2015 年前 5 个月，随石油市场价格下跌，政府财政收入下降 36.2%，只有 38 亿阿曼里亚尔，比2014 年同期减少 12 亿阿曼里亚尔。然而阿曼开始限制财政支出，前 5 个月只花费 53 亿阿曼里亚尔，同比下降 5 亿阿曼里亚尔。[1] 预计 2016 年阿曼石油和天然气收入将达到 61.5 亿阿曼里亚尔，约占预期总收入的72%；非石油收入将达到 24.5 亿阿曼里亚尔，同比增长近 29%。但 2016年石油价格仍然处于波动之中，为进一步节省开支，阿曼政府减少了对汽油、天然气和电力领域的补贴，计划严格管控公车数量，禁止官员公车私用，并将部分公共服务外包给私营企业。[2]

---

[1]　Sultanate of Oman Ministry of Information, *Oman 2015*, p. 260.

[2]　中华人民共和国商务部网站，http://www.mofcom.gov.cn/article/i/jyjl/k/201604/20160401304502.shtml。

二 货币和金融

1. 货币

阿曼的货币政策重点是保持低通货膨胀率，保持阿曼里亚尔与美元挂钩的固定汇率。1972 年以前，阿曼一直使用同英镑等值的特种印度卢比。马斯喀特货币局于 1970 年成立，1972 年更名为阿曼货币局，废除了特种印度卢比，开始发行本国货币——阿曼里亚尔。从 1973 年 2 月开始，阿曼采用了阿曼里亚尔与美元挂钩的固定汇率。1986 年，由于世界范围石油价格下跌，阿曼石油收入骤减，同年 1 月 25 日，阿曼宣布货币贬值，阿曼里亚尔对美元比价下调 10.2%，调整后 1 阿曼里亚尔折合 2.6008 美元。这是 1973 年以来阿曼唯一一次调整汇率。阿曼货币市场利率也较为稳定，2016 年 9 月货币市场利率为 1%，广义货币 M2 供应量为 155.4 亿阿曼里亚尔，下降 2.89%。

1975 年阿曼中央银行正式营业后，阿曼货币局被裁撤。1995 年，为庆祝卡布斯苏丹执政 25 周年，中央银行发行了新纸钞，面值分别为 50 阿曼里亚尔、20 阿曼里亚尔、10 阿曼里亚尔、5 阿曼里亚尔、1 阿曼里亚尔和 500 派沙、200 派沙、100 派沙。同年，阿曼中央银行还发行了纪念金币和银币。到 1998 年底，新钞已基本占领货币流通市场。阿曼货币政策稳定，基本无外汇管制，阿曼里亚尔与外币可随意兑换。2016 年，阿曼里亚尔对美元汇率维持在 1 阿曼里亚尔兑换 2.6 美元左右。[1] 预计未来几年，阿曼里亚尔与美元汇率变化的压力不大。富兰克林邓普顿投资公司发布的报告显示，截至 2016 年 3 月，阿曼外汇储备为 190 亿美元，占国内生产总值的比重为 24%。[2]

2. 金融系统

阿曼金融系统主要由阿曼中央银行、商业银行、专业银行、伊斯兰银

---

[1] 中国银行网站，http：//www. boc. cn/。

[2] 中华人民共和国商务部网站，http：//www. mofcom. gov. cn/article/i/jyjl/k/201603/2016 0301269711. shtml。

行和非银行中介机构组成。

（1）阿曼中央银行

成立于 1975 年，它的主要职责是监管和指导银行部门的运作，通过实施货币政策保持价格稳定，稳定国家的货币价值，不断扩大并完善银行的职能行为，还为促进投资的增长提供必要的财政支持。它既是货币机构，又是监督和制定规章制度的金融机构。2014 年，阿曼中央银行的资本从 1975 年 4 月 1 日初创时的 100 万阿曼里亚尔增加到 7 亿阿曼里亚尔。截至 2014 年底，阿曼中央银行的资产和债务总额为 66 亿阿曼里亚尔（折合 172 亿美元）。[①] 阿曼中央银行的 2 家分行位于塞拉莱和苏哈尔。

阿曼中央银行鼓励银行采取风险管理系统和透明的营业制度，为保证财政系统的稳定和顺利运作发挥着重要的作用。通过启用一套早期预警系统，阿曼中央银行提前预测可能会发生的金融危机，并采取必要的防范措施。阿曼中央银行为提高工作效率，支持和鼓励本国银行进行合并，还要求商业银行提高最低资本金和资金偿还能力，并规定本国银行最低资本金为 2000 万阿曼里亚尔，外国银行为 500 万阿曼里亚尔。阿曼中央银行还规定，资本的有效利用率不得低于 12%，此标准远高于巴塞尔国际清算银行 8% 的要求。阿曼中央银行还采取强有力的措施，通过反洗钱法令打击"洗黑钱"的非法行为。

2014 年，阿曼中央银行理事会决定成立金融稳定联合委员会，委员会的成员来自政府各管理部门，主要负责研判银行业和金融市场所面临的体系性风险。同年，阿曼中央银行修改了个人贷款的管理规定，规定银行所有个人贷款不得超过总贷款额的 35%，其中房屋贷款不得超过银行贷款总额的 15%，个人贷款（包括房屋贷款）的利率下调至 6%。[②]

（2）商业银行

截至 2016 年底，阿曼共有 16 家商业银行，其中 7 家为本国银行，9 家为外资银行。这些商业银行在阿曼各地投资开办了 514 个分行，其中阿

---

① Sultanate of Oman Ministry of Information, *Oman 2015*, p. 260.

② Sultanate of Oman Ministry of Information, *Oman 2015*, p. 260.

曼籍雇员占92.4%。① 阿曼的商业银行中有11家拥有投资银行执照及阿曼中央银行发放的公司及项目融资执照，还有一些提供投资管理咨询监管和服务。截至2014年底，商业银行持有的总资产增加到248亿阿曼里亚尔，增长了11.1%，贷款与存款分别增长了11.3%和10.9%。信用贷款总额达到169亿阿曼里亚尔，占资产总额的68%。

阿曼的商业银行坚持执行贷款规定的相关要求，2014年12月底，阿曼商业银行的不良贷款比率为2.1%，相比于2013年底没有变化。2015年上半年，阿曼的商业银行继续快速发展，总资产增加到271亿阿曼里亚尔，贷款总额为175亿阿曼里亚尔，存款总额为186亿阿曼里亚尔。②

（3）专业银行

除了商业银行外，另有3家专业银行，均成立于20世纪70年代，主要为房地产业、工业、农业和渔业等主要产业部门的发展提供金融支持。这3家专业银行在阿曼全国有26个分支机构。

阿曼住房银行（Oman Housing Bank）成立于1977年，为民众提供6万阿曼里亚尔以上的特惠住房购买、建造资金。2015年，阿曼住房银行增加1亿阿曼里亚尔资金，以保证实施贷款计划、扩大银行金融资本、推进其他项目的落实，如支持阿曼建筑工业等。截至2015年5月，阿曼住房银行在全国各地资助38000栋住房，总价值达8.15亿阿曼里亚尔；同年，阿曼住房银行获得阿拉伯世界提供房地产融资最佳银行的殊荣。

阿曼发展银行（Oman Development Bank）是由1979年成立的发展银行和1981年成立的农业渔业银行合并形成的股份公司，于1997年重组成立。其信贷政策侧重于支持中小型企业，个人最多可获得100万阿曼里亚尔的贷款。阿曼发展银行为促进中小企业发展，提供了较多的优惠条款，如小投资人或手工业者可以得到5000里亚尔以下的免息贷款，中小企业贷款的最高利率仅为3%。③

① Sultanate of Oman Ministry of Information, *Oman 2015*, p. 271.
② Sultanate of Oman Ministry of Information, *Oman 2015*, pp. 271 – 272.
③ Sultanate of Oman Ministry of Information, *Oman 2015*, p. 273.

（4）伊斯兰银行

阿曼拥有两家依照伊斯兰沙里亚法的原则提供金融服务的伊斯兰银行，同时商业银行中还有 6 个伊斯兰营业分支部门。2014 年，阿曼伊斯兰银行业务拓展成绩显著，建立了数家新的分支机构，分支机构总数增加到 46 个；伊斯兰银行的总资产也同比增长了近 5.3%；2013 年伊斯兰银行金融业务量为 4.34 亿阿曼里亚尔，2014 年底则达到 10.5 亿阿曼里亚尔；伊斯兰银行的存款额从 2013 年的 1.72 亿阿曼里亚尔增长到 2014 年第 6.89 亿阿曼里亚尔，同时储备资金由 3.28 亿增长到 3.51 亿阿曼里亚尔。[①]

（5）非银行中介机构

阿曼非银行中介机构的作用越来越大，主要包括货币兑换公司、保险公司、养老基金公司、双向基金公司、租借和债务代理公司、证券公司和投资银行等。阿曼有 57 家外汇兑换公司，其中有 12 家从事稀有金属交易、货币发行和外汇买卖业务。这些公司在阿曼全国设有 64 家分支机构。

阿曼资本市场管理局（CMA）成立于 1999 年 11 月 9 日，专门负责监管阿曼的资本市场和保险业，在行政和财务上属于独立的法律实体。此外，阿曼股市由阿曼资本市场管理局进行管理。资本市场管理局主要负责监管股市、发放营业许可证、保证交易安全等，并监控各上市公司的行为，确保其按照法律、规章、制度的要求办事。

根据 2014 年第 59/2014 号皇家谕令，阿曼对《资本市场法》进行了修订，修订后的法律条款允许长期伊斯兰基金产品合并；将公司间赎买和兼并的管理权下放；采取措施支持在遵守法律章程的情况下调节金融市场；对违反法律规定的公司和团体加大处罚力度等。2014 年，阿曼资本市场通过发行股票和债券，为阿曼的公司提供了 9.07 亿阿曼里亚尔的资金支持。[②]

3. 证券市场

证券市场是阿曼经济繁荣和各经济部门效益提高的产物。马斯喀特证券市场（MSM）于 1989 年建立，于 1998 年进行改组。马斯喀特证券市场

---

① Sultanate of Oman Ministry of Information, *Oman 2015*, p. 272.

② Sultanate of Oman Ministry of Information, *Oman 2015*, pp. 273 – 274.

有 30 余家公司，其市场价值占所有上市公司市场价值的 80%，主要影响马斯喀特的股票指数。马斯喀特证券市场向境外投资者开放，主要吸引了海合会国家的一些投资者。此外，由于阿曼经济受制于石油价格的波动，因此马斯喀特证券市场也会受此影响。2014 年，马斯喀特证券市场综合价格指数下跌 7.9%，跌至 6343 点，同比下降 491 点；2015 年上半年，综合价格指数增加 81 点，达到 6424 点。① 受世界油价下跌的影响，截至 2016 年 12 月，马斯喀特证券市场综合价格指数在 5550 点左右波动。②

2014 年 12 月底，马斯喀特证券交易所挂牌公司的市场价值达到 145.57 亿阿曼里亚尔，比 2013 年增加 4.02 亿阿曼里亚尔；2015 年 6 月，市场价值达到 150.27 亿阿曼里亚尔，比 2014 年同期增加 4.36 亿阿曼里亚尔。2014 年全年，马斯喀特证券交易所的股票和债券交易额增加到 22.7 亿阿曼里亚尔，市场资本达到 145.6 亿阿曼里亚尔，增长了 2.9%。2014 年，在马斯喀特证券交易所挂牌的公司有巴提纳能源、萨瓦迪能源、摩赫陶瓷等公司；2015 年上半年，凤凰城电力公司在马斯喀特证券交易所挂牌，提供 35% 的资本供公众认购。③

4. 保险业

阿曼保险业起步晚，是处在初级阶段的新兴行业，但是对社会稳定、保障国民的合法权益和提高公民的社会福利待遇有积极作用。根据第 39/2014 号皇家谕令修订的《保险公司法》，阿曼的保险公司应具有公共合股公司的合法地位，最低注册资金应为 1000 万阿曼里亚尔。截至 2015 年初，阿曼已经注册的本国和外国保险公司有 22 家，再保险公司（分保公司）1 家，互助保险领域的公司 2 家。以上这些机构有 36 名保险经纪人。④

阿曼主要的国有保险公司有：阿曼民族保险公司，1978 年成立，下设 6 个分公司；国家保险公司，1985 年成立，下设 5 个分公司；阿曼联合保险公司，1986 年成立，下设 4 个分公司，是阿曼保险业的主导公司；

---

① Sultanate of Oman Ministry of Information, *Oman 2015*, p. 274.
② Muscat Securities Market, https://www.msm.gov.om/.
③ Sultanate of Oman Ministry of Information, *Oman 2015*, p. 275.
④ Sultanate of Oman Ministry of Information, *Oman 2015*, p. 275.

佐法尔保险公司，1989 年成立，下设 6 个分公司；国家生命保险公司，1995 年成立，无分公司，总部设在马斯喀特；马斯喀特保险公司，1995 年成立，下设 1 个分公司；阿曼联合健康保险公司，1998 年成立。

阿曼主要的外国保险公司有：阿拉伯保险有限公司（黎巴嫩），1976 年成立，有 2 个分公司；"鹰"保险公司（黎巴嫩），1976 年成立；民族联合保险公司（黎巴嫩），1977 年成立；美国生命保险公司（美国），1971 年成立，有 1 个分公司；伊朗保险公司（伊朗），1973 年成立，有 1 个分公司；新印度保险公司（印度），有 1 个分公司，1976 年成立。此外，还有 3 家英国保险公司。

第七节　对外经济关系

阿曼处于东西方航运线路的交会处，发展对外贸易对阿曼意义重大。阿曼政府在 21 世纪确定的新目标是增加贸易往来，进一步加快阿曼与地区和国际经济的接轨。为了实现这一目标，阿曼加入了一些地区组织，如海合会、阿拉伯自由贸易区、环印度洋经济合作组织和世界贸易组织。另外，阿曼还通过合作委员会和双边协定等形式与其他国家进行合作，为阿曼产品开辟了新市场，从而增加了合作双方的收益，实现了阿曼的发展目标。

一　古代贸易概况

由于所处的地理位置优越并拥有高超的造船和航海技术，阿曼发展海上贸易有得天独厚的条件。自有文字可考的历史起，阿曼人一直是航海者，阿曼的船队是世界远洋航海史上最早的船队。公元前 2000 年，阿曼就以造船和航海著称于世并成为阿拉伯半岛的造船中心。

古代阿曼居民广泛进行海上和陆路贸易活动。古代亚述帝国、印度河谷和苏美尔文明都把它们经济的繁荣归功于同马甘（阿曼古代名称）的贸易。阿曼人带来的商品有自产的闪长岩、造船的木材、铜矿石、珍珠、珊瑚、乳香、没药、洋葱和椰枣等，还从非洲海岸运来珍贵的木料、宝石、象牙、香料和食品。阿曼造的船只也是受欢迎的商品。阿拉伯文献记载，第一个来中国的海湾人是阿曼商人奥贝德。他于 8 世纪时从阿曼湾出发，航行 7000 公里，历时约 2 年，最后到达中国采购商品。阿曼的苏哈尔、马斯喀特当时都是闻名遐迩的商埠。

佐法尔曾经是阿曼乳香贸易的中心，这里出产的乳香是世界上质量最好的。乳香有"白色黄金"之称，当时是社会上层人士的专宠。在历史上，乳香的价值曾经等同黄金，被视为统治者权力和财富的象征。很长一段时间里，乳香贸易一直是阿曼的经济支柱。阿曼骆驼商队曾满载佐法尔的乳香从阿曼出发，经陆路长途跋涉到达地中海、叙利亚和埃及等国。乳香的水路运输路线是在加沙装船，穿越地中海，到达古罗马帝国并最终销往欧洲各地。巴比伦的巴尔神庙每年对乳香的需求量是 2.5 吨。佐法尔的乳香在公元 9 世纪时由阿曼商人奥贝德带到中国广州。宋代以后，中国上层社会熏香之风盛行，因此每年进口的香料数量巨大。1077 年，广州一地进口的乳香达 174 吨。① 广州、泉州等地的乳香都来自佐法尔，当时佐法尔被称作"香岸"，从阿拉伯国家到中国南方的海路被称作"香料之路"。

大约在公元前 2000 年，美索不达米亚城市同阿曼的直接贸易突然中断，自此以后，关于阿曼海上活动的记载极少。公元前 1000 年，随着亚述帝国的崛起，阿曼才又逐渐繁荣起来。公元前 700 年，阿曼恢复了同印度的贸易，阿曼商人还将阿曼的铜矿石，非洲的香料、香水和稀有木材运往迪尔蒙（现在的巴林和科威特地区）。

在赛义德统治时期的 19 世纪中叶，阿曼作为海上商业大国，被称为"第一流的亚洲海上力量"，达到巅峰时期。它的疆域向北达到巴基斯坦，控制着海湾的几个港口，还一度占领了巴林；向东控制了印度次大陆的俾路支斯坦部分地区；向南占领了阿拉伯半岛东海岸和东非一带。赛义德从马扎里手里夺取了蒙巴萨，将桑给巴尔定为他的南部首都。当时的首都马斯喀特商业发达，是一个大的贸易集散中心，整个海湾贸易的 60% 都通过这里，阿曼从这些中转贸易中收取 6% ~ 6.5% 的关税。② 阿曼同马来

---

① 《使馆商社贸易快讯》2003 年第 11/12 期，天润国际展览出版集团有限公司出版，第 7 页。

② 黄培昭、苏丽雅：《当代阿曼苏丹国社会与文化》，上海外语教育出版社，2003，第 36 页。

亚、孟加拉国、印度尼西亚、印度西海岸、阿比西尼亚（即今埃塞俄比亚）等地商业往来频繁。

二　对外贸易的政策和现状

阿曼长期实行低关税、进口无定向、外汇基本不管制的自由贸易政策。阿曼既不征个人收入所得税，也不收增值税，阿曼的公司所得税税率也很低。1980 年，阿曼正式成立国家总储备基金，以备国家长期战略和下一代发展之需，并作为稳定政府开支的基金。阿曼政府规定，每年石油纯收入的 15% 左右交纳国家总储备基金。1991 年，又成立了应急基金，用于缓解国家总储备基金的压力，分担其部分功能。阿曼的对外贸易额不断增加，石油和天然气出口依然是外汇收入的主要来源，2005 年这两项收入约占政府总收入的 68.8%。阿曼政府鼓励非石油产品出口，对生产出口产品的原材料免征进口关税。国家发展银行对有关企业出口工业品提供信贷，还建立了出口补贴制度，对出口的工业制成品给予 10%～25% 的价格补贴。转口贸易是阿曼对外贸易中仅次于石油出口的项目。

对外贸易在阿曼国民经济建设中占有重要地位，发展较快。近年来，阿曼一直保持对外贸易顺差，但因对外贸易顺差也受到石油价格波动的影响，仍显现出经济基础不够雄厚的特征。2014 年和 2015 年，阿曼贸易进口额分别是 278.9 亿美元和 282.7 亿美元，出口额分别为 532.2 亿美元和 344.3 亿美元，贸易顺差分别为 253.3 亿美元和 61.6 亿美元。[①] 2014 年，阿曼石油及天然气出口占商品出口总额的 65.6%，约为 134 亿阿曼里亚尔，其中石油出口额为 41 亿阿曼里亚尔；转口贸易额为 29 亿阿曼里亚尔。[②]

阿曼对外贸易的特点是进口产品广泛和出口产品单一。进口产品主要是运输设备（汽车及其配件）、机械、手工制品、食品、饮料、牲畜和润

①　Central Intelligence Agency, The World Factbook, "Oman," https://www.cia.gov/library/publications/the-world-factbook/geos/mu.html.

②　Sultanate of Oman Ministry of Information, *Oman 2015*, p. 276.

滑油等，2015 年阿曼进口产品中，阿联酋占 29.7%、日本占 10.2%、美国占 7.5%、中国占 6.7%、印度占 6.3%。1967 年出口石油之前，阿曼的出口产品主要是椰枣、鱼类产品、烟草、皮革、水果、蔬菜、石灰和棕红染料等。现在，石油、天然气及其相关产品的出口是阿曼对外贸易的第一大项目。出口主要面向中国、韩国、日本和泰国。阿曼出口的非石油产品主要有纺织品、家畜、肉类产品、鱼类、矿产等。转口贸易也是阿曼外贸出口的一个重要项目。

近年来阿曼对消费品、工业设备和食品的需求不断增加，由于美元疲软，加之阿曼与主要贸易伙伴之间以美元结算，因此阿曼进口额不断增加。但是，2015 年初以来，石油价格持续走低，阿曼经济发展受到较大影响。国际货币基金组织于 2016 年 1 月 19 日在伦敦发布了《世界经济展望报告》。报告认为，随着美国退出异常宽松的货币政策，美元可能进一步升值，全球融资条件可能收紧，由于借贷成本高企和大宗商品价格下跌，许多以大宗商品出口为导向的经济体面临挑战。[①] 美国大选结果出炉后，特朗普的当选及其推行的国内刺激计划使美元渐次走强，阿曼的进口由于受到美元价格高位的压迫表现出购买力下降的趋势。

2000 年 11 月，阿曼加入世界贸易组织，作为履行 WTO 义务的一部分，阿曼已经着手放开服务业，外商可进入阿曼的计算机、银行、保险和金融等领域。除石油和铜矿的出口由国家垄断外，其他商品一律放开经营。2015 年，除中国外，阿曼最大的贸易伙伴是阿拉伯联合酋长国，它是阿曼最大的非石油产品出口的目的地国，同时也是最大的进口来源国。但是阿曼从阿联酋进口的产品并非阿联酋生产，其主要生产国是日本和西方发达国家，阿曼和阿联酋之间主要是转口贸易。日本是阿曼第二大进口来源国，在过去 10 年里，阿曼进口商品的 10%~15% 都来自日本，特别是日本的汽车制造业在阿曼的私人和商业消费市场占据了很大份额。英国也是阿曼重要的进口来源国，英国和美国是阿曼军事装备的供给国，贸易额不完全对外公布。

---

① 新华网，http://news.xinhuanet.com/world/2016-01/20/c_1117828216.htm。

1973 年，阿曼成立商业和行业协会（OCCI），代表私营企业的利益，支持私有化和制造业国有化，针对私人企业的要求发展教育。为了把阿曼的产品推到国际市场，吸引更多投资，该组织通过贸易活动和其他国家建立了牢固的经贸使团关系，成为许多欧洲和阿拉伯联合行会的成员。2014 年，阿曼商业和行业协会与欧盟一同举办了"经济蓝图"研讨会，探索海运、船舶以及物流领域的机遇。截至 2015 年，商业和行业协会有 24 万多个不同类型和层次的公司会员，包括本地商业、咨询公司、跨国公司等。① 它为阿曼经济发展、吸引外资和促进交流合作做出了贡献。

阿曼投资促进和出口发展总局（ITHRAA）（原投资促进与出口发展中心，PAIPED）是根据第 52/2011 号皇家谕令，于 2011 年 3 月 27 日成立的一个独立的政府部门，主要职能是规划政府的投资出口战略，并提供相关具体建议。阿曼投资促进和出口发展总局坚定地鼓励私营部门在非石化领域扩大出口和在国际投资中加强参与，同时把阿曼的商贸平衡和经济多元化视为高于一切的目标。②

中国与阿曼经贸关系密切，中国自 2003 年起成为阿曼的第一大石油进口国，其次是日本、泰国和新加坡。③ 自 2002 年起，中国与阿曼的贸易保持逆差。2013 年，阿曼共出口 3.042 亿桶原油，其中大约 1.808 亿桶出口中国；2015 年，中国从阿曼进口原油 3207 万吨，同比增长 7.4%；2016 年上半年，中国继续在阿曼原油主要进口国中保持领头羊地位，从阿曼进口原油 1.2018 亿桶，占比高达 73.03%。④ 为了拓展经贸关系，阿曼与中国签署了防止双重征税协议。

两国经贸合作发展顺利。2015 年，双边贸易额达 172 亿美元，其中中方出口 21 亿美元，进口 151 亿美元，同比分别下降 33.5%、增加

① Sultanate of Oman Ministry of Information, *Oman 2015*, pp. 282 – 283.
② Sultanate of Oman Ministry of Information, *Oman 2015*, p. 83.
③ Muhamad S. Olimat, *China and the Middle East Since World War II*, Lexington Books, 2014, p. 165.
④ 中国石油新闻中心，http://news.cnpc.com.cn/system/2016/07/29/001602924.shtml。

1.4%、下降 36.5%。其中,中方出口主要为机电产品、钢铁及其制品、高新技术产品、纺织品等;进口主要为原油。[①] 2016 年 3 月 22 日,中国－阿曼经济、贸易和技术合作联合委员会第八次会议在阿曼首都马斯喀特举行,中国商务部副部长钱克明与阿曼商工部次大臣迪布共同主持会议,并签署了会议纪要。中国驻阿曼大使馆经济参赞处表示,双方就加强两国在贸易、投融资、基础设施、人员培训、产业园区、物流和渔业等领域合作交换了意见。近年来,中国与阿曼经贸关系取得长足发展,目前阿曼已成为中国在中东地区的第四大贸易伙伴。[②]

三 外国资本与外国援助

阿曼政府意识到吸引外资对国家经济发展的重要性,为了补充本国建设资金不足,阿曼政府采取多种措施积极争取外国贷款和赠款,也非常重视和鼓励引进外国直接投资。为了给当地和国际投资者营造更好的经济环境,阿曼制定了一系列政策和法规,并对《商业法》《商务代理法》《公司所得税法》《公司法》《外国投资法》等做了重要的修订,同时起草了有关金融证券的法律,为海外公司前来创办企业提供了便利条件,使外国投资者有权在经济的任何领域投资。阿曼政府提倡自由竞争,对各国贸易不强求一律,除石油和铜的出口由国家垄断外,其余产品一律放开经营。这种宽松的自由贸易政策和环境,为各国与阿曼开展经贸合作提供了良好的条件。加入 WTO 后,阿曼采取了一系列措施,颁布了《知识产权法》《商品法》《著作权法》等,并进一步放宽了对外国投资的限制。

阿曼有吸引外资的条件:优越的战略位置,稳定的政治环境,以市场为导向的政策,政府向投资者提供的许多激励措施。如物价稳定,自1992 年以来通货膨胀率一直保持低水平;货币稳定,可自由兑换,没有外汇兑换限制;对部分外国产权的工业和旅游业项目提供长期无息贷款;

---

① 中华人民共和国外交部网站,http://wcm.fmprc.gov.cn/pub/chn/gxh/cgb/zcgmzysx/yz/1206_ 1/1206x1/t6217.htm。

② 新华网,http://news.xinhuanet.com/world/2016－03/22/c_ 1118409843.htm。

阿曼产品进入其他海湾国家无关税等。政府为了实现国家财政收入多样化和鼓励私营企业发展，实行多种优惠政策，对阿曼投资商采取简化程序、扩大外商投资的权限等措施，保障外国投资者的合法利益。现在阿曼政治环境稳定，经济政策灵活，良好的投资环境吸引了众多投资者。

英国和其他海湾国家是阿曼的主要投资国，外资主要投向油气开采业和金融业。从 1970 年到 1985 年底，阿曼共吸收外资 2300 万阿曼里亚尔。截至 1989 年底，本国公司和外国公司在阿曼的投资总额为 1.9 亿阿曼里亚尔，其中外国投资公司投资额为 0.76 亿阿曼里亚尔，占投资总额的 40%。

由于英国与阿曼的特殊关系，近年来英国给予阿曼一些援助，阿联酋等一些阿拉伯国家参加的阿拉伯援助组织也给阿曼提供了一些软贷款。为了促进与其他国家的投资合作，阿曼政府先后与 22 个国家签订了 34 个关于促进和保护合资企业的协议。截至 2012 年初，英国仍为阿曼最大投资国，累计投资 59.48 亿美元（38.7%），其次为阿联酋（22.90 亿美元，16.6%）；其他主要投资国还有美国（13.45 亿美元，8.8%）、印度（6.16 亿美元，4.0%）、科威特（5.93 亿美元，3.9%）、巴林（5.50 亿美元，3.6%）、卡塔尔（4.44 亿美元，2.9%）和毛里求斯（3.88 亿美元，2.5%）。

2001～2007 年，国际油价飙涨。阿曼政府通过制定相关政策以鼓励外国直接投资，这些措施中最关键的是允许外资拥有 100% 的所有权、低息软贷款和简便的偿还选择、免除土地税和进口设备关税、减免原材料进口关税、不设个人收入税、企业税最多可免 10 年、资本全部回流的自由、通过出口保证和信贷代理可获得净力和信贷担保。阿曼政府还设立了联系政府所有部门的单一窗口来办理各种相关业务和执行系统流程。阿曼在 2001 年、2002 年、2003 年吸引的外国直接投资（FDI）分别为 8300 万美元、2400 万美元和 1.38 亿美元。截至 2006 年底，外资在阿曼的投资累计达到 59.97 亿里亚尔。其中，89% 是 FDI，为 22.6 亿阿曼里亚尔，来自 56 个国家；英国是 FDI 的主要来源，达到 6.53 亿阿曼里亚尔，主要投在石油、金融和建筑领域。

2012 年，阿曼统计与信息中心发布的数据显示，FDI 为 14.81 亿美元，比 2011 年的 10.5 亿美元增长 41%；FDI 存量达 168.48 亿美元，比

2011 年的 153.66 亿美元增长 9.6%。2012 年，阿曼吸收的外国直接投资分布的行业及存量为：油气勘探业，79.78 亿美元（46.4%），制造业，34.90 亿美元（18.3%）；金融（中介）服务业，23.78 亿美元（15.5%）；房地产业，10.31 亿美元（6.7%）；贸易业，5.17 亿美元（3.4%）；运输、仓储与通信业，4.68 亿美元（3.1%）；建筑业，4.61 亿美元（2.7%）；酒店业，2.37 亿美元（1.5%）；水电业，1.7 亿美元（1.2%）。联合国贸易发展会议 2013 年报告显示，阿曼当年吸引的外国直接投资达 16.2 亿美元，比 2012 年增长 56%。[①]

由美国传统基金会与《华尔街日报》共同编制的"2014 经济自由度指数"排名显示，阿曼在全球排第 48 位，在中东北非排第 6 位，在海湾六国中排第 4 位。[②] 此外，据阿曼官方英文报纸《观察家报》消息，在世界银行《2017 年全球商业环境报告》的创业手续简便度排名中，阿曼的排名从第 159 位上升到第 32 位，在海湾地区排名第 1；在营商便利度排名中，阿曼从第 69 名上升到第 66 名。阿曼这两项排名的大幅提升，很大程度上归功于 2015 年实施了以下措施：推出便利投资一站式在线服务窗口、取消企业合并三个月内必须支付一定费用的要求、提高企业员工注册手续效率等。[③] 阿曼投资环境的改善与提升，必然能够在未来吸引更多的投资者前来投资。

阿曼官方不公布其外债数额，但根据美国中央情报局的统计数据，2015 年初阿曼外债总额为 106.6 亿美元，2016 年初达到 129.4 亿美元[④]，2015 年外债总额占国民生产总值的比重达到 18.42%。但是阿曼从未有拖欠偿还外债或更改分期偿还贷款时间的情况，即使在 1998 年石油价格暴跌的情况下，阿曼的偿债率仍上升近 20%。这使阿曼在国际资本市场赢得信誉。国际信用等级机构"标准普尔公司"（Standard & Poors）对阿曼的长期贷款评级为"BBB +"，前景为"稳定"。

---

① 中华人民共和国商务部网站，http：//www.mofcom.gov.cn。

② The Walls street Journal，http：//wall – street.com/.

③ Oman Observer，http：//omanobserver.om/.

④ Central Intelligence Agency，The World Factbook，"Oman"，https：//www.cia.gov/library/publications/the – world – factbook/geos/mu.html.

第五章

军　事

第一节　概　述

一　国防体制

1996 年 12 月，根据皇家谕令颁布的《国家基本法》，阿曼成立国防委员会，2011 年的基本法修正案没有对国防委员会的组成及架构进行修改。国防委员会是全国武装部队的最高军事机关，卡布斯苏丹身兼数职，分别为武装部队最高统帅、国防委员会主席、国防大臣、国内安全机构的首脑。国防委员会成员有皇家宫庭大臣、警务和海关总检察长、国家安全部部长、陆军司令、海军司令、空军司令和皇家卫队司令等 9 人。国防委员会的主要职责有二：一是保证阿曼苏丹的安全与国防，类似于美国政府的国家安全委员会，对政府部门内部的合作起调解作用，为国家安全和国防政策提供建议；二是如果王室委员会不同意现苏丹继承者，他们可以挑选其他皇室人员。

国防委员会在苏丹的召集下审议与阿曼安全防务相关的事宜。《国家基本法》规定，苏丹职位一旦空缺，王室委员会应在 3 天之内确定苏丹继承人。如果王室委员会在法定的时间内没有选出合适的人选担任苏丹职务，国防委员会有权让原苏丹给王室委员会信中所指定的人为苏丹。国防委员会的会议主持者为委员中职位最高者，如果职位级别相同，则选长者主持。会议至少在 2/3 成员出席的情况下才具有法律效力。在苏丹继承人未选定之时，国防委员会不能闭会。苏丹的就职必须在阿曼委员会和国防委员会的联席会议上进行。

国家安全委员会负责评估和发布有关国家安全的所有事项，卡布斯苏丹任主席，该委员会在皇室办公厅的框架下召开会议。阿曼国家安全委员会的成员除苏丹外，还包括警察和海关署长、内部安全职责部门的领导、阿曼军队总参谋长、交通及联络部主席；在特殊情况下，国家安全委员会会议还会邀请其他部门的领导出席。此外，国家安全委员会的秘书长从皇室办公厅成员中任命。[①]

国防部由国防事务部、总参谋部、测量监督部、秘书处等部门组成，主要负责制订行政计划、购买武器装备、组织干部培训和实施军事工程等国防建设和行政性事务。卡布斯苏丹任武装力量最高统帅并兼任国防大臣，巴德尔·本·萨乌德·本·哈利卜·布赛义迪任国防事务主管大臣，艾哈迈德·本·哈里斯·纳卜哈尼中将任总参谋长。阿曼是海合会成员国，在军事防御方面与该组织其他成员国相互协调。[②]

二　国防服务机构

1. 国防工程服务部

国防工程服务部的主要职责是为政府建设项目规划蓝图并监控其实施过程。同时，它还向武装部队的建筑项目提供施工支持，包括水、电和排污设施的维修。国防部预先确定国防工程服务部承担项目的基本建设和维修标准，包括电力和机械维修，武装部队军营以及基地的公路维修，援助军事演习等。

2. 国家测绘局

国家测绘局成立于1984年，是阿曼的政府机构之一，负责测绘军用和民用地图以及对阿曼全景进行航空摄像等事宜。此外，国家测绘局还负责制定地形测量标准，管理国家地理档案，提供航空表、飞行图和地貌信息。其专业人员必须具备卫星测绘系统的精确定位等专业技能。

① Sultanate of Oman Ministry of Information, *Oman 2015*, pp. 72–73.
② 中华人民共和国驻阿曼苏丹国大使馆网站，http://om.chineseembassy.org/chn/zjam/amgk/。

3. 思想指导部

思想指导部隶属于阿曼武装部队司令部，成立于 1974 年，主要职责是促进军事、社会教育，开展文化活动，出版军事文化杂志《阿曼军人》（出版月增刊和年度综合版）。思想指导部与阿曼新闻部合作为军队制作广播、电视节目，提供管弦乐演出，制作纪录片。思想指导部还举行宗教纪念活动以及文化和社会题材的报告，组织各种各样的课程辅导，如战争媒体以及战争心理等。此外，思想指导部还发行信息手册，并与军人服务理事会联系慰问受伤的军人。

4. 军人社会服务理事会

军人社会服务理事会主要为退役和现役军人提供社会福利，成立于 1972 年。军人社会服务理事会承诺为士兵及其家庭提供长期与临时住宿，为有困难的人员提供帮助和支持，并与防御抚恤基金部合作，向包括国防部、武装部队和阿曼皇家警卫队成员及其家属，有特殊需求的退役军人，在军事行动中受伤或死亡的军人家属在内的人员，烈士或退休军人家属在内的人员提供社会保障服务。

5. 阿曼军事博物馆

1988 年 12 月 11 日，卡布斯苏丹在贝特法拉吉城堡①主持了阿曼军事博物馆的落成典礼。该博物馆是展示阿曼军事历史的窗口，向人们展示了阿曼武装部队的发展史，表现了阿曼军队的历史和成就。博物馆中珍藏了许多模型、图片和相关文献，这些文献资料向人们阐释了历史事件以及武器和军队在几个世纪以来所发挥的作用。

三　国防预算

佐法尔战争（1970～1975 年）期间，阿曼军事预算迅速增长。军费开支从 1970 年的 1.23 亿美元（占 GDP 的 15.2%）增加到 1971 年的 1.44 亿美元（占 GDP 的 15.9%），1972 年为 2.42 亿美元（占 GDP 的 25%），1973 年为 3.66 亿美元（占 GDP 的 37.5%），1974 年略有下降，为 2.83 亿美元

---

① 城堡建于 19 世纪初期，当时是阿曼苏丹赛义德陛下的避暑之所。

（占 GDP 的 28.3%），1975 年又增加到 6.45 亿美元（占 GDP 的 40.9%）。[1]

　　1976 年以后，军事花费继续呈上升势头。两伊战争期间，阿曼军费从 1980 年的 11 亿美元增加到 1985 年的 19 亿美元。海湾战争结束以后，军费开支略有下降。20 世纪 90 年代以来，由于全球油价下跌，阿曼各个领域的费用都在削减。以国防开支为例，1995 年阿曼国防开支为 15.9 亿美元。为了解决军费问题，阿曼通过海合会从沙特阿拉伯得到了 10 亿美元的抵押贷款。1970 年以来，国防部从英国获得了 10 亿美元的物资，后来从其他国家获得数额不等的援助：德国，4.5 亿美元；美国，1.3 亿美元；法国，0.4 亿美元；意大利，1000 万美元；中国，500 万美元。[2]

　　进入 21 世纪，随着阿曼石油收入的增加，国防预算数额也比以前增大。2011 年阿曼的国防开支约为 70.78 亿美元，占 GDP 的 6.13%。2012～2015 的国防开支分别为 126.14 亿美元、118.07 亿美元、109.51 亿美元和 98.43 亿美元；[3] 其中，2012～2014 年国防开支占 GDP 的比重分别为 8.61%、15% 和 11.8%。[4]

第二节　军种与兵种[5]

　　阿曼武装力量总兵力为 4.35 万人，其中陆军 2.5 万人，海军 4200 人，空军 4100 人，皇家卫队 6500 人（包括苏丹特种部队 1000 人），部落

① United States Agency for Arms Control and Disarmament, *World Military Expenditures and Arms Transfers 1970 - 1979*, Washington, D. C.：Government Printing Office, 1980, p. 71.

② Calvin H. Allen, *W. Lynn Rigsbee II, Oman under Qaboos：From Coup to Constitution, 1970 - 1996*, London：Frank Cass, 2000, p. 94.

③ Trading Economics, http：//zh. tradingeconomics. com/oman/military - expenditure.

④ Central Intelligence Agency, The World Factbook, "Oman," https：//www. cia. gov/library/publications/the - world - factbook/geos/mu. html.

⑤ The Millitary Balance, 2008, *The international Institute for Strategic Studies*, pp. 257—258; Global Security, http：//www. globalsecurity. org/military/world/gulf/oman - army - equip. htm；本部分资料由审读专家赵国忠研究员提供，谨致谢忱。

和民兵武装 4400 人。①

阿曼武装力量相对弱小，但现代化、信息化程度较高，武器装备比较先进，有保卫国土的能力。根据 2016 年"全球火力网"（global fire power）的统计，阿曼军力在全球统计的 126 个国家中排第 77 位，在中东地区排第 11 位②。

一 陆军

阿曼陆军兵力为 25000 人，编成 1 个装甲旅、2 个装甲团（每团下辖 3 个坦克连）、1 个装甲侦察团（下辖 3 个装甲侦察连）、2 个步兵旅旅部、8 个步兵团、1 个步兵侦察团（下辖 3 个侦察连）、1 个空降团、1 个中型炮兵团（下辖 2 个中型炮兵连）、2 个野战炮兵团、1 个防空团（下辖 2 个防空连）、1 个野战工兵团（下辖 3 个野战工兵连）和 1 个独立步枪连（治安部队）。

陆军装备有：

主战坦克 117 辆。其中英制"挑战者" 2 型坦克 38 辆，美制 M - 60A1 型坦克 6 辆，M - 60A3 型坦克 73 辆。

轻型坦克 37 辆（英制"蝎"式）。

装甲侦察车 137 辆。其中"苏尔坦"式 13 辆，法制 VBL 型 124 辆。

装甲人员输送车 206 辆。其中英制"斯巴达人"FV103 型 6 辆，英制"突击队员"FV4333 型 10 辆，法制"剪刀鱼" 175 辆，英制"撒克逊"AT - 105 型 15 辆。

火炮 233 门。其中 G - 6 型 155 毫米自行火炮 24 门、105 毫米牵引炮 42 门，D - 30 型 122 毫米炮 30 门，M - 46 型 130 毫米炮 12 门，59 式 1 型 130 毫米炮 12 门，FH - 70 型 155 毫米炮 12 门，迫击炮 101 门（其中 81 毫米炮 69 门，M - 30 型 107 毫米炮 20 门，"布朗德" 120 毫米炮 12 门）。

---

① 中华人民共和国驻阿曼苏丹国大使馆网站，http：//om. chineseembassy. org/chn/zjam/ amgk/。

② Global Fire Power, http：//www. globalfirepower. com/country - military - strength - detail. asp? country_ id = oman.

反坦克导弹：美制"陶"式反坦克导弹自行发射架 8 部，法制"米兰"式 32 部，美制"陶"式／"陶" - 2A 型 18 部；此外，还有 RPG - 7 型 73 毫米火箭筒和"劳" - 80 型 94 毫米火箭筒。

防空导弹 54 枚。其中法制"西北风"自行地空导弹发射架若干部，英制"轻标枪"地空导弹 20 枚，苏制 SA - 7 型"杯盘"地空导弹 34 枚。

高射炮 26 门。其中 ZU - 23 - 2 型 23 毫米高射炮 4 门，35 毫米高射炮 10 门，40 毫米高射炮 12 门。

二　海军

海军兵力 4200 人，有各型舰艇 24 艘。主要有：

护卫舰 3 艘（哈里夫级，英国 BAE 系统公司建造）。每艘装备法制"飞鱼"MM - 40 型舰舰导弹 2 组 8 部发射架、324 毫米 3 联鱼雷发射管 2 套（6 个）、法制"响尾蛇"地空导弹 16 枚、76 毫米火炮 1 门，还有一个"大山猫"直升机停机平台。

巡逻舰 11 艘。其中"佐法尔"级导弹艇 4 艘（每艘装备"飞鱼"MM - 40 型舰舰导弹发射架 6~8 部），"艾尔·布希拉"级（法国 P - 400 型）海岸巡逻艇 3 艘（每艘装备 406 毫米鱼雷发射管 4 个、76 毫米火炮 1 门），"西卜"级（英国制）近海巡逻艇 4 艘（吃水约 100 吨）。

登陆舰艇 5 艘。其中"纳斯尔·巴赫尔"号坦克登陆舰 1 艘（可载坦克 7 辆、士兵 240 名，有直升机停机甲板），多用途登陆舰 1 艘，中型登陆舰 3 艘。

后勤支援舰艇 6 艘。其中"艾尔·苏尔坦纳"号货船 1 艘，水文测量船 1 艘，"赛义德"号皇家游舰 1 艘，皇家独桅三角帆船 1 艘，"艾尔·马卜鲁卡"号训练舰 1 艘（有直升机停机甲板，可执行近海巡逻任务），支援舰 1 艘（在皇家游艇出航时执行护航任务）。

阿曼皇家海军"阿曼青年"（REOV Shabab Oman）号是海军训练船，在塑造阿曼国家形象过程中做出了杰出的贡献。该船自 1979 年投入使用以来，曾多次参加"高桅帆船环游世界"活动。这条雄伟、威严的帆船共航行 75 万英里，访问过世界上 140 多个港口，让世界人民了解了阿曼文化和阿曼人民，提高了阿曼对外交往的软实力。"阿曼青年"号在国际竞赛中多次获得冠军，在丹麦的埃斯比约市（Esbjerg）连续三次荣获国际友谊杯。

海军基地有：西卜的穆尔塔法伊（Muaskar al Murtafaia，海军司令部所在地），埃尔维（Alwi），乌达姆·萨希勒（Wudamas Sahil，迈斯奈阿以西20公里），加纳姆岛（Ghanam Island，阿曼北端），穆桑达姆，塞拉莱。

三 空军

空军兵力约4100人，作战飞机64架，编成4个战斗机中队、3个运输机中队、2个直升机运输中队和1个教练机中队，此外还有2个防空中队。

空军装备有：

战斗机52架。其中美制 F－16C/D 型"战鸟"战斗机12架（编成1个中队），英制"美洲虎"OS型（单座）战斗机20架、OB型（双座）战斗机4架（共编成2个中队），美制"鹰"MK103 型战斗机4架、MK203型战斗机12架（共编成1个中队）。此外，英国 BAE 系统公司将在2017年底向阿曼交付12架"台风"战斗机（编成1个中队）。

运输机16架。其中 BAC－111 型运输机3架（编成1个中队），美制 C－130H "大力士"运输机3架（编成1个中队），英制 SC－7 "空中货车"运输机10架（编成1个中队）。

教练机26架。其中英制 AS－202 型"暴徒"教练机4架，MF1－17B 型教练机8架，瑞士制 PC－9 教练机12架，SF－25 型教练机2架（共编成1个中队）。此外，英国 BAE 系统公司将在2017年底向阿曼交付8架"鹰"式教练机。

直升机41架。其中美制 AB－205（贝尔205）型"喷气漫游者"直升机19架（将更新为 NH－90 型20架），美制 AB－212（贝尔212）型直升机3架，英制"大山猫"MK300 型直升机16架（共编成2个中队）。

空空导弹有美制"响尾蛇"AIM－9LM 型和美制"阿姆拉姆"AIM－120C 型。

空地导弹有美制"鱼叉"AGM－84D 型空舰导弹（20枚）和美制

"小牛" AGM - 65 型空地导弹。

此外，阿曼空军还有 2 个防空中队，装备有英制"轻剑"地空导弹 40 枚，英制"盲射"（Blindfire）雷达 6 部和英制 S713 型"圆堡"（Martello）机动雷达。

阿曼国内有 5 个空军基地，即马西拉、西卜、塞拉莱、苏姆赖特（Thumrait）和海塞卜（Khasab）。马西拉空军基地原为英空军飞机中转加油站，现在设有一所空军飞行学校，驻扎有一个"美洲虎式"战斗机中队、一个"轻剑式"防空导弹中队、一座雷达监控站和教练机。美国经阿曼同意，已将此基地扩建为美国司令部在巴林的第五舰队和快速反应部队的军械供应站、飞机维修基地和通信中心。西卜空军基地位于阿曼北部，机场为军民两用，设有阿曼空军技术训练学校和伞兵学校。苏姆赖特空军基地位于阿曼南部，是一个进攻型的空军基地。海塞卜位于阿曼北部的穆桑达姆省首府，有一个军民两用机场，经过扩建，可停降 C - 130 型运输机和"美洲虎"式战斗机等。塞拉莱空军基地位于阿曼南部，负责军事设备和物质的运输，担负运送边防部队的任务，塞拉莱机场为军民两用机场。BAC - 111 运输机和 C - 130 运输机不仅为阿曼军队服务，还为阿曼政府、市民服务。由皇家空军导航的"飞行博士"服务于那些经由陆路难以进入的地区。直升机可以随叫随到，处理紧急事故或进行自然灾害救助以及搜救工作。

四　皇家卫队

阿曼皇家卫队是军队中的精英，其前身是在 1973 年组建的阿曼皇家警卫团。阿曼皇家卫队是阿曼现代化军事系统的一个重要组成部分，具有高水平的作战能力，具备作战和仪仗功能，在体育竞赛和军事操练中进行演习和竞技，主要职责是保护卡布斯苏丹和皇族以及外宾的安全。1981 年 2 月，卡布斯苏丹发布命令，将警卫营扩编为"苏丹警卫旅"，1987 年 11 月正式命名为"阿曼皇家卫队"。

阿曼皇家卫队包括皇家卫队旅、特种部队、皇家战舰中队和皇家飞机中队。皇家卫队旅和特种部队都是阿曼皇家卫队的重要组成部分。皇家卫队旅一共 5500 人，配备有轻坦克、装甲车和地对空导弹。特种部队团包括 1000 人，皇家舰艇中队和皇家飞行中队。从兵种上说，皇家卫队包括步兵、装甲兵、坦克兵、防空兵、炮兵等，又有仪仗队和其他管理、技术和教育机构。现代体制和装备以及教育、技术、管理系统都进一步加强了皇家卫队的行动能力。

阿曼皇家卫队正在改进和加强其现代化作战能力，购进新式武器和更新设备，加紧训练和战备。皇家技术学院的毕业生成为阿曼军人中的精英，2001 年 6 月，学院获得英国技术教育委员会授予的优秀证书。

皇家卫队拥有阿曼皇家交响乐团和军乐队，皇家卫队的自由降落式跳伞队可以进行精彩的跳伞表演。卡布斯苏丹还亲自为皇家卫队设计了三种制服：红色的普通士兵制服，绿色的军乐队制服，皇家卫队参加盛大庆典时穿的黑色制服。

皇家卫队兵力为 6500 人（包括司令部参谋人员），其组成情况是：

（1）特种部队 2 个团，约 1000 人。

（2）皇家卫队旅约 5500 人，装备包括：装甲人员输送车 73 辆（其中 92 式约 50 辆，VABVC1 型 14 辆，VABVDAA 型 9 辆）；90A 式 122 毫米多管火箭炮 6 门，英制"轻标枪"地空导弹 14 枚和法制"米兰"反坦克导弹若干枚。

（3）皇家游艇中队 150 人。装备包括：皇家帆船（Zinat Al Bihaar 号）1 艘，皇家游艇 1 艘（有直升机停机甲板），运输舰 1 艘（Fulk Al Salamah），法制"超级美洲虎"AS – 332C 型运输直升机 2 架。

（4）皇家飞机中队 250 人，装备包括：运输机 5 架［其中 B – 747SP 型 2 架，DC – 8 – 73CF 型 1 架，"湾流"（guifstream）IV 型 2 架］，运输直升机 6 架（其中 AS – 330"美洲虎"3 架，AS – 332F"超级美洲虎"2 架，AS – 332L"超级美洲虎"1 架）。

五　准军事部队

1. 阿曼皇家警察（ROP）

阿曼皇家警察创建于 1970 年，是独立于国防和内政部的单一实体，

负责维持全阿曼的治安。1967 年，阿曼只有 17 名警察，1970 年增至 109
人，2005 年大约有 9000 人。阿曼警察队伍中大学生和研究生占有很大比
例，他们的职责是办理诸如指纹登记、犯罪记录、入境签证、居留许可、
驾车执照、个人身份证、护照、海关手续等。阿曼皇家警察有 5 个部门：
交通局、行动局、咨询与刑事调查局、民防局和消防服务局。此外，阿曼
皇家警察还从事沿海与内陆的巡逻活动。阿曼皇家警察的总部设在马斯喀
特，在全国有 8 个分署，分别是马斯喀特省警署、佐法尔省警署、穆桑达
姆省警署、巴提纳区警署、扎希拉省警署、内地省警署、东部省警署、中
部省警署等。阿曼皇家警察还有许多专业部门：行动总署、刑侦调查总
署、护照和居民留学总署、交通总署、海关总署、民政保卫总署、机场安
全总署、检查总署、项目和维修总署、负责保护重要设施和外交机构的特
别行动队、救护车队、海岸卫队、骑警队、空中警队、医疗机构、音乐机
构、公共关系总署、社会服务总署和体育队等。阿曼皇家警察与阿曼皇家
军队、阿曼皇家海军、阿曼皇家空军、阿曼皇家卫队在某种程度上保持一
种有限的默契合作。

　　阿曼皇家警察学院（ROPAN）建于 1980 年，是负责皇家警察训练的高
等学府。2000 年 7 月，阿曼皇室发布命令，将皇家科学院更名为苏丹卡布
斯警察学院。法律和警察科学专业的毕业生，学院授予其学士学位；早期
毕业生学院授予其警察学科方面的毕业文凭。2002 年，学院共有 12 批毕业
生完成学业。2002 年，学院有两批学生按 BA 课程注册入学，第一批有学生
66 名，第二批有 57 名，其中有 7 名来自海合会成员国和也门。阿曼皇家警
察官员将获得更高级的证书，申请入学的人员应当持有理科或文科毕业证
书复印件，体格方面要适应并能通过学院入学测试训练。学院的课程以累
计学时制为基础，学制 4 年，分为多个学期。按照法律、警察实践以及其
他科目，学生接受助学金，毕业生的警衔为少尉，获得法律和警察科学方
向的学士学位。拥有大学资格的新兵在警察实践中训练两年多，取得警察
学科的文凭。学院特别重视对学员的训练，近年来女性成员大大增加。阿
曼全国各地都有阿曼皇家警察的司令部，以维持全国的安全。

　　1991 年以来，阿曼逐步地推行行政人员的阿曼化。经过培训之后，

本土的阿曼人被指派到全国各地承担重任，以获取专业技能，并逐步在全国范围内取代外籍人员。

2. 情报安全部门

卡布斯上台后，阿曼情报安全部门发生了一些重大的变动。赛义德时期，阿曼情报部门是阿曼皇家空军的一部分。1974 年，阿曼情报安全部门成为独立的机构，名字也改为阿曼研究部，向王宫办公厅负责安全情报的报告工作。阿曼情报安全部门的官员在赛义德时期以英国人居多，英国人成为阿曼情报机构的核心，现在情报部门中阿曼人增多。阿曼情报工作以前的重点是军事情报，1974 年以后主要关注政府官员的贪污腐败、经济发展中存在的问题以及宗教极端主义分子的活动。

3. 骑警队

主要在现代化交通工具难以到达的地方从事警务工作，骑警队的交通工具是马和骆驼。

4. 海岸警察卫队

位于马特拉苏丹卡布斯港的警察海岸警卫部队是阿曼皇家警察最重要的部门，负责保卫 1700 公里的海岸线，防止非法移民和走私，并且对海上遇险者提供救助。2002 年，该部队签订了购买现代化巡逻艇的合同，军队海上救援队对呼救的反应已经极为迅速，逐渐向国际水准靠拢。

负责守卫阿曼苏丹国长达 1700 公里的海岸线，在海上进行巡逻，防范非法移民和走私活动，并在天气不好的情况下协助航海工作。海岸警察卫队约有 400 人，装备有各型巡逻艇 52 艘。

5. 空警联队

警察航空指挥部在发生自然灾害的情况下对求救做出响应，并对国境内的海上、山上或发大水地方的人员提供帮助和救援服务，负责运送医疗队和救援队，并提供"空中医生"救护服务。其航空援救作业采用最先进的技术装备，有多架直升机和旅客运输机。

负责医疗和救援小组的运输工作，并为飞行人员提供紧急医疗服务。自然灾害期间，空警联队还为洪灾地区的遇难者提供救援服务。空警联队拥有运输机 4 架（其中英制 BN－2T "岛民"式 1 架、CN－235M 型 2 架，

DO－228 型 1 架）、直升机 5 架（其中贝尔 205A 型 2 架、AB－214ST 型 3
架）。

6. 治安部队

治安部队指的是成立于 1981 年的南部"乡村治安部队"和 1983 年的
北部"穆桑达姆治安部队"，成员来自阿曼本土，主要职责是稳定当地的
社会秩序。

7. 国民卫队（Firqat）

1970 年，阿曼国民卫队在塞拉莱附近成立，主要任务是协助正规军
维护国家南部社会治安。国民卫队人数由开始的数百人发展到 5000 人，
主要成员来自佐法尔人，其中包括佐法尔战争中的投诚人员。国民卫队的
基本单位是队，每队约 100 人。

8. 陆军预备役部队

1981 年 9 月，卡布斯发布诏令建立陆军预备役部队。11 月，陆军预
备役部队正式成立，隶属国防部。预备役部队入伍人员必须是服役 5 年以
上且正常复员的陆军士兵和军官，士兵年龄不得超过 35 岁，军官年龄不
得超过 45 岁，自愿报名参加。陆军预备役部队由数千人组成，每年集训
两星期，领取 300 里亚尔的报酬。受训期间，预备役士兵保留所在单位的
职务和工资，并领取各种补贴。

第三节　军事训练

一　军事人员阿曼化

长期以来，外籍人员在阿曼军队中占有很大比例，几乎垄断了军队高
层的领导权。卡布斯执政后意识到这一问题的严重性，开始在"信仰安
拉，忠诚于苏丹卡布斯，坚决保卫国家"的信条指导下对军队进行改造，
培养本国军事人才，逐步实现军队和警察系统的本土化。

海湾国家由于国小力薄，外籍雇佣兵在军队中占有较大的份额，如卡

塔尔军队中外籍军人占到 70%，阿联酋军队中外籍军人占到 30%～50%。① 阿曼也不例外，20 世纪 80 年代初，外籍军人在阿曼军队中十分普遍。英国人身居要职，总参谋长和陆海空三军司令均是英国人，团级以上的指挥官也多由英国人担任。英籍军事人员有 800 多人，其中 300 多人是委派的，400 多人为合同雇佣。国防部的 400 多名工作人员中，英国人占了 46%，达 180 人。此外，还有来自巴基斯坦、印度、埃及、约旦等国的军事人员近 2000 名，其中巴基斯坦 1061 人（军官 19 人）、印度 262 人（军官 58 人）、约旦 25 人（军官 6 人）、埃及 10 人（军官 5 人）。②

卡布斯苏丹的军队阿曼化措施主要包括以下内容：第一，培养和提拔阿曼籍军事干部。阿曼下级军官由本国军事学院负责培养，中高级军官则派往国外，如英国、约旦、埃及和巴基斯坦等国深造。第二，建立军事学院和学校。阿曼陆续成立穆尔法特陆军训练中心，伊兹基炮兵学校、装甲兵学校、后勤学校，负责中下级士兵的专业技能训练。第三，卡布斯苏丹从巴基斯坦招募了 3 个俾路支团，并让士兵加入阿曼籍。

阿曼化开始于 20 世纪 80 年代初，英国人控制的高级军官逐渐由阿曼人代替。1982 年，陆军上校阿卜达尔·阿里姆（Abdal Alim）控制了马斯喀特团，哈马德·本·赛义德（Hamad Bin Sa'id）控制了北部阿曼旅。1980 年，哈米德·本·马纳（Hamid Bin Mana）担任苏丹军队的代理指挥官，1985 年被任命为正式指挥官。赛义德·本·拉希德·卡勒巴尼（Sa'id Bin Rashid Al‐Kalbani）成为阿曼第一个警察和海关检查长。但是，阿曼特种部队、皇家战舰中队和皇家飞行中队都处于英国军官的控制之下。20 世纪 90 年代，军队的阿曼化效果日益明显。阿曼的总参谋长和三军司令全部由阿曼人担任，旅长也多是阿曼人，阿曼已有一批优秀飞行员和许多军事科技人才。英国人在阿曼军队中已不担任要职，只是以顾问的身份发挥微弱作用。

① Anthony H. Cordesman, *After the Storm: The Changing Military Balance in the Middle East*, Boulder, C. O.: Westview Press, 1997, p. 273.
② 黄培昭、苏丽雅：《当代阿曼苏丹国社会与文化》，上海外语教育出版社，2003，第 104 页。

二 军事院校

阿曼的主要军事院校有：

卡布斯苏丹军事学院：主要培养阿曼陆军初级军官，招收高中毕业生为学员。

军官训练学校：培养阿曼陆军现职军官。

指挥参谋学院：为阿曼武装部队最高学府，培养阿曼中高级指挥官和参谋人员。1987 年 9 月，学院招收了第一批军官，学习期限为 10 个月，学习内容有参谋职责，军事训练以及社会学、政治地理学等。

后勤学校：培养阿曼陆军后勤军官。

卡布斯苏丹空军学院：负责培训阿曼空军军官和飞行员，要求毕业生具备全面的技术，能掌握维修飞机和电子仪器等复杂技术。

空军技术学院：培养阿曼空军技术军官和地勤人员。

空军指挥与控制学校：培养阿曼空军中级指挥官和参谋人员。

舰艇学校：培养阿曼海军舰艇指挥官和技术军官。

海军参谋学校：培养阿曼海军参谋人员，学校规模较小。

此外，还有陆军供给学校、鲁斯塔格伞兵学校、马西拉空军飞行训练学校、苏尔海军训练中心等。

三 军事体育和军乐队

体育是阿曼军事训练的基本组成部分，武装部队开展广泛的体育项目，并拥有各种运动设施。阿曼每年举行各种各样的体育竞赛活动，包括足球、篮球、曲棍球、游泳、田径、长跑和射击等各类比赛。武装部队的体育运动队包括国家射击队、皇家警卫红色头盔队、国家自由跳伞队。跳伞队除了执行各种既定任务之外，还参加各种各样的表演活动，已经代表阿曼参加过许多国际比赛，并取得优异成绩。2001 年，在阿曼与英国举行的国际军事锦标赛中，阿曼国家射击队取得优异成绩。阿曼空军的降落伞队参加了国际竞技，成绩突出。

阿曼皇家交响乐团和军乐团在其参加的大型活动中赢得了国际认可。

2003 年，阿曼陆军军乐团参加了在英国爱丁堡举行的比赛。2004 年 7 月，阿曼空军传统音乐团在英国举行了几场演出，并在英国广播公司三套播出。阿曼空军军乐团分别于 2001 年 9 月和 2002 年 5 月在荷兰和德国演出。阿曼是唯一能经常参加国际音乐大赛的阿拉伯国家。同时，皇家警卫队骑兵连配有矫健的阿拉伯纯种马，经常参加国内的各项活动，取得了显著成果。

第四节　对外军事关系

一　军火贸易

军火是利润丰厚的特殊商品，阿曼为此耗资巨大，国防开支的相当大部分用来购买军火。海湾战争结束以来的 10 年间，阿曼仅购买美国军火就花费了 9510 万美元。在海合会 6 国中，阿曼的国防开支并不大，但占 GDP 的比重却不小。2014 年，阿曼军费为 109.51 亿美元，占 GDP 的 11.8%。英、法、美等西方大国是阿曼的主要军火供应国。近年来阿曼的大宗武器进口情况如下：1993 年，阿曼与英国达成 2.27 亿美元的军火购买协议，英国向阿曼提供"挑战者"-2 坦克 36 辆、装甲修理车 4 辆、M706"突击队"型装甲车 4 辆、训练用坦克 2 辆。1994 年，阿曼从英国进口装甲车 80 辆。1996 年，从英国进口 VT-83 型快艇 2 艘。1997 年，从法国进口 VBL 装甲车 51 辆；同年 9 月，与英国 DERA 公司签约，出资 4000 万英镑，按"美洲虎"97 的标准对阿曼空军的 15 架"美洲虎"战斗机进行改造。1998 年 3 月，从英国 GKN 公司购买"剪刀鱼"-2 轻型装甲车 40 辆。1999 年，阿曼出资 1 亿多英镑，从英国维克斯防务公司购买 20 辆"挑战者"-2 主战坦克和 5 架美洲虎战斗机；同年 6 月，从英意阿兰尼亚-马可尼公司购买马特罗（Martell）713D 防空雷达，当月又向瑞士皮兰图斯公司订购 PC-9 涡轮教练机 12 架。1999 年，从英法马特拉航空动力公司购买"西北风"地对空导弹系统若干套。

2000 年 11 月，从英国阿尔维斯（Alvis）公司购买"剪刀鱼"装甲车（8×8）80 辆。2001 年 3 月 12 日，从美国雷神公司购买"陶"-2A

导弹若干枚。① 2002 年，阿曼正式与美国洛克希德·马丁公司签署 12 架 F16C/D BLOCK50 型战机［装备有 F110 – GE – 129 发动机和 AN/APG – 68（V）XM 雷达］合同。2005 年，阿曼向美国订购 3 艘巡逻艇。2010 年，阿曼向美国购入两架 C130J – 30 型运输机，总价值 5400 万美元。2011 年底，阿曼再次向美国购买 12 架 F16C/D BLOCK50 型战机及附属装备，总价值 6 亿美元。② 2012 年，阿曼同 BAE 签署 25 亿英镑合同，购买 12 架"台风"战斗机和 8 架"鹰"式教练机。③ 2013 年，阿曼空军与美国罗克韦尔柯林斯公司签订合同，升级现有的 C130 运输机。④

二　与英国的军事关系

历史上，阿曼曾是英国的殖民地。二战中，英国在阿曼的塞拉莱、马西拉建立空军基地，并帮助建立和装备阿曼苏丹军队。为获取阿曼石油开采权，英国出兵帮助赛义德统一阿曼。

阿曼苏丹卡布斯·本·赛义德毕业于英国皇家军事学院，与英国有着不解之缘。1970 年他发动政变时曾得到英国的鼎力支持。1972 年 9 月和 1975 年 1 月，卡布斯苏丹两次访英，英国向阿曼派出军官并提供武器装备。在平息佐法尔叛乱期间，英国曾给予阿曼大量的人力、物力援助。由于这种特殊关系，阿曼军队的建军思想、治军理念、战略战术都与英军相近，阿曼军队内部和情报部门的许多工作人员也来自英国。1959 年，英国帮助阿曼组建了空军，许多飞行员和地勤人员都来自英国。

1970 年后，阿曼与英国的军事关系迅速发展。英国向阿曼苏丹军队提供人员和军事物质。佐法尔战争以后，两国的军事合作并没有减弱的势头。在阿曼 2 万多人的部队中，英国人有 3100 人。1985 年 6 月，两国签

---

① 王宏伟：《阿曼军火贸易》，《阿拉伯世界研究》2002 年第 2 期，第 31 页。
② 《阿曼空军频购英美先进战机，成海湾不可忽视力量》，中国新闻网，http：//www. chinanews. com/mil/2012/11 – 09/4316092. shtml。
③ 《英国军火商赢得阿曼 25 亿英镑战机合同》，和讯网，http：//news. hexun. com/2012 – 12 – 23/149370536. html。
④ "Rockwell Collins Selected for Oman C – 130 Upgrade," http：//www. defencetalk. com/rockwell-collins – selected – for – oman – c – 130 – upgrade – 47542/。

署了军事合作协议。1986 年 11 月，两国各出兵 1 万人，举行了代号为"快剑行动"的陆海空联合军事演习。[①] 1990～1991 年的海湾危机期间，阿曼允许英军使用其空军基地。

阿英两国还经常进行联合军事演习，以协调作战能力。2001 年 10 月 8 日，英国与阿曼进行了为期 11 天的"快剑行动－2"联合军事演习，参加人数为 4 万人，是 1981 年以来英军在海外举行的最大规模的军事演习，这次演习客观上也成了英国先进武器的演练场。为争取阿拉伯世界支持美英打击在阿富汗的恐怖主义目标而出访中东的英国首相布莱尔在 2001 年 10 月 10 日视察了驻扎在阿曼的英国部队。2013 年 10 月，随着海湾局势因伊朗核问题再度紧张，阿曼与英国举行了为期 10 天的海上联合军事演习，演练了水陆两栖登陆等攻击性科目。[②]

三　与美国的军事关系

随着军队阿曼化和美国、法国、海合会和印度参与中东事务，英国的影响日益减弱。1975 年以来，美国开始供应阿曼武器装备。同年，卡布斯苏丹访问美国，同美国签署一项军事协定，美国向阿曼提供援助，阿曼允许美国使用马西拉岛上的英国军事基地。此后，美国向阿曼提供了反坦克导弹和舰艇等武器装备。

1979 年苏联入侵阿富汗以及伊朗的伊斯兰革命等事件迫使阿曼制定了"联美抗苏"战略。1980 年 3 月，阿曼外交事务主管大臣阿拉维访美。同年 6 月 5 日，双方签订了《军事合作协定》，协定规定：阿曼同意美国使用某些机场和港口设施；不在阿曼建立军事基地；不在阿曼驻扎军队；美国提供 3 亿美元贷款，帮助阿曼扩建空军基地，计划 5 年完成，两国每年举行小型联合军事演习。1990 年 12 月 1 日，两国同意将《军事合作协定》延长 10 年，援助基金提高到每年 2000 万美元。阿曼与美国在防务合

---

① 黄培昭、苏丽雅：《当代阿曼苏丹国社会与文化》，上海外语教育出版社，2003，第 93 页。

② 《阿曼与英国举行海上联合军演》，新华网，http：//news. xinhuanet. com/2013 - 10/23/ c_ 117827326. htm。

作与交流方面的关系也不断升温，美国也借兜售军火的机会扩大它在中东的势力范围。1980年6月，美国通过向阿曼出售包括最新式战斗机在内的武器交易，取得了对马西拉、西卜和苏姆赖特空军基地以及马斯喀特、马特拉和塞拉莱港的使用权。1981～1993年，美国花费3.159亿美元修建了西卜、马西拉、海塞卜和苏姆赖特军事基地。

1990年，美国建议限制对阿曼的武器销售。1981～1993年，阿曼的外国军事预算项目仅仅花费1亿多美元。20世纪80年代以来，两国一直在进行军事演习。1990年4月30日，在马斯喀特和华盛顿同时举行了阿曼"苏丹号"大型海船首航纽约15周年纪念活动，这是两国友好的一个象征。

海湾战争后，阿曼与科威特、巴林、卡塔尔、阿联酋一道同美国签署了《联合防务协定》，允许美国使用自己境内的军事基地，储存美国的武器装备。阿曼在马西拉和苏姆赖特两个岛上为美国海军和空军建立了军事设施，在海湾地区执行任务的美国B－52战略轰炸机、空中加油机和运输机以及部署在附近海域的美国军舰经常使用这些设施。阿曼此举是为了换取美国的军事援助和安全承诺。阿曼在美国眼中具有特殊的战略价值，根据美国现存法律，北约南翼的9个国家可以通过赠予的方式得到美国的过剩武器，其中5国在中东，即埃及、以色列、土耳其、摩洛哥和阿曼，其他4国是希腊、巴基斯坦、葡萄牙和塞内加尔。所以，阿曼能以低价购买或免费得到美国的过剩武器，如M60A3型主战坦克。

"9·11"事件以后，阿曼谴责了恐怖主义。作为回报，美国进一步放宽了对阿曼出售军火的限制，决定向阿曼出售价值12亿美元的武器装备，包括12架洛克希德马丁公司生产的F－16C喷气战斗机、夜间攻击导航设备、激光炸弹瞄准仪，雷神公司生产的先进的中程空对空导弹，波音公司生产的鱼叉反舰导弹及雷达设备。

四　与法国的军事关系

在海湾地区，伊拉克原本是法国主要的武器出口国，但在海湾战争中，伊拉克军队遭到重创，军备重建也受到遏制。在这种情形下，法国把目光投向了沙特阿拉伯、科威特、阿联酋和阿曼等国。法国推出一系列"优惠政策"来吸引其他国家购买军火，如将军火交易的部分利润反投资于进口国的民用建设，军火交易国有权分享法国军工产业的最新成果等。法国的上述举措收到明显成效，它成功地向阿曼出售了装甲车等装备，打破了英国垄断阿曼装甲车市场的局面。1989 年是阿曼与法国关系的转折点：阿曼负责国防事务的副首相到法国视察，为购买法国武器做前期准备。5 月，卡布斯苏丹访问巴黎，两国签署了军事合作协议。1992 年，两国海军一起演习。1993 年，阿曼从法国购买了 3 艘 P - 400 型巡逻艇。①2007 年，阿曼皇家海军向法国 MBDA 公司订购了"飞鱼"反舰导弹系统和"米卡"防空导弹系统。

① Calvin H. Allen and W. Lynn Rigsbee II, *Oman under Qaboos*: *From Coup to Constitution*, *1970 - 1996*, London: Frank Cass, 2000, p. 208.

第六章

社　会

第一节　国民生活

一　物价

阿曼物价水平比较平稳。以马斯喀特 2016 年 1 月~2016 年 10 月的消费指数为例，根据商贸经济网站的统计，2016 年 1~5 月阿曼的平均消费指数为 102.54，6~10 月则上涨到 103.92，涨幅为 1.35%。[①]

表 6-1　阿曼近期居民生活相关指数概览表 (2012 年 =100，NSA)

单位：指数点、%

阿曼价格	近期数据	前次数据	最高	最低
通货膨胀率	1.30	1.50	14.50	-0.55
居民消费价格指数 CPI	104.10	103.80	104.10	69.80
生产者价格	88.70	102.70	158.25	88.70
生产者价格指数变化	-31.70	-23.40	31.56	-31.70
通货膨胀率(每月)0.30	0.90	0.90	-0.59	
食品通胀率	-2.11	-1.66	3.83	-2.11

资料来源：Trading Economics，http://zh.tradingeconomics.com/oman/consumer-price-index-cpi。

[①]　Trading Economics，http://zh.tradingeconomics.com/oman/consumer-price-index-cpi。

二 就业

1996 年 6 月，阿曼政府提出并开始实施就业阿曼化政策。阿曼化即减少国家对外籍劳力的依赖，给迅速增长的阿曼人提供就业机会。为了提高阿曼人的职业技能，政府宣布将承担所有在私人部门就职的阿曼人的培训费用，这些费用将转嫁给那些雇佣外籍人的私营企业。1997 年 4 月，阿曼人力资源部规定，凡雇佣外籍员工的雇主，每年须按照外籍员工的工资额度缴纳一定比例的费用，用于资助政府的职业培训项目。政府规定，从 1999 年起，工业企业中阿曼籍员工比例不得低于 35%，并对运作不力的企业进行调查和规范。据官方数据统计，截至 2015 年 3 月，受雇于阿曼私营部门的阿曼人有 214130 人，比 2002 年的 63179 人增长 2.39 倍。[①]2016 年，阿曼各经济部门的阿曼化比例都有提升（见表 6-2）。

阿曼工商联合会是政府和私人之间保持联络的纽带，与私立学院一起组织研讨会，举办讲座和展览，宣传并让学生了解私立学院，鼓励他们到私立院校工作。

表 6-2 2016 年阿曼各经济部门阿曼化比例

经济部门	比例(%)	经济部门	比例(%)
工　业	35	金融业	45
服装制造业	25	保险业	65
银行业	90		

资料来源：Sultanate of Oman Ministry of Manpower, http://www.manpower.gov.om。

阿曼人力资源部采取了一定措施来加速阿曼化进程，于 2002 年 11 月发布了外籍劳务新规定：从 2003 年起，建筑承包人、维护工、内装修工、裁缝、洗衣工、理发工、美容院职员 7 种职业将只能由阿曼人担任；从事上述职业的现职外籍劳工，可接替已经离职的外籍劳工。对于上述 7 种职

---

① Sultanate of Oman Ministry of Information, *Oman 2015*, p. 211.

业以及饮水运送工、房地产经纪人、燃气罐销售配送工、租车公司员工、果蔬运输和配送工将不再发放新许可。2013 年，阿曼劳工部发布公告，从 11 月 1 日起，将停止发放私营部门建筑劳务和保洁工人的入境签证 6 个月，但阿曼的大公司、咨询公司和实施政府项目的公司的劳务签证将不受此规定限制。2014 年，阿曼政府实施限制外籍劳工人口比例措施，将外籍劳工人数限制在总人口的 33% 左右。[①]

绿卡公司[②]、国际级和优等级公司、油气开采和营销公司、银行、保险公司、商业中心的店铺、大型超市、工厂、私人诊所、饭店、法律/律师事务所、私立学校、培训机构、出版印刷机构、从事打井的公司 14 类不同行业的公司，只有在满足阿曼化比例后，才可引进所需的外籍劳工。

三 工资

在阿曼，最低工资由阿曼政府限定。1989 年，阿曼政府经济部法令规定的阿曼人最低工资标准是：高中学历以上的阿曼人最低月工资为 150 阿曼里亚尔（合 390 美元），外加 50 阿曼里亚尔的津贴；没有高中文凭的阿曼人最低月工资为 100 阿曼里亚尔（折合 260 美元）。根据 1998 年制定的一项行政决策，私营部门阿曼人的最低工资为每月 100 阿曼里亚尔（折合 260 美元）。如果雇主不提供交通工具，每月还要付给雇员 20 阿曼里亚尔交通津贴。私营部门外籍劳工的最低工资为每月 50 阿曼里亚尔（折合 130 美元）。据统计，70% 左右的外籍劳工的月工资低于 70 阿曼里亚尔，不少人甚至不到 50 阿曼里亚尔。这种不同的工资标准是私营雇主抵制政府在私营部门实施阿曼化的一个主要原因。

[①] Sultanate of Oman Ministry of Manpower, http：//www. manpower. gov. om/Portal/ServicesDirectory. aspx.

[②] 绿卡公司是指具备以下 7 项条件的公司：遵守劳动法；禁止外劳在其他公司工作；不雇用持居住卡的其他公司外劳；按时发放工资；阿曼化比例，培训本地干部并在公司内任职；鼓励使用本地劳力，保证阿曼工人的稳定；人事部门经理由阿曼人担任。优等级公司将被授予劳务许可。绿卡公司则须提交申请并说明项目情况，项目结束后送外劳回国，申请将在提交之日获得批准，有效期从 3 个月延长到 6 个月。如果绿卡公司出现多次违规，其绿卡资格将被取消。

四　住房

住房福利是居民生活的基本需求之一，反映一个国家的经济和社会发展水平及居民的生活质量。卡布斯苏丹执政后，努力为收入有限的家庭提供住房。阿曼住房银行向低收入职工提供相当于建房或购房费用 90% 的贷款；对于没有达到标准住房条件的公民，政府赞助他们租住适当的住房；由于残疾和疾病等原因无法工作的公民，政府免费提供住房。此外，外籍人士也可享受政府提供的廉租房。

现在，阿曼人享受高标准的住房福利，低收入的已婚者多数都分有住房，并且居住 20 年后即成为他们的私有财产。在国家实施的住房计划帮助下，阿曼基本实现了"居者有其屋"。无论是在城市还是在乡村，很少有高层公寓大厦，多数是独门独院的二三层别墅小楼，设计上还充分考虑用户的特点、要求和爱好，同时兼顾整体布局、住房卫生、安全、美观。现在阿曼全国私人住房拥有率已达到世界较高水平。

五　社会福利

教育和医疗是一个国家社会保障制度的两项主要内容。阿曼在全国实行免费教育，大力普及中小学教育，除免收学费外，还发给学生各种津贴、补助，为离校远的学生提供免费的交通工具。早期阿曼政府对人民实行免费门诊治疗，现在由于政府预算限制和人口增加迅速，阿曼对门诊医疗征收一小部分费用。2015 年，阿曼政府卫生和教育预算为 46 亿阿曼里亚尔，是 10 年前的 6.27 亿阿曼里亚尔的 7.3 倍；其中投入 30 亿阿曼里亚尔（折合 78 亿美元）在阿曼建设 41 所学校，占预算支出的 21.3%，还投入 16 亿阿曼里亚尔（折合 41.6 亿美元）建设 11 所医院和医疗中心，占预算支出的 11.3%。[1]

社会保障体系为没有收入的家庭提供帮助，依据《社会保障法》按月发给救济金。接受救济的对象有孤儿、残疾人、丧偶者、离婚妇女、未

---

[1]　中华人民共和国商务部网站，http：//www.mofcom.gov.cn/article/i/dxfw/gzzd/201501/20150100857558.shtml。

婚少女、老人和监狱犯人的家属。2014 年，政府共实施 84919 次救助，总金额为 1.32 亿阿曼里亚尔。除此之外，阿曼还向 180848 人发放了社会保障养老金，占总人口的 7.9%。阿曼的残疾人还享受国家的特殊照顾，如停车免费；个人机动车、家用物品和阿曼国家运输公司的公车费都可以打折；阿曼航空、海湾航空、科威特航空、沙特航空、卡塔尔航空和阿联酋航空等公司的残疾人机票都有 50% 的折扣。除社会保障救济金外，还设立了家庭自然灾害基金。2014 年，阿曼全国共发生灾情 1059 次，发放救助款 36.87 万阿曼里亚尔。①

为了让阿曼人掌握就业技能，从 1994 年起阿曼政府开始提供普通职业资格培训，截至 2016 年共建立 8 所公立职业培训中心，分别位于西卜、萨哈姆（Saham）、伊卜里、苏尔、什纳斯、布赖米、哈布拉和塞拉莱，其中哈布拉及塞拉莱的职业培训中心主要从事渔业培训。专门培训手工劳动者的两年制培训课程有：电动车和机动车维修、电工、电子产品、冰箱、空调、机械、木工和建筑等。2014～2015 年，注册培训人员有 3439 名。②

六 税收

阿曼税收种类不多，税制简单，税率较低，没有增值税、个人所得税、遗产税、房地产税等。目前阿曼的税收主要有海关税和公司所得税。进口商品的关税税率一般为 5%，猪肉、烈性酒等与伊斯兰教规禁忌相左的物品征收 100% 的关税，烟草制品的税率为 75%，进口食品免税。

公司所得税根据不同的情况有不同的税率。

（1）对于 100% 的阿曼全资公司和企业，年收入在 3 万阿曼里亚尔（约合 7.8 万美元）以下的免税；超过 3 万阿曼里亚尔以上的部分收入，按 1.2% 的比例征税；3 万～17 万阿曼里亚尔的收入部分，税率为 5%；17 万阿曼里亚尔以上的收入部分，税率为 7.5%。

---

① Sultanate of Oman Ministry of Information, *Oman 2015*, pp. 215 – 216.
② Sultanate of Oman Ministry of Information, *Oman 2015*, p. 213.

（2）对于外国资本不超过 90% 的公司和企业，年收入在 13 万阿曼里亚尔以内，税率为 15%；年收入在 13 万~28 万阿曼里亚尔，税率为 20%；收入超过 28 万阿曼里亚尔时，税率将增加到 25%。

（3）对于外国资本超过 90% 的公司和企业，年收入不超过 50 万阿曼里亚尔时，税率为 45%；超过 50 万阿曼里亚尔时，税率则增加到 50%。

从事矿产、出口、旅游、农业和农产品加工、渔业等行业的企业享有 5 年的免税期。现在，由少数外资和当地企业合资建成的公司的所得税税率为 12%，以外资为主与阿曼企业合资的公司所得税税率为 25%，外资独资公司的公司所得税税率为 50%。①

第二节　医疗卫生

一　概况

1970 年以前，阿曼全国仅有位于首都马斯喀特的两家小医院（病床 12 张），只有 13 名医生，医护人员总数还不到 100 人。当时的医疗条件十分恶劣，医疗费用昂贵。霍乱、伤寒、肺病、天花等疾病肆虐，人均寿命不到 50 岁。1970 年卡布斯苏丹上台后，充分认识到医疗卫生事业的发展对国民素质和社会发展的重要性，大力发展医疗卫生事业，并致力于医务人员的本土化。在卡布斯苏丹执政的 46 年内，国家公共医疗事业飞速发展，医疗卫生水平得到极大提高。为了继续发展阿曼的医疗事业，阿曼卫生部提出了名为"卫生系统 2040 展望"的长远发展计划。该计划不仅意味着传统医疗卫生服务向现代技术服务转变，还意味着阿曼卫生医疗体系距离世界顶尖医疗体系的差距不再遥远。2014 年，阿曼卫生服务人均支出达到 1442 美元，卫生支出总额占 GDP 的 3.5%。②

截至 2015 年初，阿曼全国共有 67 家医院，其中 49 家为卫生部所属医院。全国医院共有 6561 张病床，平均约每 1000 名阿曼人拥有 1.64 张病床，其中

---

① EIU 网站，2006 年阿曼投资环境。

② World Health Organization，http：//www.who.int/countries/omn/en/.

卫生部所属医院有病床 4821 张，占病床总数的 78.1%。① 截至 2014 年底，阿曼全国共有卫生中心、诊所或地方医院 233 所（家），其中 230 所属于卫生部管辖，包括 72 所有病床的卫生中心、108 所无病床的卫生中心、21 家诊所和 29 家地方医院。② 2013 年，阿曼住院病人为 319000 人；2014 年，前往门诊就医的阿曼人为 1500 万人，其中超过 95000 人接受了外科手术治疗。③

2013 年，阿曼卫生部下设学校共有 586 名医学助理和护理专业毕业生，全国医学毕业生 12192 名，比 2012 年增加 2218 名。随着许多阿曼籍医生从卡布斯苏丹大学、私立高等学校等毕业，卫生部门的阿曼化正在稳步推进。

阿曼私营卫生部门近些年受到国家支持，也在加速发展。2015 年初，阿曼有 13 家私营医院、491 家普通门诊、288 家特别门诊、1 家综合门诊、255 家牙科门诊、64 家中医或印度传统医学门诊、18 家实验中心、7 所核磁共振（MRI）中心以及 550 家药房。④

通过不断努力，阿曼卫生部门在国民健康方面取得了巨大的成就。以人均寿命和医疗覆盖率为例，1970 年阿曼的人均寿命不到 50 岁，1982 年为 59.1 岁，1990 年为 65.9 岁，1999 年为 72.2 岁，截至 2016 年底已经达到 75.5 岁，比 1970 年增加了 25.5 岁。医疗覆盖率方面，2015 年，阿曼 96.7% 的人口能够享受正常卫生医疗保障，其中乡村人口医疗保障率为 94.7%，城市人口医疗保障率更是达到 97.3%。⑤

二 主要医疗机构

马斯喀特是首都所在地，其所拥有的医疗机构比其他省区都多。马斯喀特主要的医院有以下几家。

---

① Sultanate of Oman Ministry of Information, *Oman 2015*, pp. 203 – 206.
② Sultanate of Oman Ministry of Information, *Oman 2015*, p. 207.
③ Sultanate of Oman Ministry of Information, *Oman 2015*, p. 206.
④ Sultanate of Oman Ministry of Information, *Oman 2015*, p. 207.
⑤ Central Intelligence Agency, The World Factbook, "Oman," https: //www.cia.gov/library/ publications/the – world – factbook/geos/mu. html.

阿曼皇家医院（Royal Hospital of Oman）是阿曼最大的综合性权威医院，拥有最先进的医疗技术，有拥有先进设备的急诊部、儿科、妇产科、外科、泌尿科、心脏科和放射科，可以进行先进的外科手术与核磁共振、器官移植和心脏手术等，有 632 个床位。2004 年 11 月，阿曼皇家医院新建了肿瘤中心，开始为各类癌症患者提供放射医疗等服务，还配备了双向加速器、CT 扫描仪等先进仪器。

卡布斯苏丹大学医院（SQUH）是阿曼的权威医院，培养医师、护士、药剂师、牙医、卫生学者等，是阿曼最大的一家甲状腺手术联合医院。它拥有 500 个床位，设于此的国有中心血库也建设之中。它是阿曼唯一一家拥有血细胞流研究实验室的医院，也拥有 MRI 扫描仪。迄今为止，医院成功实施了 105 例骨髓移植手术，在 2004 年 8 月成功进行了活体细胞移植手术，标志着该医院达到了较高的医疗水平。2015 年，医院成功对一名 30 岁的孕妇进行心脏移植手术，这尚属世界首例，体现了医疗团队过硬的技术素养。[1] 卫生医疗方面，2014 年卡布斯苏丹大学医院门诊接诊 279424 人，相比于 2013 年的 124206 人增长了近 125%；住院人数达到 28685 人，平均住院日期不到五天半；日均治疗患者 14944 人，比 2013 年增加了 378 人。此外，卡布斯苏丹大学医院还负责科学研究和培养学生。2014 年，卡布斯苏丹大学医院发表了 385 篇专业研究论文、8 部研究专著，举办了 230 场研讨会，培养了 105 名本科生、76 名硕士、5 名博士。[2]

赫拉医院（Khoula）是整形外科、骨外科、脑外科、神经科、烧伤科、美容等科的权威医院，还有理疗科和妇产科，拥有 428 个床位。2003 年，医院新添置了最新的 MRI（核共振成像）扫描仪。

复兴医院（Al Nadha）是耳鼻喉科、眼科、口腔科、皮肤科和牙科医院，有 96 个床位。

伊本·希纳医院（Ibn Sina）是收治精神病人和戒毒人员的专业医

---

[1] Sultanate of Oman Ministry of Information, *Oman 2015*, p. 224.

[2] College of Medicine & Health Sciences and Sultan Qaboos University Hospital, *2014 Annual Report*, p. 3.

院，有 62 个床位。

另外，马斯喀特省还有：拉赫曼（Rahmah）医院，有病床 24 张；古里亚特（Quriyat）医院，有病床 40 张；警察医院；国防医院；布什尔（Bausher）综合诊所；瓦特亚（Watteyah）综合诊所；24 个康复中心、399 个私人诊所。这些医疗机构共有病床 1400 张。

佐法尔省拥有 6 家医院、25 个康复中心（其中 21 个有产床），共有病床 538 张，私人诊所 64 个。主要医疗机构是位于省会塞拉莱的卡布斯苏丹医院，设内科、妇科、产科、儿科、整形外科、眼科、喉科和牙科，有病床 450 张；有特别护理室、急诊室、人工肾脏、烧伤和美容手术专科。另外，佐法尔省还有 5 家小医院，每家有 6~28 张床位。

内地省共有 6 家医院，分别设在尼兹瓦、苏美尔、巴哈拉、亚当、伊兹基和绿山地区。尼兹瓦医院是当地的转诊医院，1998 年重建并开放，有病床 301 张。内地省共有 547 个床位，其他医疗机构还包括尼兹瓦综合诊所、13 家康复中心和 54 个私人诊所。

东北省共有 6 家医院，分别设在艾尔·穆达比（Al Mudaybi）、伊卜拉（Ibra）、瓦迪·巴尼·哈立德（Wadi Bani Khalid）、希纳（Sina）、比迪亚（Bidiyah）和达马（Dama）。其中，希纳医院的专长是治疗慢性病；比迪亚医院擅长口腔科和牙科；新建的伊卜拉医院于 2005 年 4 月正式营业，有 191 个床位，是该省的转诊医院。此外，东北省还有 12 个康复中心和 30 余家私人诊所，其中 6 个康复中心有产床。

东南省共有 5 家医院，其中 2 家是转诊医院，3 家是普通医院。苏尔和贾兰·巴尼·布·阿里（Jaalan Bani Bu Ali）各有 1 家转诊医院和普通医院，马西拉设有 1 家普通医院。位于贾兰·巴尼·布·阿里的贾兰转诊医院（Jalan Polyclinic）的专长是眼科、儿科和皮肤科；苏尔转诊医院擅长矫形术、精神病科和牙科。此外，东南省还有 20 家医疗中心、29 个私人诊所，其中 10 个医疗中心有产床。[1]

---

① Ministry of Health of Sultanate of Oman, "Healthcare Facilities," https：//www. moh. gov. om/en_ US/healthcare-facilities.

中北省和中南省共有 10 家医院，分别位于苏哈尔、鲁斯塔格、萨哈姆、瓦迪·巴尼·贾法尔（Wadi Bani Ghafir）、瓦迪·艾尔·萨里米（Wadi Al Sarmi）、瓦迪·米斯塔（Wadi Mistal）、瓦迪·艾尔·哈瓦西纳（Wadi Al Hawasinah）、瓦迪·艾尔·哈米里（Wadi Al Haimli）、瓦迪·巴尼·赫鲁斯（Wadi Bani Kharus）、瓦迪·黑卜（Wadi Hibi）；有 6 个综合诊所和 18 个康复中心（其中 11 个有产床）。

巴提纳省的南北两部分共有 773 张病床，北部地区有 125 个私人诊所，南部地区仅 42 个。新建的苏哈尔医院有 363 个床位，拥有 4 家综合诊所和 10 个康复中心（其中 3 个有产床），是巴提纳省北部的转诊医院。鲁斯塔格医院是巴提纳省南部的转诊医院，设有 235 个床位，有 2 家综合诊所和 9 个康复中心。

扎希拉省有 5 家医院，分别位于潭艾姆（Tan'am）、伊卜里、布赖米、延库和瓦迪·艾尔·济兹（Wadi Al Jizzi），共有 407 张病床。伊卜里医院是转诊医院，有病床 240 张；下设 1 个综合诊所和 12 个康复中心，其中 6 个有产床。此外，还有 72 家私人诊所。

穆桑达姆省有 3 家医院，分别位于卡萨比、布哈、塔巴·艾尔·拜耶（Daba al Bay'ah）；有 3 家康复中心。全省共有病床 156 张，其中 100 张在卡萨比医院。此外，还有 11 家私人诊所。

中部省有 3 家医院，分别位于赫马、杜齐姆和加兹尔；有 6 个康复中心，其中 4 个设有产床。全省共有病床 72 张、私人诊所 6 家。

第三节　环境保护

一　环境保护机构及政策

环境和自然资源保护是阿曼实施发展战略的重要基石。阿曼环境保护政策主要分为两方面：一是对动植物等生物资源进行保护；二是聚焦于保护生态环境及防控污染等方面。2007 年，阿曼专门成立了环境与气候事务部，负责环境保护执法管理。① 成立以来，环境与气候事务部签署了一系列环境、自然资源保护和生物多样性协议，并与联合国工业发展组织签署气候变化框架协议，实施环境变化研究和改善战略，保护阿曼整体生态系统。此外，政府为保护环境和生物资源建设了 6 个环境数据库：海洋污染、环境规划、空气和噪声污染、化工、水土污染和危险浪费及控制等。地方城镇、环境和水资源部是阿曼负责环保和维护自然环境的主要权力机构。隶属皇家法院的"迪万"设有环境保护顾问办公室，主要负责环保工作。

出于对环境保护的重视和提倡，1989 年 6 月 1 日，卡布斯苏丹在全球范围内设立环境保护奖，以鼓励对生态体系进行研究保护的相关人员。卡布斯环境保护奖每两年于联合国教科文组织进行颁发，授予对环境保护及管理做出突出贡献的个人、团队以及社会组织。自 1991 年卡布斯环境保护奖开始颁发后，许多投身于环境保护的个人和团体获得了资助。2015 年卡布斯环境保护奖的获奖者是来自阿根廷布宜诺斯艾利斯大学的湿地研究团队，该团队通过对湿地生态系统的研究为湿地生态圈的保护工作做出了巨大贡献。② 除此之外，阿曼还设立了环境日，即每年的 1 月 8 日，2015 年阿曼环境日的口号是"我们的环境，我们的未来"。③

针对气候变化问题这一重要的环境保护问题，阿曼政府尤为重视。阿曼政府认为，气候变化造成了气温的逐渐升高和臭氧层受损，并对今日世界之经济和社会造成了极大的负面影响。此外，世界急速增长的人口和温室效应也加重了问题的严重性。因此，有必要快速采取措施以应对气候变化所带来的挑战，且宜早不宜迟。④

阿曼所采取的环境保护战略是与气候的变化密切相关的，应用的具体措施也从处理气候变化所产生的影响出发。例如，阿曼环境与气候事务部基于国际通用的研究规范，评估气候变化的严重性，并对臭氧消耗对长期经济发展和基础设施及社会经济体系产生的后果进行估算。针对以上这些

① Globserver, http：//globserver. cn/阿曼/环境.
② Sultanate of Oman Ministry of Information, *Oman 2015*, p. 297.
③ Sultanate of Oman Ministry of Information, *Oman 2015*, p. 296.
④ Sultanate of Oman Ministry of Information, *Oman 2015*, p. 298.

评估结果，阿曼环境与气候事务部将采取措施降低本国的温室气体排放量，并确定与自身发展战略相协调的减排计划。[①] 在国际合作领域，阿曼对《京都议定书》《巴黎气候协定》都极为支持。

二 环境保护法律

阿曼不仅设立了环境与气候事务部作为环境保护的主要部门，并建立众多监控实验室实时监控各种环境指标，还制定了相关法律，使阿曼环境监管和执法部门做到有法可依。近年来，阿曼在环境保护方面颁布的法律法规较多，主要有《环境保护与防止污染法》《化学品使用与处理法》《关于工作环境噪声污染控制的规定》《关于静止源空气污染控制的规定》《关于放射性物质管理和控制的规定》《关于废水利用和排放的规定》《臭氧层消耗物质的管理规定》《危险化学物质和相关许可的登记规定》《关于环境批准和最终环境许可颁发的规定》等[②]。

除此之外，阿曼环保法律法规的主要规定如下[③]：

（1）企业在开业前须获得有关部门颁发的环境许可，确保完全符合环保规定。企业应向主管部门提交事故应急计划，并定期审核。

（2）禁止将危险垃圾、物质和其他污染物向洼地、水源地、地下水再生地、雨水和洪水排泄系统以及"法拉吉"系统排放。

（3）未经有关部门批准，禁止将任何废物倾入大海。

（4）禁止任何船只向内河、主权水域或专属经济区排放铂或铂的混合物以及其他污染物。

（5）主管部门有权在违反本法律规定导致严重危险或对环境或公共卫生产生危害性影响时采取必要措施，发布决定中止违规者从事其活动，以避免或减轻危害。此限制不超过一个月。

（6）违反法律相关规定者，视情节轻重处以 200～2000 阿曼里亚尔不

① Sultanate of Oman Ministry of Information, *Oman 2015*, p.299.
② Globserver, http://globserver.cn/阿曼/环境.
③ Globserver, http://globserver.cn/阿曼/环境.

等的罚款。若逾期不交，则自接到通知的第四天起，罚款每天增加 10%。超过 1 个月，将处以停止经营活动的处罚，直至引起的影响完全被消除。

（7）用不真实或误导材料申请环境许可和其他批准者，将被处以 6 个月以下监禁或投资额 5% 以下罚款，或两者并罚，并终止其经营活动，吊销其许可。

（8）在自然保护区或野生动物保护区砍伐、偷猎（鸟和动物）者，根据情节处以 6 个月至 5 年监禁和 1000 ~ 5000 阿曼里亚尔罚款。

（9）严重违反相关规定者，罚款可达投资额的 10% 或 100 万阿曼里亚尔，最高可处以终身监禁。

三　动植物保护与研究

2003 年 1 月 8 日，根据皇家谕令第 6/2003 号文件，阿曼公布并实施了《自然资源和野生动物保护法》。正是由于政府不遗余力地保护环境和自然资源，阿曼这样一个热带气候国家才得以拥有丰富的动植物资源。阿曼政府保护的野生动物主要有阿拉伯羚羊、阿拉伯豹、努比亚野山羊、塔尔羊、海龟等。

阿拉伯羚羊　1972 年，由于肆意捕杀，阿拉伯羚羊几乎灭绝。1976 年，卡布斯苏丹颁布法令重新引进阿拉伯羚羊。1980 年 3 月，从美国凤凰城动物园引进一群阿拉伯羚羊。到 1996 年，野生羚羊的数目超过 450 只，其中有 19 只在沙漠出生。1994 年，放生阿拉伯羚羊的吉达特地区被辟为阿拉伯羚羊保护区，这是阿曼第一个动物保护区。同年，联合国教科文组织将这一地区列入世界自然文化遗产名录。同年，阿曼签署了《生物多样性条约》，向世界承诺保护野生动物。不幸的是，1996 ~ 1999 年，偷猎阿拉伯羚羊的活动再次猖獗，使保护区内羚羊的数目再次锐减。当地政府制定了各种措施，严禁偷猎和进行羚羊贸易。如成立羚羊保护委员会，在保护区开展环保教育活动，成立新的旅游中心，将环保旅游收入归当地人民等。

阿拉伯豹　1996 年该地区被批准为自然保护区，是阿曼唯一的阿拉伯豹自然保护区。1997 年，阿曼环境保护办公室开展了关于阿拉伯豹的研究计划，并于 2014 年出版了一本研究报告《阿曼的阿拉伯豹》（*The Arabian*

Leopards of Oman ）。①

努比亚野山羊　努比亚野山羊主要生活在阿拉伯羚羊保护区和贾贝尔阿穆罕自然保护区。

塔尔羊　塔尔羊主要生活在萨琳保护区，该保护区内有一支专门保护塔尔羊的巡逻队。

海龟　阿曼的绿毛海龟、玳瑁等都是珍稀的野生海洋动物，为此阿曼政府专门建立了拉斯·阿杰斯海龟自然保护区和达曼尼亚特岛自然保护区。

截至 2016 年 6 月，阿曼已有 19 个野生动植物保护区，遍及陆地及海洋。在阿曼，禁止捕杀野生动物，违法者将受到 5 年监禁，并处以 5000 阿曼里亚尔（折合 13000 美元）的罚款。

除了以上对野生动物的保护之外，阿曼还对其他动物、海洋生物和植物开展研究性和培育性的保护工作。阿曼政府于 2001 年发起恢复红树林项目，旨在帮助维持阿曼自然环境生态平衡。在该项目实施的过程中，约有 415000 株红树幼苗被移植到约 8 公顷的选定沿海地区。同时，环境与气候事务部还与石油发展部门合作，在费赫勒岛和达曼尼亚特群岛着手启动人工鱼礁计划。到目前，已经共启动 520 项人工鱼礁计划。

在对未濒危的海洋鲸豚物种的保护中，阿曼政府主要以科学研究为保护途径，制定宏观的海洋发展战略。2011 年，阿曼环境与气候事务部推进鲸豚研究计划，以极为罕见的座头鲸为重点，涉及布赖兹鲸鱼、印度太平洋瓶鼻海豚和飞旋海豚等物种。这些研究为马斯喀特周围的海豚观赏和海产养殖业等的调整提供了依据。②

植物保护方面，研究显示，超过 20% 的阿曼植物受气候变化等威胁面临灭绝的危险。2012 年左右，阿曼植物园（OBG）对外开放，旨在保护珍稀植物，并将创建阿曼各种动植物自然栖息地的环境条件。阿曼植物园成为阿拉伯半岛最大的植物园，拥有 1200 种植物，其中 80 种为阿曼所特有。③

---

① Sultanate of Oman Ministry of Information, *Oman 2015*, p. 298.
② Globserver, http://globserver.cn/阿曼/环境.
③ Globserver, http://globserver.cn/阿曼/环境.

第七章

文　化

第一节　教育

一　教育方针

1970 年卡布斯苏丹执政后非常重视教育，他认为："发展教育是一个国家提高国民素质的先决条件，高素质的人才是国家发展的基石。"他一直把教育作为政府优先发展的领域，并向全国发出号召："要尽快开始人民教育和培训。"他强调"教育是加强阿曼人为祖国服务能力的手段，教育、文化与觉悟是教育的基石，我们的首要任务就是建立学校、教育人民、开启文明之窗"。阿曼苏丹国的教育方针是：努力提高教育质量，培养学生的工作能力，以适应阿曼各方面的建设发展要求，尤其是适应劳动力市场形势的需要；努力发展职业教育，使之与国家发展的速度相协调，及时地输送合格的人才，使教育实践与社会规划相结合。

阿曼人从学前教育一直到大学都享受免费的国家教育。在卡布斯苏丹的号召下，政府大力发展教育事业，教育事业在最近 30 多年里取得了突飞猛进的发展。

二　教育发展简史

1. 发展概况

阿曼的教育事业起步晚。1969～1970 年，阿曼全国只有 3 所学校、

909 名男学生，教师不超过 30 名，女孩不能接受教育。在此之前，整个国家基本没有教育可言，只有一些清真寺的阿訇为男孩子宣讲一些伊斯兰教知识和计算方法等。他们大多在树荫下、在帐篷里授课，没有固定的场所和专门的教材，一般不允许女孩听课。

1970 年后，卡布斯苏丹先后制定了"全民教育""女孩和男孩享有同等教育权利""开发人力资源、满足国家建设和社会发展的需要"等教育方针，把大量的石油收入投入教育领域，使教育得到迅速发展。1970 ~ 1975 年，教育经费为 4290 万美元。1975 ~ 1976 年，学校的数量增加到 207 所，学生人数也从 909 名增加到 55752 名。学生们从原来的树荫下走进了教室。最重要的是，这一时期阿曼的女孩有史以来第一次在自己国家的学校接受教育。1976 ~ 1980 年（第一个五年计划期间），阿曼政府投入教育经费 9860 万美元，占国家财政总支出的 3.64%；1981 ~ 1985 年（第二个五年计划期间）为 2.4 亿多美元，占国家财政总支出的 5%。1980 ~ 1981 年，学校数量已达 389 所，男女生共 107992 名，与 1975 年相比，分别增加约 88% 和 94%。到 1985 年底，全国有小学 308 所、初中 195 所、高中 38 所，共有学生 21 万多名、教师 1 万多名，当时全国人口只有 100 多万人。无论是在平原、海滨还是在山区，都建起了学校，国家对教育的投入和公民受教育的比例都是相当高的。1985 ~ 1986 年，学校数量进一步发展，达 606 所；学生数量为 22.2 万人。到 1989 ~ 1990 年，学校的数量增加到 759 所，男女生达 32.7 万名；男女教师人数达 14000 人，其中 3400 名男教师为阿曼人。

国家还鼓励私人投资办学，作为对公立学校的补充。私立学校受国家教育部监督。私立学校比较完善的教育项目有学龄前教育，包括英语的双语教学项目和英语课程设置。除在本国发展教育外，政府还选派留学生到其他阿拉伯国家和友好国家深造。1973 ~ 1974 年，出国留学的学生人数为 273 人；1976 ~ 1977 年为 509 人；1980 ~ 1981 年增加到 939 人，增长了 84%。2004 ~ 2005 年，阿曼国家公派和私人出国留学人数共有 12819 人。

近年来，阿曼教育发展的速度更快了，2005 年政府投入的教育经费为 5.46 亿阿曼里亚尔。2006 年，阿曼有学校 1053 所，在校生 56.3 万人，教师 4 万人。2005 年，接受初级教育人数占总人口数的 76%，接受过中级教育的人数占总人口数的 75%；15 岁以上的成人识字率达 81.4%，15~24 岁的青年识字率为 97.3%。[①] 根据 2011 年的统计数字，阿曼人平均上学年数为 14 年。2014~2015 年，阿曼总共有 529469 名学生在公立学校就读，其中男生 267547 人、女生 261922 人，全国 1053 所公立学校共招收新生 12578 人。截至 2015 年，阿曼教育部门共有行政人员 11480 人、教师 55343 人、监督人员 2379 人。[②] 目前，阿曼成人识字率达到 91.1%，其中男性识字率为 93.6%，女性识字率为 85.6%。[③]

2. 阶段性成就

阿曼在第二个五年计划期间实现了教育多样化目标，普及了小学和初中教育，完善了学校设施，加强了对师资力量的培养。最为突出的进步是根据阿曼的环境和特定的条件，自主地制定了教学大纲。为了扩大对阿曼籍教师的任用，在第三个五年计划期间（1986~1990 年）增建了一批中等教育学院，在卡布斯苏丹大学增设了伊斯兰知识教育学院，新建了中等伊斯兰学校、中等工业学校、中等农业学校、中等商业学校等，为阿曼的商业、金融、财会和工业等行业培养了大量的阿曼籍人才。除了教育部、青年事务部管辖的学校外，由政府各部门、民办和侨民捐赠了一批院校，如隶属社会事务部的苏丹皇室书院和专业技术培训学校、中心，隶属国防部和警察局的学校，隶属卫生部、电信总局的学校，中央银行的学校等。

阿曼社会与经济的快速发展，要求教育部门更加快速地提高人才培养质量。在第八个五年计划收尾和第九个五年计划开局之际，阿曼教育部提出制定清晰明确的战略方向，促进社会道德准则的实施，鼓励创新自由，增强人与人间的沟通及尊重个人权利，提升学生的国际意识和交往能力。此外，为了紧跟时代发展需要，提升人力资源技能，经卡布斯苏丹要求，2014 年 6 月 2 日阿曼建立了专业的教师行业培训中心。该中

[①] EIU, Country Profile 2008 – Oman, p. 14.

[②] Sultanate of Oman Ministry of Information, *Oman 2015*, p. 185.

[③] Central Intelligence Agency, The World Factbook, "Oman", https：//www. cia. gov/library/publications/the – world – factbook/geos/mu. html.

心负责对新入职教师进行培训并提升现有教师的业务水平，监督教师的工作情况。[1]

三 基础及中等教育

为了适应国家整体发展速度，阿曼政府不断完善本国教育体制，制订了高标准教学计划，并实行了较为高效的基础及中等教育培养体系。

1. 基础教育阶段

阿曼原来的教育体系分三个阶段（基础阶段：1~6年级；预备阶段：7~9年级；中级阶段：10~12年级），现改为两个阶段（基础阶段：1~10年级；中级阶段：11~12年级）。这套体系在许多其他阿拉伯国家已被采用。实施这套教育体系后，阿曼学生中学毕业后就可以进入其他阿拉伯国家的大学学习，在阿拉伯世界以外的国家也不必再补修中学课程。此外，这还可以减少辍学率，保证所有学生都能完成10年的基础课程学习，减少文盲人数，提高人口素质。

2. 中等教育阶段

中等教育阶段包括11~12年级。为了提高学生的电脑操作技能，政府从2004/2005学年开始，对公立学校11年级的学生进行国际电脑许可证（ICDL）考核。该考核是欧洲电脑操作的区域性认证，ICDL项目以32种不同的语言在132个国家实施，所有国家的项目课程标准和问题设置都是相同的。2012/2013学年，阿曼教育部在11年级和12年级试点引进了德语教育，并于2013/2014学年在4个试点学校引进法语教育。[2]

四 高等教育

阿曼的高等教育体系由所有中等以上的教育形式组成，包括大学和其他进行教育、培训以及研究的教育学院。高等教育机构教育、研究计划的实施由1998年成立的高等教育理事会监督。阿曼政府号召私营部门参与

---

[1] Sultanate of Oman Ministry of Information, *Oman 2015*, p. 187.

[2] Sultanate of Oman Ministry of Information, *Oman 2015*, p. 187.

高等教育计划，并于 2001 年成立了鉴定理事会。它有三个常设委员会，对成立和鉴定高等学院负责，并对高等学院的教学水平进行监督。

20 世纪 70 年代，阿曼人接受高等教育只能通过申请海外奖学金。1986 年 9 月建立的卡布斯苏丹大学是阿曼第一所高等学校。近些年阿曼在高等教育方面取得了许多成就，为了进一步培养高素质人才，阿曼政府大力扶持教育事业，创造各种条件扩大教育的普及范围，并到国外培养国内需要的各种人才。阿曼高等教育部负责留学生管理事宜，为学生提供各种形式的资助。高等教育部为派往国外攻读硕士或博士学位的学生提供奖学金。奖学金有 5 种：学生奖学金、雇员奖学金、研究生奖学金、助学金和助教奖学金。还有一些是自费留学的。留学生中有的到其他阿拉伯国家学习，有的到阿拉伯世界以外的国家学习本国需要的专业，如医疗、机械、科学、农业、经济学、商学、法律和教育等。中学毕业的学生要留学必须自己负担学费、旅游和生活等方面的费用。

1. 卡布斯苏丹大学

建于 1986 年，是阿曼第一所集教育、科研、社区发展和与国外研究机构合作为一体的综合性大学。卡布斯苏丹曾说过，"这是按照世界上最先进的标准建立的大学，这是真的，没有半点虚夸，我们一定要继续保持这种高水平的办学方式"。2016 年，卡布斯苏丹大学能够培养学士、硕士、博士三个层次的人才，共拥有 9 个学院，分别为艺术和社会科学学院、经济和政治科学学院、教育学院、农业和海产科学学院、医药和健康科学学院、护理学院、法律学院、工程学院和科学学院。学校还配备有设施良好的语言中心、计算机中心、教育提高中心和图书馆。

卡布斯苏丹大学每年获得经费拨款 4500 万阿曼里亚尔左右（约合 10 亿元人民币），苏丹个人也向该校捐款。巨额的教育和科研经费使卡布斯苏丹大学的研究项目不断增加，截至 2016 年，卡布斯苏丹大学已经建立了 10 个研究中心，分别为通信和信息研究中心、海洋生物技术卓越研究中心、地震监测中心、环境学习与研究中心、石油和天然气研究中心、阿曼研究中心、遥感和地理信息系统研究中心、水研究中心、人文学科研究中心、地球科学研究中心。此外，卡布斯苏丹大学还积极与国外大学或科研机构开展国际合作与交流活动，进行专家互访、课题合作、教师和学生互访，参加和承办国际研讨会，签订合作谅解备忘录等。中国的北京大学、中央财经大学、山东大学等都与卡布斯苏丹大学有交流合作项目。与其签订类似协议的机构有阿联酋、约旦、欧洲、远东、美国和澳大利亚等地的大学。

卡布斯苏丹大学招生规模不断扩大，每学年入学人数从 1986 年的 511 人增加到 2014～2015 年的 15337 人，其中阿曼籍学生 15235 人，占学生总数的 99%；外籍学生 102 人，占 1%。2015～2016 年，卡布斯苏丹大学有 60 个硕士学位点及 32 个博士学位点。[①]

2. 应用科学学院

应用科学学院是阿曼高等教育体系中的重要一环。2012 年 11 月 12 日，卡布斯苏丹在一年一度的阿曼委员会演讲上指出，要拓展青年研究者的机会以释放他们的潜能，鼓励他们积极参与到国际科技前沿讨论之中。阿曼的应用科学学院则是研究者进行科学研究的基石。目前，阿曼设立有 5 所应用科学学院，分布在苏哈尔、尼兹瓦、苏尔、伊卜里以及塞拉莱五个地区。根据 2015 年 5 月 25 日阿曼教育理事会的决定，鲁斯塔格应用科学学院转变为教育学院，负责对国内教师进行培训。

应用学科学院还设有科学研究中心，负责阿曼科学研究战略计划的实施，并草拟每年的研究计划。科学研究中心还发行半年刊的《阿曼应用科学杂志》。2013～2014 年，共有 8001 名学生在以上学院就读，分别学习信息技术、行政管理、通信、设计、工程以及生物应用技术等课程。[②]

3. 私立高等教育院校

卡布斯苏丹鼓励私人企业投资兴建大学，但这些学校必须在政府指导下开设课程，培养国家需要的专业人才。政府对开设私立学校提供一些资助，如赠予土地；每一所大学都可以接受财政资助，相当于总资产的 50%，最高可达 300 万阿曼里亚尔；对大学免除税收和关税。多数私立学

① Sultanate of Oman Ministry of Information, *Oman 2015*, p. 200.
② Sultanate of Oman Ministry of Information, *Oman 2015*, p. 195.

术机构与国外领先的学术组织建立并保持着联系，以确保自己的学术地位得到认可。

截至 2016 年底，阿曼共拥有 27 所私立高等教育院校，其中有 7 所大学和 20 所学院。7 所私立大学分别为佐法尔大学、尼兹瓦大学、苏哈尔大学、阿曼德国技术大学、布赖米大学、阿拉伯开放大学、东部大学。2014 年 9 月，新成立的工程和管理国际学院招收了第一批学生。2013 ~ 2014 年，就读于私立学校的学生有 60294 人，占整个阿曼高等教育人数的 49.6%。这些私立学校有资格授予学士学位，有一些还可以授予硕士学位。[①] 此外，阿曼高等教育中的一系列专业课程在私立学校中也有开设，包括阿曼医学院全部的医学、药剂学和健康科学课程，牙医学院的牙科课程，以及中东专门学院的信息技术课程等。[②]

4. 其他高等教育院校

伊斯兰教经学与法学院 为了适应当前执法机构和新的国际形势变化，培养伊斯兰经学与法学人才，1997 年成立了伊斯兰经学与法学院。每年招收 120 名学生（男女兼收），学制四年，主要培养司法、伊斯兰教法和法律研究方向的人才。学院有三个系，分别是法律系、尤苏尔奥丁（宗教教义）系和伊斯兰文化系，授予伊斯兰经学学士学位和法学学士学位。阿曼还有很多公办或私立的古兰经学校，每年招收上千名学生。

高等军事教育学院 即警察院校，隶属尼兹瓦卡布斯苏丹警务学协会、阿曼皇家空军技术培训学校、阿曼皇家警卫技术学院和测绘学院。

五 成人教育

阿曼对成人教育和扫盲非常重视，为了使正规教育和非正规教育结合起来，阿曼政府还为那些失去学习机会的成年人开办了扫盲班。1973 ~ 1974 年，有妇女扫盲班 18 个，到 1983 年增加到 183 个，参加学习的人数从 19 人增加到 4376 人。同期男子扫盲班从 52 个增加到 185 个，参加学

---

① Sultanate of Oman Ministry of Information, *Oman 2015*, p. 196.

② Sultanate of Oman Ministry of Information, *Oman 2015*, p. 197.

习的人数从 1854 人增加到 3935 人。[①] 据统计，2002～2003 年，有 6000 多人参加了扫盲课程。扫盲工程在 2003～2004 年开始实施，目标是到第八个五年计划结束时力争使文盲率下降到 50%。

为了完成此目标，阿曼教育部开展了一系列成人教育项目，并突出妇女教育，第八个五年计划和乡村教育计划对此均有所涉及。[②] 这些项目采取政府、非政府部门和私营机构合作的方式，以社会发展部、教育部等援助机构为主体实施部门，对成人进行扫盲教育，通过不懈努力，到 2015 年，阿曼的文盲率已经下降到 8.9%。[③]

六　特殊教育

马斯喀特的一所学校专门为残疾人士开设辅导班，为他们提供受教育的机会。为适应特殊人群受教育的需求，1974～1975 年成立了专科教育部，为聋哑人和盲人设置专科学校。为了让更多有智力障碍的孩子能够接受教育，智障儿童的教育扩展计划将在 8 个行政省区的学校逐步得到实施。最终目标是使智障儿童教育计划遍及所有初级学校。马斯喀特的智障教育中心帮助智障儿童解决其在学习中遇到的问题，为智障教育专业老师提供适当的培训，针对有特殊天分的儿童制定不同的因材施教方案。

第二节　文学艺术

一　文化政策

阿曼是古老的文明古国，历史源远流长，为人类文明发展做出了贡献。近代由于长期遭受葡萄牙、英国等殖民主义者的入侵，阿曼的文化发展受到严重的阻碍，发展相对迟滞。阿曼有古代文明辉煌的历史，现在

---

① 《阿曼苏丹号召在全国普及教育》，新华社 1983 年 9 月 10 日电。

② Sultanate of Oman Ministry of Information, *Oman 2015*, p. 189.

③ Central Intelligence Agency, The World Factbook, "Oman", https：//www.cia.gov/library/publications/the－world－factbook/geos/mu.html.

阿曼政府重视文化艺术的发展，在继承和发扬本国文化的基础上，还广泛地与世界各国尤其是海合会国家进行合作与交流。阿曼发展文化事业的指导思想是：信守伊斯兰教教义，继承和发扬本国的文化遗产，在不触犯伊斯兰教规和民族传统的前提下，根据本国国情和特点，吸收现代文明成果。

对外来文化，阿曼采取的是审慎的态度，它"拒绝激进的思想意识、偏激的宗教潮流"，以"开放的心怀、自觉的意识面对一切有利于人类发展的东西"。2000 年 7 月 4 日，根据卡布斯苏丹诏令，成立"卡布斯苏丹伊斯兰文化中心"。卡布斯苏丹伊斯兰文化中心目前是阿曼伊斯兰文化的最高研究和指导机构，其职能为出版发行伊斯兰文化书籍，在人民和社会中普及伊斯兰知识等。2014 年 12 月 22 日，卡布斯苏丹伊斯兰文化中心举办了第三届卡布斯苏丹文化奖，获奖领域集中在文学教育研究、摄影和戏剧编剧领域；2015 年，第四届卡布斯苏丹文化奖的获奖领域集中在阿拉伯文化、书法、儿童文学等。2014 年 12 月 29 日，卡布斯苏丹伊斯兰文化中心人员参加《古兰经》背诵大赛，从 1806 名男女参赛者中脱颖而出，荣膺冠军。[1] 2015 年 2 月 15～19 日，卡布斯苏丹伊斯兰文化中心举办了"人类友好与和谐周"，充分促进了相互理解包容的道德观念。[2]

通过"走出去"和"请进来"的政策和签订的一系列文化草案和协议，阿曼积极发展与其他国家的文化关系。目前阿曼在主要的西方国家都设有文化事务处，向所驻国宣传阿曼的传统和文化遗产，扩大阿曼在国际上的影响；向国内介绍驻在国的文化和教育情况；等等。阿曼政府还努力发展与国际组织，如联合国教科文组织、伊斯兰教科文组织和世界知识产权组织之间的文化合作。阿曼参加的海合会组织有民族遗产展、诗歌、文学、手工艺、艺术、书法展览和一些以文化为主题的讲座。

---

① Sultanate of Oman Ministry of Information, *Oman 2015*, p. 246.

② Sultanate of Oman Ministry of Information, *Oman 2015*, p. 247.

二 文学

诗歌是在阿曼传统文学中非常受民众喜爱和重视的一种文学形式，无论是在官方还是民间都较为普及和流行。阿曼诗歌种类繁多，有言志诗、离别诗、怀念诗、歌颂诗、宗教诗等，这些诗歌有的是阿拉伯语普通话诗歌，有的是方言诗歌。

阿曼政府和民间经常举办各类文学比赛，并于 1988 年 11 月 8 日成立了阿曼文学会，于 1993 年成立了文艺促进会。文艺促进会每年举办一系列专题研讨会，为古典诗歌、民间诗歌、故事和散文的创作比赛创造了条件，同时也为阿曼戏剧研究、城镇研究和阿曼独特历史成因研究创造了良好的环境。文艺促进会也兼有出版社的职能。文艺促进会主办的会议有"文学遗产学"研讨会、"历史民间遗产：从人类学视角研究民间诗歌"、"哈米德·艾尔·鲁扎克（1783～1873）的生活和著作"研讨会等。

民族遗产和文化部每年举行诗歌比赛。阿曼青年体育和文化总机构每年组织"文学聚会"，对全国各地的用阿拉伯语普通话和方言创作的诗歌和短篇小说等进行评比，从中选出优胜者。

阿曼最著名的诗人是谢赫·阿卜杜拉·本·穆罕默德·阿塔伊（Sheikh Abdullah Bin Muhammad Attai，1927～1973），曾任阿曼新闻、社会事务部大臣，也是阿曼最早写小说的作家。他创作了著名的长篇小说，获得了阿曼甚至海湾地区"长篇小说创作先驱"的称号。

阿卜杜拉·本·阿里·哈里里（Abdullah Bin Ali Khalili，1922～2000）在阿曼是堪称与谢赫·阿卜杜拉·本·穆罕默德·阿塔伊相提并论的大诗人。他除了诗歌外还进行短篇小说创作，被评论界公认为阿曼写短篇小说的第一人。由于他在文学创作领域的巨大成就，阿曼"文学聚会"授予他"文学聚会之盾"勋章。1989 年第 10 届阿拉伯海湾国家首脑会议期间，为表彰他高尚正直的人格和品德，大会为他颁发了荣誉奖章。

女诗人中较为著名的是赛义黛·宾特·哈迪尔·法里西和哈希米娅·穆萨维。

马斯喀特每年年初举办为期两周的国际图书博览会。2016 年 2 月 27 日~3 月 5 日的第 21 届图书博览会，吸引了来自 27 个阿拉伯及其他国家的 650 余家出版公司参加展销。[1] 阿曼还参加了 2015 年 5 月 6 日举办的第 28 届德黑兰国际图书展览会。[2]

三 戏剧电影

戏剧在阿曼由来已久，但是发展尚不完善。1974 年，阿曼全国只有 3 个剧团，分别是艾尔·艾里剧团、阿曼剧团和青年剧团。1980 年，在马斯喀特国际饭店，青年剧团为来自世界各地的观众首演了莎士比亚的《威尼斯商人》。1998 年成立的塞拉莱艺术剧团，在阿布扎比举行的海湾国家艺术比赛中获得一等奖。现在阿曼共有 11 个剧团。2014 年 9 月中旬至 2015 年 5 月底，第五届阿曼皇家歌剧节举行，其间上演了精彩纷呈的歌剧、芭蕾舞剧等，演员来自世界各地。[3]

马斯喀特电影节每年举办一次。世界戏剧节也在阿曼首都马斯喀特举办过。

四 音乐舞蹈

阿拉伯民族擅长歌舞，载歌载舞是常见的表演形式。阿曼的音乐受外来音乐影响很大，特别是与桑给巴尔有着不解之缘。许多阿曼音乐伴有打击乐器，带有浓郁的非洲音乐韵味。阿曼乐器的号角和管乐器与非洲海岸的乐器极其相似。阿曼的打击乐器以手鼓为主，节奏强烈明快。手鼓通常由羊皮或鱼皮制成，大小不同。管乐器称为"布克"，在阿曼南部地区、巴提纳地区和东部地区普遍使用。这是阿曼人在大海螺壳上以特别的方式切割而成的乐器，根据海螺和洞口的大小不同，发出不同的音色。阿曼的弦乐器是一种源于非洲的碗状六弦琴，叫"坦布拉"。它是苏尔城的传统

---

[1] Gulf News, http://gulfnews.com/news/gulf/oman.

[2] Sultanate of Oman Ministry of Information, *Oman 2015*, p. 239.

[3] Sultanate of Oman Ministry of Information, *Oman 2015*, p. 249.

乐器，由圆木块制成，是专门为"努般"歌伴奏的。"努般"歌是一种圣歌，用阿拉伯语和斯瓦希里语混合演唱。

阿曼的传统音乐形式主要有宣告战争和庆祝胜利的歌舞"自豪歌"；包含斗剑和对诗比赛项目的歌舞"拉兹哈"（Al Razha）；宗教庆典圣歌；贝都因人不带任何伴奏的清唱；具有强烈悲伤情感的"哀歌"，其中"完恩"（Al wann）是阿曼音乐中最富强烈悲伤情感的表达形式；与大海有关的歌曲有《加拉特·马苏瓦赫》，主要描述水手拉船入海或靠岸的情景；赞美真主和先知穆罕默德的《修巴尼亚》（Al - Showbaniiah），是阿曼南部庆祝水手们胜利抵达时表演的歌舞。

为了更好地保存传统音乐，1984 年成立了阿曼传统音乐中心（OCTM）。它隶属阿曼新闻部，负责对阿曼传统音乐、歌舞和相关艺术形式进行收集、录制、分类和记录，对基础教育音乐教学大纲的编写做出了不少贡献。现已经分别以阿拉伯语和英语完成了视频录像带、磁带和歌曲舞蹈表演的彩色照片档案。阿曼传统音乐中心在保护国家和民间音乐遗产方面发挥了重要的作用，并得到联合国教科文组织的认可。阿曼成为第一个加入国际传统音乐委员会的阿拉伯国家。阿曼传统音乐中心 2002 年出版了两本书——《阿曼的传统音乐与阿拉伯遗产》和《阿曼传统音乐中心——观念与实现》，分别有阿拉伯语和英语两个版本。阿曼传统音乐中心还为阿曼电视台准备节目，如 1999 年播放的介绍阿曼音乐和舞蹈的 14 集电视系列片《阿曼传统音乐科学概论》。

根据第 24/2013 号皇家谕令，阿曼传统音乐中心转变为卡布斯苏丹文化和科学高级中心，负责研究传统的阿曼音乐和收藏品。2014 年 12 月 15~18 日，该中心举办了第一届阿拉伯传统音乐论坛，主题为"阿拉伯音乐历史的当代解读"，这次论坛会集了阿拉伯世界众多著名的历史学家、音乐家和阿拉伯音乐学者。[①]

1985 年，根据卡布斯苏丹的指示，组建了阿曼皇家交响乐团（ROSO），隶属阿曼皇家卫队。经过外国专家的培训，乐团于 1987 年举行了第一次演

---

① Sultanate of Oman Ministry of Information, *Oman 2015*, pp. 248 - 249.

出。最初乐团的成员都是男性，1988 年后才陆续出现了女性成员。每年 9 月到第二年 6 月，乐团都会定期在阿尔布斯坦皇宫酒店举办音乐会。2000 年 10 月阿曼皇家交响乐团第一次走出国门，在比利时举行了海外演出，此后每年海外表演都列入交响乐团的计划日程。2015 年 9 月 17 日，阿曼皇家交响乐团举行了庆祝成立 30 周年演出。[①]

五　美术

1993 年，阿曼美术协会（OSFAO）成立，其会员经常参加一些国际活动，如埃及、印度、突尼斯、约旦、科威特等国举办的展览和文化周。美术协会的现代工作室定期举办国外艺术作品展，还给予年轻的艺术家和摄影师各种鼓励和帮助。美术协会的摄影俱乐部活动非常丰富，在 2004 年 1 月举办了第 10 届年度摄影展，在 1999 年瑞士举办的国际摄影艺术联盟大赛中获得铜奖，在 2001 年意大利举办的第 26 届和 2004 年在匈牙利举办的第 27 届大赛中都获得了银奖，获奖作品的主题为传统的捕鱼。在保加利亚国际影展、波斯尼亚和黑塞哥维纳国际影展上，阿曼摄影家的作品《沙迦的男孩》和《猎》均获得金奖。[②]

第三节　体育

一　传统体育

阿曼人的传统体育活动是赛骆驼、赛马、猎鹰和斗牛等。每年国庆日都要举行一次全国性的骆驼大赛。赛骆驼一般在黎明开始，因为赛程遥远，还要穿过一处沙漠，需要有相当好的耐力。热情的观众会挤在卡车上跟着跑，当卡车快顶着骆驼屁股时，观众尽情欢呼，号角齐鸣，热闹非凡。赛马是在马快速奔跑的时候，骑手从地上捡起他的武器。猎鹰也是阿

---

① Sultanate of Oman Ministry of Information, *Oman 2015*, p. 249.
② Sultanate of Oman Ministry of Information, *Oman 2015*, pp. 250 – 253.

曼人最喜欢的活动之一。每年秋高气爽的日子，各部落都有"鹰猎"大
比赛。谁的鹰获得猎物多，谁就能得到部落人的尊重，否则就被人耻笑，
没有地位。阿曼的斗牛比赛不同于西班牙的斗牛比赛，是按照年龄、力量
和体重将牛分成不同的等级，让两头同等级的牛进行比赛，牛用犄角相
顶，用力将对方顶垮在地或迫使对方逃跑。每头牛都拴着绳子，由专人看
管，比赛时不许斗牛相互伤害。

二 现代体育

卡布斯苏丹上任后，开始在普通百姓中普及现代体育运动，在全国
各地建立各种俱乐部，成员迅速发展到几十万人。阿曼人的体育活动主
要是足球、曲棍球、排球、保龄球、乒乓球、篮球、马术、板球和各种
水上运动，并成立了各种专业球队。1982 年，阿曼成为国际奥委会成
员，并成立了阿曼奥林匹克委员会。1984 年，阿曼成立了足球和射击等
协会。阿曼是阿拉伯足球协会、亚洲足球协会和国际足球协会的成员。

2014 年 9 月，阿曼体育部宣布设立"年度青年成就奖"（Injazatana'a），
奖金总额为 17.4 万阿曼里亚尔。该奖分为运动（90000 阿曼里亚尔）和
青年活动（84000 阿曼里亚尔）两类，用以激励阿曼年轻人在运动项目上
取得成绩。从 2014 年 12 月 24 日到 2015 年 3 月 15 日，共有 179 名申请者
申请该项奖励，其中包括 112 名运动员。此外，阿曼体育部还举办青年赛
事，国王青年杯有 22 家俱乐部参赛，萨汉姆俱乐部荣膺冠军，获得
30000 阿曼里亚尔奖励；佐法尔俱乐部和西卜俱乐部分获二、三名，并获
得 28000 阿曼里亚尔和 26000 阿曼里亚尔奖励。[①]

近年来，随着体育部资金投入加大，阿曼体育基础设施也逐渐完善，
国内兴建了穆桑达姆省体育中心、鲁斯塔格体育中心等，并对塞拉莱的萨
达体育中心进行了扩建。

---

① Sultanate of Oman Ministry of Information, *Oman 2015*, p. 219.

三　体育成绩

阿曼在体育运动领域取得了不少成就，尤其是在海湾国家举办的运动赛事或其擅长的沙滩体育活动之中。

在 2015 年 3 月于阿曼举办的第四届海湾妇女运动会上，阿曼女子运动队最终获得团体亚军，斩获 10 枚金牌、9 枚银牌和 14 枚铜牌。2015 年 4 月 2~9 日，在第二届海湾合作组织沙滩运动会中，阿曼共摘得 13 块奖牌，其中包括 7 枚金牌、5 枚银牌和 1 枚铜牌。在多哈举办的国际沙滩足球亚洲锦标赛上，阿曼沙滩足球队获得冠军，并获得参加沙滩足球世界杯的机会。在 2015 年 7 月 11 日于葡萄牙埃斯平霍举行的第 8 届沙滩足球世界杯中，阿曼沙滩足球队赢得了历史上首场胜利。[1]

在 2015 年 4 月 23~30 日于约旦举办的西亚举重锦标赛上，阿曼男子举重队位列男团第三。2015 年 7 月，在香港举办的亚洲举重锦标赛上，阿曼夺得 31 枚奖牌，其中有 15 枚金牌。

2015 年 9 月第一周，阿曼国家游泳队在卡塔尔多哈举办的第 25 届海湾合作组织游泳锦标赛上夺得 31 枚奖牌，其中包括 7 枚金牌、7 枚银牌和 17 枚铜牌。

在 2015 年 4 月 22 日~27 日于巴林举办的第 19 届阿拉伯国家田径锦标赛上，阿曼运动员荣获团体第三的成绩。10 月，在韩国仁川举办的世界军事运动会上，阿曼短跑明星巴拉卡特·哈尔西以 10 秒 16 的成绩夺得 100 米项目金牌，该成绩也是其职业生涯最好成绩。[2]

第四节　新闻出版

阿曼的新闻业起步晚。1970 年卡布斯苏丹执政前，阿曼处于闭关锁国的状态，全国没有任何通信联络工具，人们只能靠说话来传递信息。从

---

[1]　Sultanate of Oman Ministry of Information, *Oman 2015*, p. 220.

[2]　Sultanate of Oman Ministry of Information, *Oman 2015*, p. 222.

1970 年开始，阿曼新闻媒体从无到有，在政府的大力扶持下，迅速发展起来，现已成为介绍国内外情况的重要阵地，为本国人民和世界各国架起了一座交流和沟通的桥梁。1996 年颁布、2011 年修订的《国家基本法》进一步强调了新闻媒体的地位，指出报纸、印刷、出版自由依据法定条件和程序受到保证。

一　通讯社

阿曼通讯社是阿曼唯一的通讯社。1986 年根据皇家谕令成立。根据第 75/2006 号皇家谕令，阿曼通讯社成为新闻部下设部门。阿曼通讯社设备先进，负责向阿曼各大报社和媒体提供新闻通讯稿件，用阿拉伯语和英语通过卫星或通讯社网站发布涉及国内外的所有官方消息。[1] 由于出稿快，消息权威，阿曼通讯社现已成为阿曼媒体和舆论的先锋，在本国新闻界和群众中享有很高的信誉。2014 年 6 月 5 日，阿曼通讯社阿文及英文网站正式上线，民众可以在线浏览大量新闻、图片以及享受特色在线服务。2014 年全年，阿曼通讯社共发布新闻 42571 条、图片 34079 张，报道了一系列活动和重大事件。[2]

二　报刊

阿曼出版业一直寻求与国际媒体和通信发展潮流相一致，助力阿曼文化产业的发展。值得注意的是，阿曼出版业中除阿曼新闻、通信、出版和广告公司（OEPNPA）之外，所有权 100% 属于地方私营部门，这标志相关新闻机构、报业、出版社等不受国家行政体系制约，而是严格遵从 2004 年修订的《出版法》，对阿曼特色的依法治国具有重要意义。

截至 2014 年 10 月，阿曼共有 21 家出版机构、100 家印刷机构。阿曼目前用阿拉伯语和英语发行 9 种日报及 80 多种新闻报纸、杂志、期刊等，包括日报、周报、月刊、双月刊、季刊、半年刊和年刊。此

---

[1] Sultanate of Oman Ministry of Information, *Oman 2015*, p. 143.

[2] Sultanate of Oman Ministry of Information, *Oman 2015*, p. 143.

外，为满足民众需求，阿曼还有大量关于体育、娱乐、广告等的刊物。一些政府机关或机构发行时事通讯类刊物，以解释和强调公共服务工作，或提供地方民众所关心的观点解析。① 目前，阿曼报刊主要有以下几种。

《阿曼报》　官方报纸，1972 年创刊，原来为周报，1980 年起改为日报。主要刊登国内、地区性和世界重大新闻。每周有特色周刊，《文化周刊》、《家庭周刊》等。工作人员以前多为埃及人、印度人，阿曼人近年有增多的趋势。现每期 12 版，发行于国内外，发行量约为 2 万份。

《祖国报》（AL - Watan，阿拉伯语报）　1971 年创刊，是最早的私营报纸。原来为周报，1984 年改为日报，每周有妇女和儿童周刊。主编是阿曼人，记者和其他工作人员以埃及人和印度人居多。它经常发布自己的独家报道，是对《阿曼报》非常好的补充。发行量 1 万多份。

《阿曼时报》（Times of Oman，英文日报）　创刊于 1975 年，是私营报刊。原为周报，每期近 50 个版面，20 世纪 80 年代末改为日报后版面有所减少。编辑是英国人，记者多为英国、印度和巴基斯坦人。主要报道阿曼国内经贸、文化、社会等领域的消息和地区、世界重大新闻。发行量 1 万多份，在知识分子阶层中间影响较广。

《阿曼每日观察》（Oman Daily Observer，英文日报）　与《阿曼时报》齐名，发行量 1 万份。在当地的外国社团中有较大影响。

《青年报》（阿拉伯语日报）　青年体育类报纸，前身是《青年杂志》。

主要的刊物有以下几种。

《商业》　阿拉伯语、英语月刊，主要刊登阿曼工商界的活动和工商业广告等。

《尼兹瓦》　用阿拉伯语发行的文化、文学、历史类季刊，刊有阿曼最高、最新的社科类文化研究成果。刊物作者多为研究领域的知名学者和教授，在知识阶层和大学生中影响很大。

《阿曼问题研究》　1975 年创刊，主要刊登考古学家和历史学家关于

---

① Sultanate of Oman Ministry of Information，*Oman 2015*，p. 144.

阿曼和阿拉伯半岛临国议题的学术文章，现已将刊登内容扩展到自然历史等方面，受到广泛认可。

《中央银行》 阿拉伯语、英语月刊。它是阿曼中央银行的机关刊物，主要内容是中央银行的月度统计和阿曼财政金融界的消息。

《马斯喀特》 阿拉伯语月刊，马斯喀特市政厅主办。主要介绍首都马斯喀特的市政建设成就、民俗风情和历史文化景观等。

《家庭》 1974 年创刊，是海湾地区最早的妇女杂志，用阿拉伯语发行。原为周刊，1986 年改为半月刊。社会文化家庭类杂志，内容侧重于阿曼家庭、妇女和儿童。很受知识女性欢迎。

《阿曼妇女》 1980 年创刊，阿拉伯语月刊，是阿曼妇女协会的机关刊物，主管部门是社会发展部。

《阿曼警察》 阿拉伯语刊物，不公开发行。主要介绍阿曼警察的有关活动，由警察局公共关系处负责编辑。

《警惕的眼睛》 阿拉伯语月刊，阿曼警察杂志。刊登的主要内容为新闻调查、学术研究、交通安全和地区形势、阿曼国内治安等方面和当代阿曼警察的情况。由阿曼皇家警察公共关系局主办。

《阿曼士兵》 原为阿曼国防部的机关内部刊物，以阿拉伯语发行。现在书店有售。

除此之处，还有多种以英语、阿拉伯语出版的月刊、双月刊杂志，主要发表与社会话题有关的内容。

三 新闻、通信、出版和广告公司

根据 1997 年第 43/1997 号皇家谕令，阿曼新闻、通信、出版和广告公司（OEPNPA）成立。该公司是阿曼最大的媒体机构，也是一个有独立财政和管理权的实体。它重视人才培养和阿曼化，95% 的工作人员都是阿曼人，除在本国学习外，还送专业人员出国进修。它的出版发行物主要有阿拉伯语日报《阿曼报》、英文日报《阿曼每日观察》和文学类的专业季刊《尼兹瓦》，还有其他许多书籍、诗集等。2011 年以来，阿曼新闻、通信、出版和广告公司紧跟时代发展和信息化潮流，推出了多种杂志，包括女性生活杂志《哈亚提》

（*Hayati*）、生活类双月刊杂志《马尊》（*Mazoon*）、信息技术类季刊《数字阿曼》（*Digital Oman*）、旅游类季刊《四季》（*Four Seasons*）等。①

四 广播电视

1. 广播电台

目前，阿曼全国共有 5 家广播电台，分别为阿曼广播（公共广播）、青年广播、外语广播、宗教广播和古典音乐广播；收听以上广播的节目可以通过卫星调频或互联网传输渠道，网址为 http：//part. gov. om/omanradio/arabic。②

阿曼广播 调频广播，全天播放，在节目编排播放计划中通常留有特殊事件的报道时段，如关于斋月、全国性节日、开斋节、古尔邦节的报道；或有规律性的时间，如"马斯喀特节"和"塞拉莱旅游节"等。阿曼广播与国家各方面发展进程高度相关，其 90% 的日常节目是报道重要事件的，成为公众与政府交流的一座桥梁。具有影响力的公众意见能够直接通过高收听率的节目反馈给阿曼广播。阿曼广播在阿曼各地、阿拉伯国家和世界主要国家的首都都设有通信员，并对海湾、阿拉伯和国际社会的重要新闻随时组稿播送。

青年广播 拥有阿曼最大的收听群体，播送的节目贴近青年人的兴趣爱好，并引导青年人建设家乡，为国家发展做出自己的贡献。青年广播的特征是节目制作精细和高收听率，其调频覆盖整个阿曼，并通过阿拉伯通信卫星、尼罗河卫星和热鸟 4 号卫星与其他地方联网，同时可以通过全球互联网进行收听，阿曼青年广播收听网址为 http：//part. gov. om/shababradio。③

外语广播 是连接阿曼与世界的桥梁，也是与非阿拉伯国家居民对话互动的主要渠道。外语广播从早晨 6 点到翌日凌晨 1 点每天播送 19 个小时。

---

① Sultanate of Oman Ministry of Information, *Oman 2015*, p. 145.
② Sultanate of Oman Ministry of Information, *Oman 2015*, p. 148.
③ Sultanate of Oman Ministry of Information, *Oman 2015*, p. 149.

宗教广播 2006 年开始播送节目，播放时长为全天 24 小时，节目内容涉及宗教领域，尤其是解读《古兰经》，倡导宽容、对话和温和的伊斯兰教价值观。

古典音乐广播 2010 年 7 月 22 日开始播送节目，节目内容为阿拉伯及非阿拉伯古典音乐，播放时长从早晨 6 点到凌晨 1 点，共 19 个小时，马斯喀特调频为 97MHz，塞拉莱调频为 103.2MHz。①

2. 电视台

阿曼彩色电视传播的历史从 1974 年马斯喀特电视台建立开始。1975 年塞拉莱电视台建立，开始为南部地区的居民服务。1979 年两个电视台通过人造卫星相连，实现了电视节目的互换，这样观众就可以欣赏到更多的电视节目。阿米拉敏地区人造卫星台的建立，标志着阿曼电视业覆盖了全国各地，并且与外部世界取得了联系。到 20 世纪 90 年代，阿曼全国有大小 20 多个电视台，构成一个强大的电视网络。

现在阿曼已经建立了现代化的数字演播室，用于地面和卫星数字广播电视的传输，成为阿拉伯地区第一个使用卫星传输电视节目的国家。通过阿拉伯卫星、奈尔斯、热鸟 4 号卫星、亚洲卫星 35 号、通信卫星 5 号、西班牙卫星 1C 和 NSS7 系统，阿曼电视台向全世界发送它们的节目。从 2002 年起，阿曼电视台通过地面发送系统就可以为当地观众提供国内外的新闻及体育赛事、协商会议的辩论、阿曼与国外的连续剧等电视节目。地面发送系统每天服务 5~7 个小时，有协商会议辩论和重大体育赛事时会增加到 10 个小时。EFP 移动微型广播站已经投入使用，有了它，阿曼电视台不需要借助任何外界的传输设备就可以发送新闻。

目前马斯喀特已经在推行数字电视，并在 2007 年对现有电视台进行了维护保养工作。2013 年，阿曼电视台发起了分析检查活动，目的是提升电视节目的制作水平和艺术水准。目前，阿曼电视台的节目可以通过卫星和互联网渠道在全世界范围内收看，链接网址为 http://part/gov/ar/web/

---

① Sultanate of Oman Ministry of Information, *Oman 2015*, p. 150.

omantv。① 阿曼电视台目前最受欢迎的频道有以下两个。

体育频道　2013 年 1 月 1 日正式开始播放节目，2015 年每日播放 19 个小时。对足球赛事没有限制，并提供了收视套餐，包括新闻和所有体育赛事的要点及内容等。

直通阿曼　2014 年 1 月开播，播出内容涵盖重要国内重要地区和国际政治、社会、文化、艺术、宗教、体育等新闻事件，截至 2014 年 6 月底，已播出 116 条重要新闻。②

3. 私营广播和电视台

为了追赶媒体发展的最新潮流，拓展阿曼广播和电视业的社会影响力，阿曼于 2004 年颁布了《广播和电视私营机构法》，为阿曼私人部门进入广播及电视产业提供了机会，并授权这些私营机构管理节目播放等事务，这种做法使阿曼听众和观众受益。

开放广播和电视领域之后，阿曼涌现出数个广播或电视台，比较有影响力的有:③ 哈拉广播（阿拉伯语），拥有自己的娱乐媒体网络；"你好 FM"广播（英语），拥有自己的娱乐媒体网络；瓦希尔广播（阿拉伯语），拥有自己的区域媒体；联合调频广播（英文），拥有自己的区域媒体；麦格纳频道，阿曼唯一的私人电视频道，从 2008 年起开播。

五　互联网

自 1996 年底互联网被引进阿曼后得到迅速发展，现已经形成了一套完整的系统，截至 2015 年，阿曼共有 243.8 万互联网使用者，占全部人口的 74.2%。政府各个重要部门和机构也都有自己的网站。对于互联网上的不良信息和内容，在其进入阿曼之前，阿曼电信公司已经进行了技术删除处理。如果个人用户不通过阿曼电信公司的服务器而使用其他国家的服务商上网，费用要高很多。

---

① Sultanate of Oman Ministry of Information, *Oman 2015*, p. 151.

② Sultanate of Oman Ministry of Information, *Oman 2015*, p. 152.

③ Sultanate of Oman Ministry of Information, *Oman 2015*, p. 153.

从 2003 年开始，阿曼协商会议选举的全过程都会经过互联网向网民播送。通过给选举委员会发送电子邮件，网民就可以提出自己的问题，并能够得到阿拉伯语和英语的回复。阿曼新闻部建立了自己的阿拉伯语、英语网站（www. omanet. com），定期发布和更新有关阿曼的重要事件和消息。

第八章

外　交

第一节　外交政策

一　外交原则

无论是从阿拉伯地区政治的角度来说，还是从国际政治的角度来说，阿曼都是国际交往体系中一个重要的力量单元。阿曼具有自己独特的历史、迥异的文化传统和现实的国家利益，卡布斯苏丹根据这些因素在对外交往中坚持以下原则：奉行中立和不结盟原则，主张在联合国宪章、国际法准则的基础上，加强同世界各国的友好与合作；在和平共处、互相尊重主权、独立、不干涉别国内政规则上同所有国家建立友好关系；通过文明间的对话解决国与国之间的分歧；反对使用武力或以武力相威胁，干涉主权国家内政的行为；不主张采用断交、抵制等过激手段处理国家间关系；改善同周边国家的交往关系，推动地区安全合作，加强阿拉伯国家之间的团结，建立安全与稳定的地区秩序和国际秩序。

阿曼在海湾、阿拉伯地区及国际社会中拥有重要的地位，这主要体现在阿曼已经扩大的对外交往体系及其在海湾、阿拉伯地区和国际组织中发挥的积极作用。正如卡布斯苏丹所言："我们的外交政策有利于同不同国家和世界各国人民建立积极的外交关系。这种外交关系将支持我们努力去稳定地区局势，促进睦邻友好精神，构筑人民合作之桥，避免其他不利的交往后果。"[1]

---

① Sultanate of Oman Ministry of Information, *Oman 2015*, p. 131.

冷战期间，阿曼执行亲西方的对外交往政策，反对苏联和以色列的扩张和霸权。后冷战时代，阿曼致力于推进中东和平进程。伊拉克战争结束后，美国鼓吹"人权高于主权"，搞"新干涉主义"，阿曼反对美国的霸权行径和单边主义，主张国际关系民主化，在联合国的框架结构内公开、公正和公平地解决国际社会的重大问题。

长期以来，阿曼对中东地区和国际重大问题都形成自己的外交原则和鲜明立场。

（1）阿曼充分肯定了联合国在维护世界和平方面的作用，支持联合国体制和机构的改革。

（2）卡布斯苏丹认为世界已经成为一个整体，要抛弃狭隘的地域观念，用全球化的开阔的眼光同世界交往。他强调应利用冷战后变化了的国际形势，建立平等、均衡、合理的国际新秩序。

（3）在全球化和南北经济合作问题上，阿曼认为世界经济结构已发生了变化，对发展中国家的发展带来了消极影响。阿曼一方面呼吁调整和改革现存的国际经济秩序；另一方面要求发展中国家联合自强，实现繁荣发展。

（4）阿曼极力推进中东和平进程，支持联合国安理会第 242 号和第 338 号决议，主张在联合国有关决议和"土地换和平"的原则基础上实现中东地区全面、持久和平。

（5）阿曼力促伊朗核问题朝着政治解决的方向发展，赞赏"5 + 1"会谈模式在解决伊朗核问题过程中所起到的关键作用。[①]

二 外交目标与形成因素

阿曼的外交政策有着清晰的目标，赢得了世界人民的赞赏和尊重。首先，阿曼奉行睦邻友好、不干涉他国内政、相互尊重国家主权的原则，与一切国家建立外交关系。其次，遵循《联合国宪章》和国际法准则，支持一切旨在为地区和世界和平做出贡献的地区性组织和国际组

---

① Sultanate of Oman Ministry of Information, *Oman 2015*, p. 131.

织；最后，支持阿拉伯国家联盟的主张和举措，鼓励阿拉伯国家为解决地区事务分歧所进行的建设性对话，努力实现本地区公正、全面的和平。同时，支持亚洲、非洲及其他各大洲一切正义的事业。根据上述原则和目标，阿曼展开全方位外交。早在 1984 年，卡布斯就提出"广交友，少树敌"的口号，在兄弟国家与友好国家之间进行建设性对话。阿曼外交事务主管大臣阿拉维也多次强调："我们的外交是建立在真诚、相互尊重和有效合作基础之上的。""阿曼的大门向所有国家开放，只要他们同阿曼在真诚、相互尊重和有效合作的基础上进行交往，我们就不排斥与任何国家建立友谊。"[①]

卡布斯苏丹时期的外交政策以务实和自主为主要特征，国外有的学者将阿曼外交政策的演变分为五个阶段：巩固阶段（1971～1975 年）、转型阶段（1976～1980 年）、成熟阶段（1981～1985 年）、务实阶段（1986～1994 年）和自主阶段（1995 年至今）。[②] 但考察阿曼外交史不难看出，阿曼的历史遗产、集权的政治传统以及经济的依附性等因素在卡布斯外交政策形成的过程中起着重要作用。阿曼外交政策立足于世界层面，但是由于现实经济模式的局限性，其只能在理论上是全球性的，但是在现实层面表现出地区主义的局限。这一外交模式的形成受以下因素制约。

首先是阿曼历史的影响。从历史变迁的轨迹来说，阿曼具有相对独立的外交传统，包括与英国、美国、中东国家和印度的交往史。这就使卡布斯苏丹可以在引领外交方面比其他国家更容易突破陈规，与英国、美国等西方国家构建战略盟友关系，对以色列恢复正常关系，与伊朗实行和平相处的"平衡战略"。

其次是战略地缘位置。阿曼地处阿拉伯半岛东南端，历史上是沟通印度、非洲和欧洲的交通要冲，这种独特开放的地缘位置，使阿曼形成外向型的外交政策。与此相比，阿曼的邻国，如沙特阿拉伯和科威特，由于历史和地缘位置的关系，其外交则表现出内向型特征。

---

① 黄培昭、苏雅丽：《当代阿曼苏丹国社会与文化》，上海外语教学出版社，2003，第 78 页。

② Joseph A. Kechichian, *Oman and the World*, Santa Monica：Rand, 1995, p. 180.

最后是石油，这也是决定阿曼外交政策的又一因素。在阿曼没有发现石油以前，阿曼苏丹没有资金购买先进的武器，所以在外交上，阿曼倾向于同大国结盟，以实现对外防御的实用政策。有了石油收入以后，阿曼外交独立自主意识日益明显，外交风格也显示出多元化特征。

三　外交成就

阿曼与世界大多数文明主体有着悠久而丰富的历史交往内容。自古代起，阿曼就因其独特的地理位置，有着得天独厚的贸易优势和繁荣的贸易网络，其贸易范围一直延伸到远东、东南亚及印度次大陆。阿曼人还曾远航中国、美国、非洲海岸、中非及南非。近年来，阿曼稳步推进与东非国家的贸易交往。

由于阿曼独立自主的和平外交政策得到了国际社会广泛认同，其国际影响力与日俱增。1970 年以来，阿曼同世界上大多数国家建立了外交关系，到 2016 年 12 月，与阿曼建交的国家已达 138 个。①

阿曼还加入了海湾、阿拉伯等地区的组织和国际组织。1981 年 5 月 25日，阿曼加入海合会；1971 年 9 月 29 日，阿曼加入阿拉伯国家联盟；1971年 10 月 7 日，阿曼加入联合国；1972 年 2 月 29 日，阿曼加入伊斯兰会议组织；1973 年 9 月 5 日，阿曼参加不结盟运动。1997 年 3 月，阿曼加入环印度洋区域合作联盟；2000 年 10 月，阿曼加入了世界贸易组织；2014 年 10 月24 日，阿曼在北京正式签署《筹建亚投行备忘录》，成为亚洲基础设施投资银行的创始成员国。

四　对重大事件的外交立场

1. 对中东和平进程的态度

阿曼一直致力于推进马德里和会以来的中东和平进程。卡布斯苏丹支持巴解组织，并给予政治上和物质上的援助。阿曼支持以东耶路撒冷作为巴勒斯坦国的首都，呼吁巴勒斯坦难民回归家园，认为以色列应该妥善解

---

① 中华人民共和国驻阿曼苏丹国大使馆网站，http://om. chineseembassy. org/chn/zjam/amgk/。

决巴勒斯坦难民问题，呼吁美国和国际社会在巴勒斯坦问题上发挥积极作用。卡布斯苏丹在一次演讲中强调了阿曼对中东和平进程的承诺："我们相信和平，并且我们努力实现和平，同时我们要在全面公正和相互尊重的基础上，加强我们与各个国家之间的友好往来，我们坚定并一贯支持所有的正义行动，特别是巴勒斯坦为获得他们的权利和建立他们国家而进行的斗争；为解决叙利亚的戈兰高地、黎巴嫩南部和所有阿拉伯国家、伊斯兰和国际事件相关问题进行的斗争。我们希望中东和平进程将给各方带来公正的解决方法，我们恳求国际社会尽最大的努力，来解决导致苦难和威胁和平的突出问题。我们很高兴消除不公正局面，实现各国之间的安全、稳定、友谊和合作。"①

阿曼支持在国际法框架内为推进中东和平进程所做出的各种努力。阿曼呼吁所有国家共同努力，把巴勒斯坦人民从以色列压迫的苦难中解救出来，反对以色列对巴勒斯坦实施的非法政策及其对巴勒斯坦神圣土地的侵犯。阿曼反对以色列在巴勒斯坦的殖民政策及修建隔离墙的行为，这些单方面强行实施的行为均与国际法相悖，违反了和平准则及其与巴勒斯坦进行的严肃谈判。阿曼谴责针对以色列、巴勒斯坦平民的暴力行径，支持巴勒斯坦争取民族权利的斗争。2010年，阿曼协商议会公开谴责以色列关押巴勒斯坦议员的行为。② 阿曼呼吁国际社会采取措施使以色列服从国际法的决议，站在公正的立场上，以和平的方式解决阿以问题。

2. 对伊拉克的政策

阿曼和萨达姆统治时期的伊拉克恢复了外交关系，并建立了自由贸易区，表达了双方进一步合作的期望。海湾战争期间，阿曼呼吁国际社会和联合国结束对伊拉克的制裁和经济禁运。2002年3月，在贝鲁特召开的阿联盟峰会上，阿曼调解伊拉克和科威特之间的矛盾，认为伊拉克针对国际社会制裁的解决方案要有柔韧性和灵活性。

伊拉克战争后，阿曼要求美国保持伊拉克领土完整，支持伊拉克人民

---

① 《阿曼2002~2003》，阿曼新闻部，第56页。

② 新华网，http://news.xinhuanet.com/world/2010-07/01/c_12283704.htm。

渴望稳定、成立自由选举政府和自行解决其政治事务的权利。随着伊拉克问题的不断明朗，阿曼政府的态度也非常务实。阿曼欢迎伊拉克在安理会第 1546 号决议的基础上建立伊拉克临时政府，并表示希望伊拉克最终能建立一个独立稳定的新政府。阿曼支持伊政府为实现国家稳定和民族团结所做的努力，主张通过对话和政治途径促成内部和解，阻止流血冲突。阿曼政府坚信伊拉克重建离不开国际社会的支持，尤其是联合国应该在伊拉克重建中发挥至关重要的作用。阿曼政府还强调，如果伊拉克想保持领土完整以及独立性，就必须避免国内的纷争。阿曼呼吁国际社会援助伊拉克重建，使其恢复国际地位。

3. 对恐怖主义的态度

卡布斯苏丹的治国理念一直扎根于伊斯兰教宗教哲学范畴，但他对宗教激进主义和恐怖主义一直持反对态度。早在 1985 年的国庆节上，他就表达了强烈反对宗教激进主义的鲜明主张和决心。他认为宗教激进主义是"极端主义和狂热主义"，谴责这种思想是"现代伊斯兰思想的失败"。他说："制造混乱的是恐怖主义，他们政治上的动机在于让别人遵循他们的意志。他们这样做破坏了伊斯兰教的形象。"[1]"9·11"事件以后，阿曼一直谴责恐怖主义，深信"任何形式的、任何起因的恐怖主义必将威胁整个人类的和平和安宁"，呼吁全世界共同打击恐怖主义。

对于 2013 年底以来肆虐中东的"伊斯兰国"和欧洲恐怖主义袭击，阿曼政府予以强烈谴责。2014 年在沙特西部沿海城市吉达召开的阿拉伯国家外长与美国的会议上，阿曼政府不仅同意团结起来共同应对包括"伊斯兰国"在内的所有恐怖组织，建立涵盖各个层面的反"伊斯兰国"联盟，还同意阻止极端武装分子从邻国进入叙利亚或伊拉克，打击向"伊斯兰国"和其他恐怖组织提供资金支持的行为，反对散布宗教仇恨情绪，将恐怖分子绳之以法。阿曼政府还承诺向受到极端武装组织迫害的地区提供人道主义援助，帮助他们进行重建，并支持受到极端组织

---

① Rosalind Miller, "Our Man in Oman," *The Washington Post*, November 19, 1995.

直接威胁的国家。①

4. 对也门、利比亚、叙利亚问题的态度

在也门、利比亚、叙利亚问题上，阿曼一直秉持不干涉内政、政治解决的总体外交政策。对于也门问题，2015 年 5 月 20 日在阿曼外交部秘书长巴德尔与俄罗斯总统中东事务特使、俄罗斯外交部副部长米哈伊尔·博格丹诺夫的会谈中，阿曼与俄罗斯一致认为，应在广泛的内部对话的基础上，"不受外部破坏性干扰地"解决也门冲突。对于利比亚问题，阿曼政府强调确保利比亚人民的生存权利，同时多次向利比亚提供人道主义援助。对于叙利亚问题，阿曼外交部于 2012 年 10 月 24 日发表声明指出，阿曼主张叙利亚各方停止流血冲突，立即开启政治对话，寻找各方都能接受的解决方案，以满足叙利亚人民的期待，维护叙利亚乃至整个地区的安全和稳定。阿曼希望叙利亚各方充分运用政治智慧，尽快停止暴力和破坏，通过对话政治解决叙利亚问题。② 2015 年 10 月 2 日，阿曼外交事务主管大臣阿拉维与俄罗斯外长拉夫罗夫通电话，强调了坚决反击恐怖分子和尽快根据《日内瓦公报》开启叙利亚问题政治解决进程的必要性。

第二节　与联合国和地区组织的关系

一　与联合国的关系

1971 年 5 月，阿曼提出加入联合国的申请，联合国的阿拉伯使团做出的回应是：成为联合国成员必须同加入阿盟挂钩；在阿盟做出接纳阿曼的决定后，再讨论阿曼加入联合国问题。沙特阿拉伯与阿曼在领土上面一直存在宿怨，因此反对阿曼加入任何国际组织。为了争取沙特阿拉伯的支持，卡布斯苏丹积极与沙特阿拉伯寻求妥协，沙特阿拉伯最后同意阿曼加

① 《十国同意与美共战伊斯兰国》，网易新闻，http：//news. 163. com/14/0913/16/A61LU LIR00014AED. html。

② 《阿曼呼吁叙利亚冲突各方宰牲节期间停火》，新华网，http：//news. xinhuanet. com/ 2012 - 10/24/c_ 123860800. htm。

入阿盟。10月4日，安理会建议联合国大会接纳阿曼为正式成员国。10月7日，阿曼正式成为联合国第131个成员国。

阿曼曾担任过联合国安理会非常任理事国，一直拥护联合国宪章、宗旨和原则，主张一切主权国家平等相处，加入联合国的国家不受任何歧视，并进行广泛的国际合作。21世纪，阿曼要求增加安理会成员国，支持联合国体制和机构的改革。对于联合国维和行动问题，阿曼强调维和的重点应放在人道主义援助上，健全维和机制，维和军队介入地区冲突与危机时要采取慎重的态度。阿曼政府支持联合国及其附属机构如联合国教科文组织、国际劳工组织、国际原子能机构、联合国人权委员会等的活动。① 2014年5月12~14日，由联合国教科文组织与阿曼政府共同主办的"全民教育"国际会议在马斯喀特举行，联合国教科文组织总干事博科娃在会议期间发表专题讲话。2017年2月4~6日，联合国人权高级专员扎伊德出访阿曼，与阿曼政府高级官员和民间社会成员举行会谈，并将联合国秘书长的致函转交卡布斯苏丹。②

二 与阿拉伯国家联盟的关系

阿拉伯国家联盟（以下简称"阿盟"）是第二次世界大战后最早成立的地区组织。1945年3月22日，埃及、叙利亚、伊拉克、黎巴嫩、沙特阿拉伯、也门和约旦7个阿拉伯国家代表于埃及首都开罗举行会议，通过了《阿拉伯国家联盟宪章》，宣告阿盟正式成立。多年来，经过地区主义观念与实践的不断洗礼，阿盟已经逐步成为新时期阿拉伯国家开展多边合作与对话，实现阿拉伯国家共同利益的主要组织之一。③

阿曼的一贯政策是与阿拉伯国家紧密联系，团结一致，谋求成员国共同发展，社会繁荣稳定。因此，卡布斯苏丹及其政府极力支持并响应阿盟

---

① Sultanate of Oman Ministry of Information, *Oman 2015*, p. 136.
② UN News Centre, http://www.un.org/chinese/News/story.asp?newsID=27510.
③ 陈万里、赵军：《浅析阿盟的功能演变及其发展前景》，《阿拉伯世界研究》2006年第4期，第3页。

的相关政策准则,①成为阿盟大家庭的一员是卡布斯苏丹建立新政权后积极着手的首要之事。他组织了一个以教育大臣绍德·本·阿里·哈里为团长的外交代表团,先后前往沙特阿拉伯、伊拉克等11个阿拉伯国家进行外交游说,以争取这些国家支持阿曼加入阿拉伯世界。1971年3月,阿曼政府率先提出入盟申请,但因南也门反对,阿盟在9月才对申请进行讨论,并予以通过。自此之后,阿曼成为阿盟的正式成员国。

加入阿盟之后,阿曼外交部专门成立了阿盟司,并逐渐成为该地区组织的重要参与者之一。阿曼积极支持阿盟内部治理机制改革,弥合阿拉伯国家之间的裂痕,以温和、务实的态度参与阿盟的相关事务。对于巴勒斯坦问题、伊拉克问题、叙利亚问题、利比亚问题等地区焦点问题,主张在国际法的框架内予以妥善解决;②对于经济自贸区建设、与外部国家交往、反对恐怖主义等地区发展问题,阿曼同样积极建言献策,贡献治理智慧。自加入阿盟以来,阿曼从未缺席过阿盟峰会,③在2015年3月28日于埃及沙姆沙伊赫举行的第26届阿盟峰会,以及2016年6月25日于毛里塔尼亚首都努瓦克肖特举行的第27届阿盟峰会上,卡布斯苏丹均派代表赛义德·阿萨德·本·塔里克·赛义德(Sayyid Assad Bin Tareq Al Sa'id)殿下出席。④

三 与海湾合作委员会的关系

20世纪70年代末80年代初,中东地区局势骤然紧张:一方面,伊朗、伊拉克和沙特阿拉伯为谋求阿拉伯地区霸权而剑拔弩张;另一方面,苏联入侵阿富汗和两伊战争使该地区陷入动荡不安。面对两伊战争所带来的海湾危机,阿曼认为海湾安全结构应包括政治、经济、安全和文化等各个方面,希望通过海合会与海湾国家一起维护海湾安全。

1981年2月,在阿曼的提议下,海湾各国在利雅得召开部长级会议,

---

① Sultanate of Oman Ministry of Information, *Oman 2016*, p. 135.

② Sultanate of Oman Ministry of Information, *Oman 2015*, p. 136.

③ Sultanate of Oman Ministry of Information, *Oman 2016*, p. 135.

④ Sultanate of Oman Ministry of Information, *Oman 2016*, p. 135.

商讨成立海湾合作委员会的有关事宜，3 月，六国外长又在马斯喀特集会并达成协议。5 月，六国正式成立海湾合作委员会。阿曼强调了会员国的平等地位，反对将海合会定位成反对伊朗的军事集团。卡布斯苏丹认为，如果将海合会定位为北约式的组织，会被伊朗认为是一个敌对集团，有损地区稳定。对于卡布斯苏丹来说，海合会建立的主旨是实现海湾乃至中东地区的安全，而不是战略结盟。

阿曼一直希望保护霍尔木兹海峡这一战略航道。1981 年 8 月末，在塔伊夫举行的外长会议上，阿曼再次以书面的形式强调了海湾国家加强与美国和西方国家合作的必要性，如与美英建立联合舰队，举行联合军事演习等主张得到了各成员国的支持。1982 年 1 月，海合会提出建立快速反应部队的建议。1983 年 10 月，海合会举行了名为"盾牌行动"的军事演习。1984 年 6 月，海合会决定采纳阿曼在 8 年前提出的设想，即对本国沿海 12 英里以内的地区进行管理。

阿曼积极参加海合会的活动。1986 年 3 ~ 4 月，阿曼参加了海合会国家的海军和空军演练。阿曼还提出一个军事战略构想，要求海湾各国建立自己的军队，为此阿曼接受了 10 亿美元的援助。卡布斯苏丹的代表在海合会发表声明：阿曼准备采取必要措施保证海峡地区的航行自由，阻止任何破坏活动。

1988 年两伊战争结束后，海湾地区的紧张局势暂告缓和。阿曼参加了阿拉伯半岛防护训练部队，鼓励成员国之间加强军事合作。阿曼的这一立场在 1989 年 12 月的海合会第 10 次会议上得到了会员国的肯定和赞同。

1991 年 12 月，卡布斯苏丹在科威特召开的第 12 届海合会首脑会议上建议将半岛防护部队扩大到 10 万人，由海湾六国分别派兵组成，统一领导、统一指挥、统一训练、统一使用，遭到海合会拒绝。海合会建议将海湾半岛防护部队增加到 25000 人。在伊朗获得了俄罗斯潜艇后，阿曼与美国和英国进行了反潜艇演习。1993 年，阿联酋与伊朗在阿布·穆萨岛问题上发生冲突。1995 年 4 月，阿曼外交事务主管大臣阿拉维批评了伊朗在阿布·穆萨岛上建立军事设施的行为，希望第三方如国际法院等机构帮助解决事端。

　　阿曼对海合会的经济政策感到失望，反对海合会内部废除进口税和各种关税。阿曼将之看作保护工业基地特别是塑料、水泥和铝工业的方式。与其他国家相比，阿曼工业化落后，缺乏支撑国内工业化的支柱产业。为了给国内企业发放补助津贴，阿曼政府需要这些关税收入。自 1987 年以来，阿曼赞成海湾各国进出口关税标准化，国家工业协调发展，制止工业生产中的铺张浪费。

　　1988 年 3 月，海合会与欧盟签署贸易条款，要求享有优惠国地位，冻结新关税，欧盟帮助海湾国家扩大能源、工业和农业部门的生产能力。1990 年 6 月，阿曼政府签署冻结海合会与欧盟关税的条款。阿曼做出以上决定主要出于两点考虑：第一，在阿曼看来，海合会与欧盟建立联系的主要获益者是沙特阿拉伯，为沙特阿拉伯的石油化工产品进入欧洲市场大开方便之门。阿曼认为，海合会不能因为沙特阿拉伯而牺牲其他国家的利益。第二，卡布斯苏丹认为欧盟与海合会的任何亲密合作只会使海湾原本经济发达的沙特阿拉伯和科威特经济更加繁荣，对阿曼则于事无补。

　　1992 年，阿曼主持了第一届欧盟－海合会部长级会议，为促进两个组织间的经济联系积极献策。1994 年 4 月，阿曼发起主办了能源论坛，研究海合会与欧盟之间的合作。1995 年 10 月，阿曼主持了海合会－欧盟工业会议，考察了双方经济合作的前景。

　　进入 21 世纪以来，阿曼积极参加了海湾合作委员会举行的重要会议，与海合会其他成员国在政治、经济和军事等方面都有着较为密切的合作关系，但与沙特阿拉伯在海合会框架下的纷争越发明显。2004 年和 2005 年12 月，卡布斯苏丹率代表团参加了第 25 届（在巴林首都麦纳麦召开）和第 26 届（在阿联酋首都阿布扎比召开）海合会首脑会议。2006 年 5 月，阿曼副首相法赫德出席在沙特阿拉伯首都利雅得召开的海合会第 8 次首脑磋商会议；12 月，卡布斯苏丹出席在利雅得召开的第 27 届海合会首脑会议。2008 年 12 月，第 29 届海合会首脑会议在阿曼首都马斯喀特召开，卡布斯苏丹主持了开幕式并讲话。他说，海合会自成立以来取得了一些成就，巩固了海湾国家的安全和稳定，为海湾人民生活提供了保障。海合会各国首脑将在已经取得成绩的基础上，努力实施更多全面的战略发展计划。卡布斯指出，部分海湾经济一体化计划的实施以及海合会成员国私有部门的自由化为海湾国家的全面发展提供了机会。海合会将在经济平衡、稳定的基础上同其他国家进行合作。当前的国际经济形势要求各国团结起来，使经济和社会重回发展轨道，从而维护世界稳定和合作。

2014 年 12 月 9 日，在卡塔尔召开的第 35 届海湾合作组织首脑会议上，由于身体原因，卡布斯苏丹授权萨义德·法赫德·穆罕默德·萨德殿下出席，并重申了对话、谅解、促进和平解决地区问题与冲突的精神。[①]然而，阿曼在与海合会其他成员国交往中坚持自己的原则与立场，最为明显的是与沙特阿拉伯之间的分歧。阿曼曾经公开反对沙特阿拉伯将海合会转变为海湾国家联盟的主张，而且是唯一一个不参与也门内战的成员国。海合会各成员国中，阿曼与伊朗的关系最为密切，曾一直致力于促成伊朗与美国关于核问题的秘密谈判。

第三节　周边外交

由于历史和政治原因以及在石油资源和领土上的纠葛，再加上大国的插手，阿曼的周边环境极为复杂。卡布斯执政后，阿曼同周边国家（也门、伊朗、沙特阿拉伯和阿拉伯联合酋长国）存在各种矛盾。为此，他积极寻求与周边国家改善关系，为实现"睦邻外交"而努力。

一　与也门的关系

1967 年民主也门独立后，因意识形态不同以及民主也门支持阿曼国内的反政府武装——佐法尔游击队，两国关系一直处于敌对和紧张态势。1978 年，民主也门发生亲苏政变。1979 年，民主也门与苏联订立《友好合作条约》，两国的关系进一步恶化。总部设在亚丁的佐法尔游击队经常到阿曼国内进行破坏活动。阿曼将最精锐的军队布置在两国边界，两国曾

---

① Sultanate of Oman Ministry of Information, *Oman 2015*, p. 133.

多次发生边界冲突。1981 年 8 月，埃塞俄比亚、利比亚和南也门建立亚丁三方同盟，阿曼受民主也门的安全威胁日益严重。

1979 年 11 月，阿曼和民主也门在阿盟首府突尼斯举行谈判，但没有取得任何结果。海合会委托科威特和阿联酋调解阿曼与民主也门的关系。1982 年 10 月 27 日，阿曼与民主也门外长在科威特签署《建立正常关系和消除各种争端的协议》，即《科威特原则宣言》。《科威特原则宣言》内容包括：第一，互不干涉内政、互相尊重主权、两国建立正常关系，和平解决两国边界分歧，反对任何有损于两国友好的敌对行为，双方同意由科威特和阿联酋组成技术委员会解决边界问题；第二，双方不允许外国军队利用任何一方领土向第二国进行侵略和挑衅；第三，停止敌对宣传；第四，互换外交代表。1983 年 10 月 27 日，双方同意在互相尊重主权和互不干涉内政的基础上建立大使级外交关系。1985 年 8 月，双方互派常驻大使。

1986 年 2 月，亚丁发生政变，上台的也门新政府表现出与阿曼亲善的迹象。1987 年 1 月，两国外长互访，召开部长级会议，扩大合作领域。1988 年 10 月，也门总统访问阿曼，两国在贸易、工业、司法、伊斯兰教和交通等领域签署了合同。

1990 年 5 月，南北也门实现统一，阿曼对也门新政府表示祝贺。海湾战争中，也门支持萨达姆的伊拉克，受到各方指责，但阿曼认为这是也门国家安全和国家利益的需要，对也门的行为表示理解。1992 年 10 月，也门和阿曼签署了稳定两国关系的边界条约。12 月，在得到两国政府的批准后，两国关系实现正常化。1993 年 10 月，卡布斯苏丹到也门参加边界协议纪念会议。1994 年，也门发生内战，阿曼同海合会成员国谴责北方领导人通过武力解决内部争端。卡布斯苏丹还对也门内战进行调解，后以失败告终。在随后的也门内战中，阿曼抵制了海合会卷入内战的请求。1994 年 9 月，也门新总统萨利赫（Ali Abdullah Salih）访问阿曼。2003 年 3 月 21 日，也门和阿曼的外交部发表声明，反对以美国为首的伊拉克战争，并希望战争能够尽快结束。2007 年 6 月 7 日，也门总统萨利赫在与阿曼苏丹卡布斯通电话时表示，也门准备向阿曼提供一切力所能及的帮助，与阿曼共同应对热带风暴造成的灾难。

阿拉伯剧变后，2011 年也门内战再次爆发，阿曼继续坚决抵制海合会的干涉活动，呼吁也门各方通过政治谈判解决问题。2014 年夏也门局势恶化后，阿曼积极寻求也门国内各派别之间分歧的解决之道，力求通过对话使冲突各方放弃武力。[①]

二　与伊朗的关系

伊朗和阿曼作为海湾水域和阿曼海的友好邻邦，有着相同的经济利益、相同的宗教信仰以及深厚的文化底蕴。两国在保障霍尔木兹海峡安全上发挥着重要而又敏感的作用。阿曼与伊朗隔海相望，两国水域相距不超过 24 海里。由于地缘接近，两国历史上贸易频繁，经济联系紧密。

阿曼一直认为，伊朗是海湾地缘政治安全的必要组成部分，强大而具有悠久历史的伊朗应该是海湾安全主体之一。[②] 1971 年，两国正式建立外交关系。1973 年和 1977 年，两国国王互访，商议维护霍尔木兹海峡和海湾安全的具体架构。1972 年，伊朗派出了约 600 人的军队，协助阿曼防守霍尔木兹海峡的加纳姆岛和阿拉伯海的库里亚·穆里亚岛。阿曼还允许伊朗在霍尔木兹海峡的鲁乌斯·吉巴尔（Ruus Al Jibal）地区建立观察哨。1973 年 12 月，在卡布斯苏丹的要求下，伊朗派出 3000 人的军队协助阿曼政府镇压佐法尔游击队。1979 年，伊朗发生了伊斯兰革命，两国关系趋冷。在伊朗与美国危机（伊朗人质危机）期间，阿曼持中立态度，希望双方持克制态度，不赞成美国制裁伊朗。

1980 年，两伊战争爆发，阿曼奉行中立的外交政策，既没有与伊朗断绝关系，也没有公开支持伊拉克。两伊战争期间，伊朗的飞机和船只侵入阿曼领域，阿曼基本保持克制和沉默态度。1987 年 5 月，阿曼外交事务主管大臣阿拉维访问伊朗。随后，伊朗外长阿里·阿克巴尔·韦拉亚提

---

① Sultanate of Oman Ministry of Information, *Oman 2015*, p. 135.

② Carol J. Riphenburg, *Oman: Political Development in A Changing World*, London: Praeger Publishers, 1998, p. 196.

（Ali Akbar Velayati）访问阿曼。1987 年 9 月，阿拉伯各国外长在突尼斯举行了谴责伊朗的会议，阿曼拒绝参加会议。

当然，伊朗也给阿曼带来一些挑战和摩擦：第一，阿曼担心，伊朗的对外革命输出战略会影响阿曼国内的稳定。第二，伊朗军力不断增强，从国际关系"安全困境"此消彼长的原则上威胁了阿曼的军事安全。1983年，伊朗威胁关闭霍尔木兹海峡，不断侵犯阿曼领海。阿曼迅速做出反应，加强海军力量。1993 年，伊朗宣布伊斯兰共和国的领土将扩展到阿曼，伊朗海军不断在阿曼附近进行军事操练。阿曼批评伊朗不愿意接受联合国安理会 598 号决议，但反对联合国和国际社会对伊朗实施武器禁运，认为这不利于双方实现停火。

两国高级官员多次实现互访。20 世纪 80 年代，阿曼外交事务主管大臣阿拉维两次访问德黑兰，会见伊朗总统拉夫桑贾尼，商谈伊朗与海合会合作的可能性。1989 年 11 月，伊朗外长韦拉亚提回访，阿曼承认 1975年两伊之间的边界协议。20 世纪 90 年代初期，阿曼与伊朗的关系表现出积极发展的态势。伊朗海军代表访问阿曼显示出两国友好关系。阿曼成为伊朗与其他海湾国家特别是沙特阿拉伯和伊拉克改善关系的中间人。阿曼对伊朗的经济关系也很密切。1989 年初，马斯喀特首次举行伊朗贸易展览会。1990 年 5 月，阿曼石油大臣访问德黑兰，建立部长级合作委员会。伊朗船只进入阿曼海港，减少关税。1993 年 12 月，阿曼皇家海军司令在德黑兰发表声明，宣称两国将继续保证霍尔木兹海峡的安全。1995 年 5月，两国签署了文化相互理解备忘录。

21 世纪以来，阿曼与伊朗的关系继续发展。2006 年 11 月，伊朗外长穆塔基与阿曼外交事务主管大臣阿拉维就地区和国际变化以及双边问题交换了看法。2007 年 5 月，阿曼石油公司与伊朗国家石油公司签署理解备忘录，阿曼从伊朗日进口液化天然气 10 亿立方米，此外两家公司还计划联合开发亨加姆 – 巴哈（Hinjam – Bukha）油田位于伊朗领土的那一部分。理解备忘录还规定成立一家营销液化天然气的阿曼伊朗合资公司。

2012 年，伊朗与阿曼海军达成合作协议，两国军队将"共同保障地区的和平与稳定"，这被评论家们认为是阿曼与伊朗对封锁霍尔木兹海峡的默契。2014 年 3 月 12 日，伊朗总统哈桑·鲁哈尼访问阿曼，与卡布斯苏丹就政治、经济等相关问题进行闭门磋商。阿曼新闻社称，两国希望通过鲁哈尼的此次访问，能够提高双边合作水平，从而实现两国人民的友好展望以及从各个领域造福百姓。此外，在解决伊朗核问题的谈判中，阿曼也一直在暗中调解。

三　与沙特阿拉伯的关系

在卡布斯苏丹执政以前，阿曼和沙特阿拉伯的关系十分冷淡。两国有着相当长的陆上边界线，但存在分歧，在"布赖米绿洲问题"上也存在争议。1935 年，沙特阿拉伯政府声称拥有佐法尔和鲁卜哈利沙漠的领土主权。在英国人的调停下，1938 年两国划定边界线。1949 年，沙特阿拉伯政府又对布赖米绿洲提出主权要求，并于 1952 年派兵占领阿曼村落。1955 年，阿曼赶走沙特阿拉伯军队。另外，沙特阿拉伯一直支持"阿曼教长国"，为阿曼伊玛目提供庇护。

卡布斯苏丹执政后，阿曼和沙特阿拉伯的关系逐渐缓和。1971 年 12 月和 1973 年 4 月，卡布斯苏丹两次会见费萨尔国王。沙特阿拉伯考虑到阿曼与英国的友好关系，以及在地区安全层面建立外交关系的相互需要，放弃了对"阿曼伊斯兰教长国"的支持，宣布承认阿曼苏丹国。沙特阿拉伯还向阿曼提供了 1.5 亿美元的财政援助，支持阿曼政府镇压佐法尔游击队。[1] 随后，沙特阿拉伯以项目援助和军事设备购买的方式向阿曼提供 1200 万美元的经济援助。1972 年，沙特阿拉伯派遣军事人员到佐法尔担任观察员，阿曼军队在沙特阿拉伯接受训练。1973 年，沙特阿拉伯国防大臣表示："如果阿曼面临外来侵略，沙特阿拉伯军队将进行干预。"[2] 1974 年，沙特阿拉伯放弃布赖米绿洲，两国关系发展的障碍基本被清除。

---

① 黄培昭、苏丽雅：《当代阿曼苏丹国社会与文化》，上海外语教育出版社，2003，第 94 页。
② Calvin H. Allen and W. Lynn Rigsbee Ⅱ, *Oman under Qaboos: From Coup to Constitution, 1970 – 1996*, London: Frank Cass, 2000, p. 192.

　　1975～2005 年，沙特阿拉伯共为阿曼提供 4 亿美元的经济项目援助。① 1979 年苏联入侵阿富汗和伊朗伊斯兰革命进一步拉近阿曼和沙特阿拉伯的关系。1984 年和 1985 年，两国进行海军演习，为两伊战争带来的潜在危险做准备。1989 年 12 月和 1990 年 3 月，卡布斯苏丹和法赫德国王召开会议，签署了边界协议。1995 年 7 月得到批准，1996 年进行了边界划分。

　　阿曼和沙特阿拉伯在对外政策上并不总能达成一致，反映了两国国家利益的不同。两伊战争期间，阿曼并没有追随沙特阿拉伯支持伊拉克。阿曼一方面与伊拉克保持有限接触，另一方面要求伊朗在战后重返海湾共同体。海湾战争结束后，阿曼希望伊拉克回归海湾共同体，这使沙特阿拉伯十分恼火。在 1996 年的也门内战中，阿曼支持北也门阿里·阿卜杜拉·萨利赫政府，沙特阿拉伯支持南也门民主共和国。

　　21 世纪以来，双方合作以及达成共识的领域日益宽阔。2005 年 6 月，阿曼苏丹卡布斯访问了沙特阿拉伯，就进一步发展和加深两国在各个领域的合作关系达成共识。2006 年，沙特阿拉伯国王阿卜杜拉访问阿曼，阿曼外交事务主管大臣阿拉维访问沙特阿拉伯。关于伊拉克问题，沙特阿拉伯和阿曼表示支持伊拉克过渡政府，反对干涉伊拉克内部事务，呼吁其他各方遵循这一原则。在中东和平进程和巴勒斯坦问题上，沙特阿拉伯和阿曼强烈要求以色列立即停止侵犯巴勒斯坦人民的行径，停止在巴勒斯坦土地上扩建犹太定居点和建立隔离墙。双方还呼吁国际社会统一立场，加强合作，共同努力，对付和消灭威胁世界和平的恐怖主义。此外，在经济方面，沙特阿拉伯给阿曼提供了大量援助，根据国际货币基金组织的统计数据，从 2012 年 1 月至 2015 年 5 月，沙特阿拉伯共向阿曼援助 25 亿美元，占其GDP 的 3.1%。②

---

① Calvin H. Allen and W. Lynn RigsbeeⅡ, *Oman under Qaboos: From Coup to Constitution*, *1970 – 1996*, London: Frank Cass, 2000, p. 193.

② 中华人民共和国商务部网站，http://www.mofcom.gov.cn/article/i/jyjl/k/201505/20150500988261.shtml。

四 与阿联酋的关系

历史上，阿联酋与阿曼本无明确的国家边界。1960～1961年，英国人沃尔克通过调查在阿曼和阿布扎比之间划出一条边界线，成为两国的疆界。1964～1965年，英国人又对边界线做了进一步调整，但仍存在一些问题。阿联酋独立前，居民出国护照上注明的是阿曼国籍。直到今天，阿联酋军警中仍有1/3是阿曼人。

卡布斯苏丹上台后承认阿联酋是一个具有国家主权的政治实体。1979年和1980年，两国代表互访。阿联酋总统扎耶德是卡布斯执政后第一位造访的外国领导人，阿联酋曾支持阿曼镇压佐法尔游击队。在海湾地区政策上，双方立场一致。1973年，阿联酋向阿曼提供2亿美元的军事援助，1978年又提供4亿美元用于佐法尔地区的石油开发。[①] 经济援助进一步拉近了两国的政治关系。1984年，阿曼与阿联酋签署军事协议。1985年，双方又签署了安全协议。1990年，阿联酋总统扎耶德再次访问阿曼。1991年，两国互换大使。为了解决边界与水资源问题，两国成立阿联酋－阿曼高级委员会。1992年，两国同意对方公民可以自由出入。

双方的贸易交往内容也十分丰富。在阿曼非石油产品出口中，阿联酋所占比重长期保持在80%左右，居第一位。为了援助阿曼国内的建设，阿联酋主动接受阿曼50%关税的条件。在阿曼的进口贸易中，阿联酋占第一位。20世纪90年代，阿联酋成为阿曼最大的非石油出口市场。2005年，阿曼苏丹卡布斯访问了阿联酋，阿联酋总统扎耶德也访问了阿曼；同年9月，阿曼和阿联酋将合资建设一座总投资达20亿美元的大型炼铝厂。炼铝厂于2005年下半年开工建设，2007年底完工，设计年生产能力为65万吨。2006年，阿联酋副总理哈姆丹、副总统兼总理穆罕默德先后访问了阿曼。经济合作方面，2011年阿联酋援助阿曼36.8亿迪拉姆（约合10.04亿美元）。2013年，阿联酋向阿曼提供5亿美元援助金，专门用于阿曼的基础设施建设项目。

---

① Calvin H. Allen and W. Lynn RigsbeeⅡ, *Oman under Qaboos: From Coup to Constitution*, *1970 - 1996*, London: Frank Cass, 2000, p. 195.

五 与科威特、巴林、卡塔尔的关系

阿曼与科威特的关系总体友好，但偶尔也有小摩擦。直到 1971 年 6 月，"阿曼伊斯兰教长国"的伊玛目还在科威特建立办公处，成为影响两国交往的主要羁绊。20 世纪 70 年代，双方的交往主要集中在经济与文化层面。两伊战争后，国防和安全主导了双方对外交往的主体内容。科威特高级代表团访问阿曼，阿曼空军参加了海合会在科威特的军事操练。1989 年 3 月，科威特内政大臣访问阿曼首都马斯喀特，讨论安全与训练警察等问题。伊拉克从科威特撤军后，双方关系向积极的方向发展。但是双方也存在分歧：一是在也门内战期间，科威特附和沙特阿拉伯的立场引起阿曼的反感；二是阿曼要求海合会改善与伊朗的关系，但遭到科威特的反对；三是阿曼与伊拉克发展信任性防御关系，这是科威特难以接受的。2004 年 2 月和 4 月，科威特首相萨巴赫两度访问阿曼。2005 年，阿曼苏丹卡布斯访问科威特。2006 年，科威特埃米尔访问阿曼。2015 年 3 月，阿曼与科威特两国新闻部部长举行会谈，就两国在媒体等相关领域的合作交换了意见。①

20 世纪 90 年代初期，阿曼与卡塔尔的关系平稳增长。1992 年，阿曼与卡塔尔组成联合大臣委员会，为经济层面的合作提供了高层次的交往平台。1995 年 9 月，阿曼和卡塔尔内政大臣签署了关于安全和旅游问题的协定。2004 年 1 月，卡塔尔埃米尔哈马德·本·哈利法访问阿曼。2005 年，阿曼苏丹卡布斯访问卡塔尔。2006 年，卡塔尔第一副首相兼外交大臣哈马德访问阿曼。

1972 年，阿曼与巴林正式建立外交关系。1992 年，阿曼和巴林举行大臣级会议。同一年，两国将股票交易与促进商业发展联系起来。1992 年，阿曼成为巴林和卡塔尔边界协议的调解者。2004 年 1 月，巴林国王

---

① Sultanate of Oman Ministry of Information, "Oman and Kuwait Media Cooperation Discussed," https：//www. omaninfo. om/english/module. php？ module = topics – showtopic&CatID = 1&ID = 111.

哈马德·本·伊萨访问阿曼。2010 年 6 月 22 日，阿曼苏丹卡布斯访问巴林。2015 年，卡布斯苏丹返回阿曼后收到巴林国王的祝愿电报。

第四节　与中东其他国家的关系

一　与埃及的关系

埃及是最早与阿曼建交的国家之一。1972 年 11 月，卡布斯苏丹访问埃及。20 世纪 70 年代初，埃及向阿曼提供了科学技术和文化援助，特别是在教育领域。1978 年，阿曼支持埃及与以色列签署《戴维营协议》。1979 年《埃以和平协议》签署以后，绝大多数阿拉伯国家与埃及断绝了外交关系，只有阿曼、苏丹和索马里没有与埃及断绝关系。1978 年 11 月，卡布斯苏丹参加了谴责《戴维营协议》的阿盟峰会。1979 年 3 月，阿曼拒绝参加将埃及驱逐出阿盟的会议。

20 世纪 80 年代，卡布斯苏丹和埃及总统穆巴拉克频繁互访。在此期间，双方在阿拉伯地区的热点问题，如两伊战争、阿以冲突和巴勒斯坦等问题上基本达成共识。这不仅代表了二者政治理念的一致，而且也反映了卡布斯和穆巴拉克亲密的个人关系和两国相似的外交政策。两伊战争期间，卡布斯和穆巴拉克在对伊朗的态度上存在分歧。两伊战争后，阿曼在埃及和伊朗之间进行斡旋、调解，为缓和两国关系做出了很大的努力。1991 年海湾战争后，在阿曼的促和下，1993 年 5 月穆巴拉克访问伊朗。

21 世纪以来，阿曼与埃及关系保持稳定发展。2002 年 6 月 22 日，埃及总统穆巴拉克和卡布斯在红海旅游胜地沙姆沙伊赫举行会谈，双方强调必须打破以色列和巴勒斯坦之间以暴易暴的怪圈。2003 年 5 月 24 日，双方在同一地点一致谴责了在一些阿拉伯国家发生的恐怖事件，并表示坚决反对一切形式的恐怖主义。2004 年 2 月，埃及总统穆巴拉克访问阿曼，2005 年，卡布斯苏丹访问埃及。因为阿曼务实友善的外交政策，两国关系并没有受到阿拉伯剧变和埃及政权更迭的影响。2016 年 7 月 23 日，卡布斯苏丹向埃及总统致电，祝贺埃及七月革命成功 64 年，埃及总统塞西随后回电表示谢意，并祝福卡布斯苏丹身体健康，愿两国关系更上一层楼。

二 与约旦的关系

1972 年，阿曼与约旦正式建立外交关系。佐法尔战争期间，约旦向阿曼提供大量军事援助。20 世纪 80 年代，两国一直维持友好关系。1990~1991年海湾战争期间，约旦支持伊拉克入侵科威特，使自己在阿拉伯世界陷入孤立的境地，但这并没有破坏阿曼与约旦的外交关系。1992 年 1 月，侯赛因国王访问阿曼，试图通过阿曼修复与其他阿拉伯国家的关系。2000 年 7 月 24 日，约旦外交大臣哈提卜和到访的阿曼外交事务主管大臣阿拉维表示，双方希望戴维营三方会谈（美国、巴勒斯坦和以色列）能促进中东实现全面和平。2004 年 1 月，约旦首相费萨尔访问阿曼，转交了约旦国王阿卜杜拉二世致卡布斯苏丹的亲笔信。2005 年 3 月，阿卜杜拉二世访问阿曼。两国经济交往的愿望也十分迫切，2007 年 6 月，阿曼国家财政部秘书长在参加约旦－阿曼经贸混合委会后对外宣布，阿曼将向约旦出口部分原油。

2014 年 11 月 19 日阿曼庆祝国庆 44 周年时，约旦国王阿卜杜拉二世向卡布斯苏丹表示祝贺。2016 年 5 月 12 日，阿曼民事服务部部长在参加阿拉伯国家行政发展组织（ARADO）会议的时候，与约旦公共发展部部长举行会谈，两国部长在友好的氛围中互相交换意见并签署了一份谅解备忘录。

三 与叙利亚的关系

20 世纪 80 年代以前，阿曼与叙利亚几乎不存在外交关系。1970 年，阿曼代表团访问叙利亚，但是直到 1987 年 12 月，两国才正式建交。1990~1991 年的海湾危机和《大马士革宣言》发表以后，两国立场极其一致，外交关系日益接近。1992 年 4 月，叙利亚总统阿萨德访问阿曼；10 月，阿曼内政大臣穆罕默德·哈尔巴（Muhammad Harba）回访，双方在安全、打击毒品犯罪等问题上达成合作协议，同意开展交换安全和警察人员、共享情报服务等项目。此后二十余年来，阿曼与叙利亚外交发展进程平稳。叙利亚爆发内战后，阿曼外交事务主管大臣曾访问叙利亚，转达了卡布斯苏丹呼吁各方政治解决相关问题的态度。同时，阿曼始终坚持外部势力不干涉叙利亚内政的立场也受到叙利亚的称赞。

四　与伊拉克的关系

20 世纪 80 年代以前，伊拉克一直为阿曼反政府武装佐法尔游击队提供训练、武器。1971 年，伊拉克反对阿曼加入阿盟。① 1976 年佐法尔战争结束后，伊拉克和阿曼正式建立外交关系。1981 年，在安曼举行的阿盟峰会上，卡布斯会见伊拉克总统萨达姆，后者同意结束对佐法尔叛军的支持。两伊战争爆发后，伊拉克试图团结阿拉伯世界，阿曼自然也是团结的重点对象。

阿曼在两伊战争中实行中立的外交政策。1982 年，阿曼象征性地为伊拉克提供 1000 万美元的军事援助，随后两国又建立经济和技术合作联合委员会。② 1990 年 1 月，阿曼负责安全和国防的副首相访问伊拉克。

1990 年 8 月伊拉克入侵科威特后，阿曼反对伊拉克的侵略行为，在立场上与国际社会保持一致。卡布斯苏丹认为，伊拉克入侵科威特为国际社会树立了一个危险的先例，是对联合国权威的直接挑战，并强烈要求伊拉克政府执行联合国决议，从科威特撤军。随后，阿曼撤走驻科威特大使馆。在英美联军解放科威特后，阿曼军队加入半岛防护部队，但并没有断绝与伊拉克的外交关系。此后，阿曼积极为伊拉克重回阿拉伯世界和海湾共同体而奔走，呼吁伊拉克与联合国和国际社会合作。1995 年 6 月，阿曼外交事务主管大臣阿拉维发表声明："伊拉克的根本利益在于与联合国特别委员会进行合作，因为只有特别委员会宣布伊拉克没有大规模杀伤性

---

① 　Carol J. Riphenburg, *Oman: Political Development in A Changing World*, London: Praeger Publishers , 1998, p. 207.

② 　Calvin H. Allen and W. Lynn RigsbeeⅡ, *Oman Under Qaboos: From Coup to Constitution, 1970 – 1996*, London: Frank Cass, p. 205.

武器，禁运才能够解除。事实证明，伊拉克政府在某些领域还没有完全合作。"①

伊拉克战争以后，阿曼支持伊拉克保持领土完整，尊重新政府的合法地位，支持伊拉克人民渴望稳定、自由选举政府和自行解决其政治事务的权利。随着伊拉克问题的不断明朗，阿曼政府的态度也非常务实。阿曼欢迎伊拉克在联合国安理会 1546 号决议的基础上建立伊拉克临时政府，这是为重建伊拉克主权、建立伊拉克过渡政府而迈出的积极一步。阿曼欢迎美国政府将主权移交给伊拉克临时政府，并希望建设一个独立而稳定的伊拉克。阿曼政府认为，伊拉克的重建离不开国际社会的支持，联合国应该在政治进程和伊拉克重建中发挥其至关重要的作用。阿曼政府还强调如果伊拉克想保持领土完整以及独立性，就必须避免国内的教派纷争。

在此后的伊拉克重建和打击极端宗教恐怖主义势力等一系列事件中，阿曼都给予伊拉克一定的支持。2015 年 12 月，阿曼部长会议主席赛义德会见伊拉克农业部部长哈桑·扎丹，扎丹对阿曼一直以来支持伊拉克的政策立场表示感谢，并与赛义德主席商讨了经贸发展等问题，尤其是对伊拉克农业和渔业的投资问题。

五 与巴解组织的关系

赛义德·泰穆尔统治期间，阿曼与巴解组织之间没有任何关系。卡布斯苏丹上台以后，阿曼政府公开支持巴勒斯坦人民的合法权利。但随后因巴解组织支持佐法尔叛乱，二者反目，阿曼拒绝承认巴解组织。佐法尔战争以后，阿曼没有与巴解组织或阿拉法特进行接触。

卡布斯苏丹认为，巴以冲突与阿曼国家利益关系不大，一直采取一种超然的态度，尽可能置身事外，避免引火烧身。阿曼也没有对以色列实施经济禁运，或者将自己与阿拉伯国家"拒绝阵线"的活动联系起来，以免卷入持续已久的阿以冲突之中。

---

① Calvin H. Allen and W. Lynn Rigsbee Ⅱ, *Oman Under Qaboos: From Coup to Constitution, 1970 - 1996*, London: Frank Cass, p. 205.

1988 年，巴勒斯坦宣布建国。阿曼承认了巴勒斯坦国的合法性，两国关系取得了突破性进展。1989 年 1 月，巴解组织主席阿拉法特首次访问阿曼。1990 年，阿拉法特再次访问阿曼，感谢卡布斯苏丹对巴勒斯坦事业的支持，阿曼同意在马斯喀特建立巴勒斯坦大使馆。在海湾战争中，巴解组织对伊拉克的支持并没有对两国关系产生影响。阿曼外交大臣阿拉维说："巴勒斯坦人民对伊拉克的支持，这一做法应该持一种现实主义的态度来看待。"① 1995 年，双方同意在加沙和马斯喀特互建使馆。1996 年 5 月，阿曼向巴勒斯坦当局提供 700 万美元的援助，帮助巴勒斯坦度过经济困境。2002 年 1 月 20 日，阿曼外交事务主管大臣阿拉维在摩洛哥首府拉巴特重申，阿曼将一如既往地支持巴勒斯坦民族权力机构主席阿拉法特和巴勒斯坦人民。

2011 年，在巴勒斯坦加入联合国教科文组织的投票中，阿曼与其他主持正义的国家一道投赞成票，最终巴勒斯坦 22 年梦想成真。2015 年 8 月 1 日，阿曼外交部发表声明，强烈谴责犹太极端分子纵火袭击巴勒斯坦村庄，并造成一名幼儿死亡的"令人发指和惨无人道的罪行"，同时呼吁国际社会采取一切必要措施，保护手无寸铁的巴勒斯坦人民，要求以色列当局承担全部责任，将犯罪分子绳之以法。

六　与以色列的关系

1990 年以前，阿曼与以色列没有交往。1991 年海湾战争和马德里和平会议之后，两国开始接触。1993 年，阿曼和以色列代表在联合国第一次接触。当时，阿曼主持了多方会谈，以色列副外长派人参加。这一会议是两国关系解冻的破冰之旅，开启了两国关系进一步发展的大门。

1994 年 12 月 27 日，以色列总理拉宾与卡布斯苏丹举行会谈。尽管拉宾的阿曼之旅只有仅仅 24 个小时，但是这一事件标志着阿曼与以色列恢复外交的意图与决心。1995 年，以色列外长西蒙·佩雷斯和阿曼外交

---

① Minister Forsees, "'Long Period' of Gulf Stability," *Oman Daily Observer*, 3 March 1991, pp. 1 – 2.

事务主管大臣阿拉维举行会谈。1995 年 6 月，阿拉维在会见佩雷斯时承认以色列是一个国家。1995 年 9 月，双方讨论话题的核心又转向贸易问题，这是两国正式关系的基础。1996 年 4 月，以色列总理佩雷斯访问阿曼，双方的关系近一步增强。

然而，以色列的野蛮行径一直遭到阿曼的谴责。2001 年 8 月 27 日，阿曼外交事务大臣阿拉维敦促以色列立即停止一切侵犯巴勒斯坦人民的行径，重新回到谈判桌旁；11 月 27 日，在阿曼首都马斯喀特举行的一次海湾国家外长会议上，阿拉维称"以色列政府的政策是中东和平与稳定的最大威胁"。2006 年，以色列对加沙北海岸无辜平民进行野蛮袭击，阿曼和海合会进行了严厉谴责。2010 年，阿曼谴责以色列扣押巴勒斯坦议员。2015 年 8 月，阿曼强烈谴责犹太极端分子纵火袭击巴勒斯坦村庄。

七　与利比亚、阿尔及利亚、摩洛哥和突尼斯的关系

总体来讲，阿曼与马格里布国家交往有限。阿曼和阿尔及利亚的关系并不紧密，1994 年 7 月，阿曼驻阿尔及利亚大使被绑架，10 天以后被伊斯兰武装组织释放。这一事件主要是阿尔及利亚国内政治斗争的结果，而不是阿曼外交政策的失误。但是在随后多年中，两国关系平稳发展，并在外交领域有一定的共识。2015 年 8 月，阿曼外交事务主管大臣阿拉维在阿尔及尔与阿尔及利亚外长拉姆丹·拉马拉举行会谈，两人表示共同关注也门的人道主义现状，呼吁国际社会进行持久的援助。①

摩洛哥和阿曼有些联系，两国国情有许多相似之处，如君主制、亲西方的外交政策和温和的政治治理政策，特别在阿以冲突问题上立场的一致性。1993 年，摩洛哥向阿曼提供考古援助，以恢复阿曼的历史遗迹和纪念碑。1995 年，两国签订了技术和经济协议，增强双方的合作。2015 年卡布斯苏丹病愈返回阿曼后，摩洛哥国王向卡布斯苏丹发去电报，表达了良好的祝愿。同年 7 月，在摩洛哥一年一度的国王登基纪念日上，卡布斯

① Sultanate of Oman Ministry of Information, "Oman, Algeria Call for Peace," https：//www. omaninfo. om/english/module. php? module = topics – showtopic&CatID = 4&ID = 435.

苏丹给穆罕默德六世国王发去电报，向其表示祝贺，并祝愿他身体健康。[1]

突尼斯与阿曼的合作开始于 20 世纪 80 年代，主要在教育领域。突尼斯每年向阿曼提供 1300 名初高中教师。在政治领域，2015 年 4 月卡布斯苏丹病愈返回阿曼后，突尼斯总统贝吉·凯德·埃塞卜西（Beji Caid el Sebsi）向其发去电报，由衷地表示祝愿。[2]

由于卡扎菲支持佐法尔游击队，阿曼和利比亚交往有限，两国关系十分冷淡。卡扎菲政权倒台后，阿曼积极向利比亚提供人道主义援助，并于 2016 年 3 月为利比亚制宪委员会成员讨论宪法草案提供会议场地。[3]

第五节　与印度洋周边地区的关系

一　与环印度洋区域合作联盟的关系

由于地理位置、历史联系和经济发展等诸多因素的影响，阿曼和印度洋沿海地区联系十分密切。南亚国家与阿曼长期存在贸易交往和政治沟通，成千上万的印度和巴基斯坦专业和技术劳工为阿曼经济发展做出了贡献。南亚地区也是阿曼国家和地区安全力量的主要来源之一，阿曼皇家军队的主体是巴基斯坦地区的俾路支人和斯里兰卡人。印度洋是阿曼与环印度洋周边国家之间文明交往的重要的海上交通纽带。

环印度洋区域合作联盟（IORARC）成立于 1997 年，阿曼是这一联盟的 14 个创始国之一，并被授权在 2001～2003 年领导联盟工作。20 世纪 90 年代，阿曼与环印度洋国家关系形成多国、多边外交架构。该联盟成员国试图最大限度地优化运用各国资源，其中包括原油、天然气、煤炭、土地、

① Sultanate of Oman Ministry of Information, "HM Greetings to Morocco King," https：//www. omaninfo. om/english/module. php? module = topics – showtopic&CatID = 4&ID = 430.

② Sultanate of Oman Ministry of Information, "Leader Greet His Majesty," https：//www. omaninfo. om/english/module. php? module = topics – showtopic&CatID = 8&ID = 189.

③ 国际日报网，http：//www. chinesetoday. com/zh/article/1093167。

水资源、技术和服务等。1995 年，澳大利亚、印度、肯尼亚、毛里求斯、阿曼、新加坡和南非在毛里求斯召开第一次政府间正式会议。1995 年 6 月，澳大利亚主持了有 23 个国家参加的印度洋地区国际论坛，会议组成了印度洋咨询商业网络和印度洋研究网络。1996 年 9 月，政府间组织会议在毛里求斯再次召开，印度洋地区合作的态势在这次会议上最终形成。

阿曼已经多次主持了旨在改善环印度洋区域合作联盟的会议，内容包括澳大利亚到东南亚、印度、非洲和阿拉伯半岛的贸易关系。自环印度洋区域合作联盟建立以来，其成员国不断增加，斯里兰卡、也门、马来西亚、印度尼西亚、坦桑尼亚、莫桑比克和马达加斯加先后加入。为保持环印度洋地区的持续平稳发展，促进成员国之间的多元化贸易和经济合作，阿曼主张消除成员国贸易禁令，支持该联盟组织的一系列活动，如学术小组或商务论坛。为此，阿曼已经提出了多项建议，如海运工程、旅游业、渔业工程等，并建立以阿曼为主的环印度洋渔业联盟。

二 与印度的关系

1970 年以前，印度和阿曼之间的交往还处于初始阶段。1979 年苏联入侵阿富汗后，印度成为阿曼和苏联交往的重要桥梁。1985 年 11 月阿曼国庆之时，印度总理拉吉夫·甘地访问阿曼，并同巴基斯坦总统和斯里兰卡安全部部长进行了会谈。尽管没有达成任何正式协议，但是巴基斯坦提出的"非战公约"（No War Pact）和印度的"友好协定"受到国际社会的密切关注。1989 年，印度和阿曼签署联合军事演习的协议，并在 1993 年付诸实施。20 世纪 90 年代，印度的公司获得了阿曼石油发展公司 4 年的钻井合同，阿曼石油公司也与印度石油公司签订了在印度修建炼油厂的合同。此后十几年，阿曼与印度的经贸关系持续发展，2010 年双边贸易额达到 45 亿美元，印度成为阿曼第二大非石油产品出口国和第四大石油进口国。两国的公司还开展了广泛的合资合作，涉及化肥、医药、能源、工程等产业。[1]

---

① "Big Jump in India – Oman Bilateral Trade," *The Hindu Businessline*, Retrieved 20, December 2012.

此外，约有 50 万印度劳工在阿曼工作，是目前阿曼最大的外来群体，这些劳工每年向印度寄回 7.8 亿美元的侨汇。①

早在 2002 年，阿曼就与印度建立了巩固的军事关系，当时两国签署了防御关系协议，并使阿曼成为海湾地区第一个与印度建立这种军事关系的国家，同年阿曼与印度还举行了联合海上军事演习。2003 年，印度与阿曼签署了一份谅解备忘录，向阿曼提供印度生产的军事装备，为阿曼维修舰只和其他军事装备，并为阿曼军事人员提供训练，在印度国防院校学习。2003 年 4 月，两国海军在阿拉伯海举行了联合军事演习。2004 年 5 月 22 日，印阿双方召开军事会议，就增强两国防御关系进行了讨论。同年年底，两国进行了军事演习，促进了双方的军事交流。印度还承诺将向阿曼提供军事硬件设施，并将在印度为阿曼维护修理舰船和军事装备。2005 年 12 月 6 日，美国《防务新闻》报道说，为加强两国关系，印度与阿曼已签署了一份防务合作备忘录，合作领域包括军事训练经验和信息技术交流，参与军事与教育课程和项目，派遣观察员参加军事演习以及正式参访。2009 年 10 月 22～29 日，印度和阿曼两国空军在阿曼皇家空军基地举行了代号为"东方之桥"的联合空军演习。② 2016 年 3 月，两国空军再次举行联合军事演习。

三　与巴基斯坦的关系

1971 年，阿曼与巴基斯坦正式建交，但两国的经济联系并不紧密。1981 年，巴基斯坦总统穆罕默德·齐亚·哈克（Muhammad Zia－ul－Haq）到阿曼访问，双方讨论了包括阿富汗和印巴克什米尔在内的问题，签署了文化协议，商讨建立阿曼－巴基斯坦合作委员会，以促进两国的商业交往。但是，两国的进出口贸易逆差较大，阿曼每年对巴基斯坦的出口额仅为 200 万美元，而巴基斯坦对阿曼的出口额达到 3100 万美元。③ 1994 年 4 月，阿曼同意在旁遮普（Punjab）地区修建 600 万吨的精炼厂和两条输油

---

① "PM's Speech at the Indian Community Reception in Oman," Retrieved 20, December 2012.
② 电子科学技术情报研究所，http：//www. dsti. net/Information/News/53613。
③ *Times of Oman*, 30 June 1992, p. 1.

管道。① 1995 年 1 月，阿曼的塔沃（Tawoo）公司赢得了在卡拉奇港口建立城市发电厂的工程，合同金额为 4 亿美元。② 此后两国又组成了阿曼 - 巴基斯坦联合股票持有公司，联系卡拉奇和马斯喀特的船舶服务公司。③ 2009 年，阿曼与巴基斯坦双边贸易额为 3.31 亿美元。④ 政治方面，两国一直保持着外交联系。2015 年 4 月，巴基斯坦总统马姆努恩·侯赛因向卡布斯苏丹发去电报，感谢其对巴基斯坦国庆日的祝贺。

四 与东非国家的关系

阿曼与东非的交往史可以追溯到伊斯兰教产生之前的时代。若干历史资料指出，早在公元 1 世纪前，阿曼人就已在非洲东海岸定居。随着伊斯兰教的兴起，大量的阿曼人移居非洲东海岸。这时，阿拉伯人用武力在非洲建立了阿拉伯酋长国，并在一些城市传播扩大伊斯兰教的影响力。阿曼人将阿拉伯和伊斯兰文明带到了大湖、高原以及非洲的中部国家。阿曼与坦桑尼亚特别是与桑给巴尔的关系更为亲密，二者进行联系主要是通过 18 世纪到 1964 年的阿兹德家族。

亚里巴王朝时期，阿曼帮助东非国家赶走入侵者，两国关系在各个领域进一步加强。赛义德·本·苏尔坦时期将桑给巴尔作为阿曼的第二首都。当时的桑给巴尔政治稳定、经济繁荣，阿曼在这里统治了长达一个多世纪。

阿曼的势力范围辐射到北部的摩加迪沙等地，阿曼在这些地区建立了行政、司法、农业、对外贸易以及船业体系。另外，斯瓦希里语与阿拉伯语相互融合，同时阿曼的影响也体现在当地服饰、饮食、风俗习惯、文化以及社会生活中。

卡布斯苏丹上台后，阿曼加强了同非洲各国的双边关系。桑给巴尔革命后，许多住在桑给巴尔的阿曼人都返回阿曼本土。20 世纪 90 年代，他们成为阿曼的主要投资者。1987 年阿曼在桑给巴尔设立了总领事馆，并于

---

① *Times of Oman*, 28 April 1994, p. 1.

② *Times of Oman*, 29 January 1995, p. 1.

③ *Times of Oman*, 1 February 1995, p. 1.

④ Archive Online, http: //web. archive. org.

1994 年在东非建立了贸易办事处。1993 年，阿曼支持桑给巴尔参加伊斯兰组织会议。2001 年，阿曼的公司参加了在坦桑尼亚举办的达累斯萨拉姆国际展览会。在遭受自然灾害的情况下，阿曼已给予若干非洲国家援助和救济。[①]

阿曼同非洲国家特别是坦桑尼亚、肯尼亚和南非的贸易往来不断增长。此外，阿曼还在桑给巴尔建立了一个已有十年之久的总领事馆。同时，阿曼还计划在互惠互利的基础上增加与非洲其他国家之间的外交往来。通过联合委员会和工作小组的努力，阿曼与非洲国家的关系得到进一步发展，双方签订了一系列旨在加强双方经济、贸易、旅游、文化等领域内合作的协定，高层互访也使双方高层官员能进行面对面的交流，在一些涉及双方共同利益的问题上取得共识。阿曼积极主动参与对非洲国家的人道主义援助，赢得了非洲国家以及国际组织的高度赞扬。

近年来，阿曼将东非视为向非洲内陆拓展市场的桥梁和纽带，利用自身的技术优势，开展了一系列信息产业的合作。最为值得注意的便是 2016 年 3 月阿曼电信加入由若干东非电信供应商组成的一个联盟，准备铺设海湾到非洲（G2A）的海底光缆。海底光缆建设联盟包括阿曼电信公司、埃塞俄比亚电信公司、索马里格里斯电信公司。这一电缆系统的设计达到世界一流标准，已于 2016 年底完工，由 1500 千米长的海底电缆和 1500 千米长的陆地电缆组成。由于利用了最新的 100G 技术，电缆系统容量可达 20Tbps。分析人士指出，海底光缆项目是阿曼电信 3.0 转型战略的重点，也是阿曼电信向东扩张、进军非洲大陆的第一步，旨在把阿曼变成区域通信枢纽。[②]

第六节　与西方国家的关系

一　与英国的关系

英国一直将阿曼视为维护自己在印度洋霸权地位的战略前哨，排挤其

---

① 《阿曼 2002～2003》，阿曼新闻部，第 57 页。

② OFWEEK，http：//fiber. ofweek. com/2016－03/ART－210001－8130－29079322. html.

他西方大国染指该地区。历史上阿曼同英国一直保持着特殊关系，早在
18 世纪，英国就在阿曼建立基地。当时，阿曼只能依靠出口椰枣和鱼产
品获取少量收入，阿曼政府财政困难，只能依靠英国政府津贴度日。英国
人实际上已经控制了阿曼政府，政府和军队中的高级官员都是英国人，苏
丹的继位和退位都必须得到英国人的承认。1970 年卡布斯苏丹发动政变
时也得到了英国人的帮助。1970 年后，卡布斯苏丹强调巩固同英国的
"传统友谊"。1973 年，英国国防大臣和外交大臣先后访问阿曼，答应增
加技术援助。1979 年和 1981 年，英国女王和首相先后访问阿曼，表示加
强与阿曼合作的必要性。1982 年，英国和阿曼提出"历史友谊"和"特
殊关系"。1982 年 6 月，双方在马斯喀特签署谅解备忘录，建立委员会和
政府间大臣级定期磋商制度。

英国是阿曼的主要贸易对象，双方的经济合作成为新时期两国关系的
亮点。1988 年，两国双边贸易额为 1.21 亿阿曼里亚尔，占阿曼进口的
13%、出口的 5.8%。1983 年，英国向阿曼提供 3.6 亿美元贷款。1982
年，阿曼同英国签署了由英国承担的价值 5.2 亿美元的卡布斯大学建设工
程等项目合同。英荷壳牌石油公司在阿曼石油开发公司中占有 34% 的股
份。1986 年，英国向阿曼提供水利和下水道研究计划。1987 年，英国外
交大臣杰弗里·豪抵达阿曼，向阿曼提供卫生健康、教育、农业、渔业和
水利保护等方面的援助，每年约 30 万英镑。1989 年，阿曼和英国建立经
济合作代理处。[1] 2006 年，阿曼皇家武装部队参谋长访问英国。2007 年 1
月 23 日，英国石油公司与阿曼政府签署协议，在阿曼中部开发哈赞和马
卡拉姆两处主要的天然气田，2010 年该项目投产，可产出天然气约 30 万
亿立方米。2013 年，英国石油公司投资 160 亿美元开发阿曼致密天然气
项目，这也成为英国石油公司在 2017 年以前所投资的最大项目。

二 与美国的关系

阿曼与美国的关系可追溯到 1832 年，这一年两国签订了《友好通商

---

① 杨翠柏：《卡布斯素丹时期的阿曼研究》，博士学位论文，西北大学，1996，第 49 页。

条约》。该条约规定，允许美国在阿曼投资和贸易，美国船舰可在阿曼港口停泊。1837 年，美国在阿曼设立了领事馆。1840 年，阿曼向美国派驻外交使节。1843 年，阿曼在美国设立了领事馆。阿曼也是第一个与美国建交的阿拉伯国家。阿曼同美国的历史交往成为新时期两国关系发展的基础。1958 年 12 月，两国签订了《友好、经济关系和领事权条约》。

卡布斯苏丹执政后，两国关系进一步发展。1972 年，两国外交关系升格为大使级，双方互换大使。随后，美国通过国际组织及美国－阿曼联合委员会与阿曼进行经济和技术合作。1973～1982 年，双方的合作包括英语教育、农业和渔业、乡村医疗等共计 35 个项目。佐法尔战争期间，美国向阿曼提供了 200 万美元援助。1980 年 8 月，双方正式签订协议，建立联合经济委员会和常设工作小组。美国每年向阿曼提供 500 万～1500 万美元援助。1988 年，美国的阿曼援助代理处筹资 3770 万美元在阿曼全国建立了 91 所小学；1983～1989 年，美国又向阿曼提供了 3190 万美元奖学金，同期还有价值 1300 万美元的渔业发展项目。1989 年，美国又投资 4250 万美元支持改善阿曼的水资源利用。

1979 年 12 月伊朗国王礼萨汗下台、苏联入侵阿富汗后，两国的合作才真正开始。1980 年 6 月，两国签署了通路（access）协议，美国可以进入阿曼的军事设施和军事基地，同时提供武器和军事训练。

"9·11"事件后，阿曼表达了对美国的同情，谴责了恐怖主义。卡布斯苏丹支持美国的反恐行动，阿曼新闻大臣表示，阿曼政府支持任何"剪除恐怖主义根源的行动"，但是反对美国将反恐扩大化。2001 年 10 月 11 日，阿曼外交事务主管大臣阿拉维发表声明，呼吁美国不要将阿富汗战争扩大到其他国家或地区，主张打击国际恐怖主义不仅需要采取军事手段，还必须采取政治手段。

2004 年 4 月，阿曼外交事务主管大臣阿拉维访问美国，分别会见了美国副总统、国务卿和国防部部长；同年 10 月，美国中央总部司令约翰上将访问阿曼。2005 年 11 月，美国助理国务卿格雷访问阿曼；12 月，美国副总统切尼、美军中央总部司令阿布扎伊德访问阿曼。2006 年 4 月，美国军控和安全事务副国务卿罗伯特·约瑟夫访问阿曼，阿曼外交事务主管大臣阿拉维访问美国。

进入 21 世纪以来，两国的经济交往成果斐然。2004 年，美国对阿曼的货物贸易出口达 3.3 亿美元。2005 年，两国双边贸易额超过 10 亿美元。巨大的贸易交往使双方在建立自由贸易关系、签署《美国 – 阿曼自由贸易协定》上达成共识。2006 年 1 月 19 日，美国贸易代表波特曼和阿曼商业和工业大臣马格布勒·本·阿里·本·苏尔坦签署了《美国 – 阿曼自由贸易协定》，该协定的签署将取消美国和阿曼之间的关税和贸易壁垒，扩大两国之间的贸易。阿曼是与美国签署自由贸易协定的第 5 个中东国家。该协定的签署将为美国的机械、汽车、医疗设备、电子机械和农产品（如植物油、糖类产品、甜食和饮料）提供更多的出口机会。2006 年 6 月 29 日，美国参议院以 60 票同意、34 票反对通过了《美国 – 阿曼自由贸易协定》的实施议案。同年 9 月 26 日，美国总统布什正式签署了《美国 – 阿曼自由贸易协定》。《美国 – 阿曼自由贸易协定》有望进一步对美开放阿曼的农产品、工业品和服务市场。一旦《美国 – 阿曼自由贸易协定》生效，所有双边工业产品和消费品都将免税。阿曼将立即对美国的农产品出口的 87% 实施零关税，其余关税也将在 10 年内逐步减免。美国则将立即对阿曼的农产品出口全部免税。该协定将加强美国与阿曼的政治关系，是美国构建中东自由贸易区的重要步骤。

但是次贷危机爆发之后，美国经济规模大幅缩水，各项指标一落千丈。与此同时，中国、印度等新兴经济体经济增速明显，美国与阿曼的自由贸易协定没有达到预期效果。阿曼央行 2011 年的统计数据显示，2010 年美国对阿曼的出口下降 15.4%，降幅明显。石油出口方面，中国稳居阿曼第一大石油出口国。

三 与日本的关系

阿曼和日本的交往主要在经济方面。日本需要阿曼的石油和天然气，阿曼也从日本获得石油收入和其他投资。1979 年后，阿曼的石油一半出口日本，阿曼也是日本产品第三大消费国。1989 年，日本通过进出口银行向阿曼提供 1.93 亿美元的贷款，用于阿曼 1986 ~ 1990 年的经济发展项目。

海湾战争以后，日本的中东能源供给安全问题变得更加严重。1990 年，日本首相访问阿曼，希望进一步加强能源领域的合作。1993 年 11 月，阿曼天然气液化公司与日本签署了购买阿曼炼制公司设备的合同，价值为 3600 万美元。1993 年，阿曼又拨出 18 亿美元给日本政府，使其为阿曼设计工业化计划。2004 年，日本进口阿曼原油 4080 万桶，仅占日本原油总进口量的 2.7%。由于 2006 年新炼厂投入生产，阿曼政府将从 2006 年 1 月起对日本直接购买阿曼原油的数量下调 20%。2010 年，日本进口阿曼原油数量占阿曼原油产量的 14.1%，仅次于中国，位居第二。2013 年 1～10 月，日本从阿曼进口原油 2470 万桶。

四　与法国、德国的关系

早在 1800 年，阿曼就与法国建立了外交关系。但由于当时的世界经济状况、阿曼的贸易交往及国际关系在 20 世纪初期发生变化，两国关系趋冷。1970 年卡布斯苏丹上台后，阿曼与法国的关系逐渐缓和。1983 年，阿曼 - 法国联合委员会成立，阿曼从法国武器制造商购买了"飞鱼"导弹和"超级美洲狮"直升机。1989 年 5 月，卡布斯苏丹访问巴黎，签署了军事合作协议，双方讨论的话题如石油、电信和农业等经济问题。随后，法国汤姆逊（Thomson - CSF）公司与阿曼政府签订了一笔价值 6700 万美元的合同，以改进阿曼的电视网络。伊拉克入侵科威特以后，上述行动缓慢下来。1992 年 1 月，法国总统密特朗访问阿曼，随行人员包括国防部部长、工业和贸易部部长、交通部部长、航海事务部部长。1994 年 10 月，阿曼 - 法国联合委员会签署协议，保护法国在阿曼的投资。1995 年 6 月，法国的道达尔公司增加了其在阿曼石油公司中的份额。2004 年 1 月，法国外长德维尔潘访问阿曼，会见了卡布斯苏丹，转交了法国总统希拉克致卡布斯苏丹的亲笔信；4 月，法国新任国防部部长米歇尔·阿里奥 - 玛丽访问阿曼。2005 年 12 月，法国国防部部长玛丽再度访问阿曼。①

①　《阿拉伯贸易新闻》2007 年 2 月 4 日。

2008 年，法国兴业银行与阿曼政府签署协议，将马斯喀特银行 7.8%的股份出售给阿曼政府。2013 年 12 月 12 日，法国道达尔公司与阿曼签署深水钻井作业协议，根据这项协议，法国石油巨头将在阿曼深水区勘探石油。然而，2015 年 4 月 13 日，道达尔公司宣布因在该海域未能发现石油而退出勘探。2015 年 7 月，道达尔公司与壳牌公司合作，为阿曼建设一座用于钻油的大型太阳能电厂。

阿曼和德国的关系也主要在经济方面。20 世纪 80 年代，德国建筑公司在阿曼竞标，获得许多工程。1985～1987 年，西门子（Siemens）公司与阿曼签署了电信合同。1987 年，霍克提夫（Hochtief）公司与阿曼皇家合资修建了乌丹（Wudam）海军基地。2004 年 3 月 6～8 日，第九届阿曼－德国经贸联委会在马斯喀特召开，阿曼商工部次大臣阿里·苏奈迪与德国联邦经济部对外经济政策司总司长共同主持会议。随着阿曼多元化经济目标的推进，阿曼与德国的经贸合作开始增多。2013 年 12 月，阿曼石油公司成功完成对德国化学公司欧克新亚（Oxea）的收购工作，这次收购使阿曼石油公司成为下游产业的垂直一体化全球化工领导者。2016 年 4 月，德国公司投资阿曼太阳能项目，计划在阿曼杜古姆地区建立一个功率 1 吉瓦的太阳能发电场，共有 8 家公司共同参与这个项目。若阿曼政府批准此项目，预计 2022 年项目完成后，将为当地居民提供 1000 个就业机会，阿曼的青年工作者将会分成 10～15 个批次送往德国，接受 1～3 个月的培训。[①]

第七节　与中国的关系

一　中国与阿曼的关系源远流长

阿曼和中国的交往历史悠久。中古时期，阿曼帆船常常航行于海湾和南海之间，中国的航船也经常远航印度洋。早在汉代，中国的货物就曾经运销苏哈尔，这是中国与阿曼往来的最早历史记录。阿曼最早运到中国的

---

① PV News，http：//www.pvnews.cn/chanyeyaowen/2016－04－25/144536.html.

物产中有乳香、椰枣，还有珍珠和良马。乳香通过阿曼南部的佐法尔从海上运到中国，这种香脂贸易将中国和阿曼紧紧联系在一起。三四世纪时，椰枣树已见于中南半岛，唐代更由波斯人、阿曼人移植广州，叫波斯枣树，实际上是最初从东非和阿曼经过海上传入中国的椰枣树。椰枣树在岭南的繁殖，是中国和阿曼经济交往和园艺科学技术交流的历史见证。南北朝时期，阿曼商人到洛阳从事丝绸贸易。

从 507 年开始，中国与阿曼一直维系着直接的贸易关系。唐朝初年，阿拉伯帝国尚未建立，由于传统的政治关系，阿曼还被视作波斯的一部分。当时阿曼和中国海上往来频繁。阿曼商人络绎不绝地来到中国南部沿海，广州成为他们最大的侨居地。8 世纪中叶，阿曼伊巴德商人从海上来到中国。879 年，广州和苏哈尔、佐法尔之间的商业往来达到了极盛。这年 9 月，黄巢率领起义的农民军攻进广州城，侨居广州的伊斯兰教徒、犹太教徒、基督教徒和祆教（拜火教）徒都受到牵连，伤亡 12 万人。此后，两国的商业往来减少。北宋统一中国后，实行奖励海外贸易的经济政策。从 10 世纪中叶到 12 世纪上半叶，中国和阿曼的友好关系进入第二个高潮期，此时不仅苏哈尔和广州之间恢复了直接贸易，彼此通航，阿曼南部的佐法尔也成为中国帆船经常访问的海港。从苏哈尔到广州的航线被称为"香料之路"，苏哈尔城被誉为通往"中国的门户"。

1271 年元朝建立以后，中国和伊尔汗国的海上交通迅速发展，因此和阿曼的贸易有了新的起色。当时阿曼向中国出口的物产中除马匹、珍珠、椰枣外，乳香、龙涎香和木香也是重要的输出物。

明初，中国在印度洋上展开了规模宏大的贸易和外交活动，郑和率领的船队七下西洋，威震印度洋，中国和阿曼友好往来由此达到又一个高潮。郑和在第一次航行（1405 年 12 月~1407 年 9 月）中，便闯过阿拉伯海到达佐法尔和霍尔木兹等地。第三次航行（1409 年 12 月~1411 年 6 月）时，船队也到过佐法尔，还访问了阿曼以北的霍尔木兹和巴林地区的哈萨海岸。以后，在第六次航行（1421 年 12 月~1422 年 8 月）和第七次航行（1431 年 1 月~1433 年 7 月）中，船队都到过佐法尔。在这期间，霍尔木兹是必经之地，佐法尔成为中国船队在印度洋西部停靠的港口。佐

法尔也多次派使者来到中国，1421 年，佐法尔使者随霍尔木兹、亚丁等
16 国使团到北京。1423 年，佐法尔使者再度参与 16 国使节团来华，人数
多达 1200 人。1433 年，佐法尔国王阿里又派使者赴北京，直到 1436 年
才和亚丁、霍尔木兹等国的使节一同回国。此后，中国和阿曼的直接往来
也陷于停顿。

二 中国与阿曼建立外交关系

在中华人民共和国成立的前十年，中国在外交上一直孤立于包括阿曼
在内的海湾和阿拉伯半岛地区。20 世纪 50 年代末，中国与苏联的同盟关
系破裂，海湾地区开始成为中国外交政策中的重点之一。在此期间，双方
还有一些间接的贸易往来，主要是阿曼进口一些中国的商品。

1976 年佐法尔战争结束以后，阿曼政局稳定，制约两国外交关系的
最大障碍被清除。1978 年 5 月，阿曼苏丹国与中华人民共和国在伦敦签
署建交协议。协议写道："1978 年 5 月 25 日，中华人民共和国政府和阿
曼苏丹政府决定建立大使级外交关系，并互换大使。中华人民共和国坚决
支持阿曼苏丹政府维护国家利益，发展经济。阿曼苏丹政府认同中华人民
共和国是中国人民的唯一合法政府。两国政府同意在互相尊重国家主权和
领土完整，互不侵略和不干涉内政，平等互利以及和平共处的原则上发展
两国的友好关系。"《人民日报》为此发表了专题社论："阿曼位于阿拉伯
半岛南岸，具有重要的战略位置，它也是联系海湾和印度洋的门户。阿曼
历史上遭受了帝国主义和殖民主义的侵略和压抑，为了赢得国家的独立，
阿曼人民进行了反帝、反封的斗争。今天，阿曼人民致力于捍卫国家独
立、发展民族经济。在外交政策方面，遵循中立和不结盟的原则。阿曼坚
持在海湾国家之间实现统一和合作，反对大国在这里的争夺。这一切都得
到了中国政府和人民的支持。"社论强调了中国政府对海湾国家的立场：
"中国政府一再声明，所有国家不论大小都是平等的主体。每个国家都可
以根据自己的愿望，选择自己的政治和经济发展模式。我们希望在相互尊
重国家主权和领土完整、互不侵略、互不干涉内政、平等互利、和平共处
的基础上建立友好关系。中国和阿曼外交关系的确立为两国诸多领域的合

作开辟了广阔的前景，它也有助于中国与阿拉伯国家和人民进一步发展友好关系。"1978 年 4 月，中国第一任驻阿曼大使袁鲁林到达马斯喀特就职。卡布斯苏丹任命苏伯西（Subayhi）为阿曼驻中国大使。同年 6 月，阿曼外交事务主管大臣扎瓦维（Qais Abd Al – Munim Al – Zawawi）访问中国。

　　苏联入侵阿富汗以后，中国政府欢迎美国和阿曼缔结军事协议以及对阿曼军队提供援助。中国支持阿曼与英国签署协议，向阿曼提供更多的武器，包括喷气式战斗机、导弹和扫雷艇。中国赞成阿曼对苏联入侵阿富汗的立场和声明。1980 年 7 月 21 日的《北京日报》指出："阿曼在反对霸权主义立场上旗帜鲜明，公开谴责苏联的入侵和扩张政策，认为苏联的南部战略威胁了阿曼和其他国家与世界。"

三　中国与阿曼多层次友好交往

1. 高层及官员互访

1980 年以来，两国领导人频繁进行互访，促进了两国关系发展。

1980 年 10 月，中国国务院副总理姬鹏飞访问阿曼。

1982 年，阿曼负责国防和安全的副首相法赫尔访问中国。

1983 年 10 月，中国国务委员兼外交部部长吴学谦访问阿曼，并正式邀请卡布斯苏丹访问中国。

1984 年 7 月，卡布斯苏丹的特别代表赛义德·苏维尼（Sa'id Thuwainu）访问中国。11 月，中国司法部部长邹瑜访问阿曼。12 月，由中国人民解放军副参谋长何正文率领的军事代表团访问阿曼。从此，阿曼和中国的军事贸易额开始增加。

1985 年 11 月，中国国务院副总理姚依林访问阿曼，参加了阿曼国庆 15 周年庆典。

1986 年 7 月，阿曼外交事务主管大臣阿拉维访问中国。

1987 年 3～4 月，阿曼劳工和社会事务大臣穆斯塔赫·本·艾哈迈德·马欣（Mustahil Bin Ahmad Maashin）访问中国。

1988 年 9 月，阿曼外交次大臣海沙姆（Haitham）访问中国，赞扬了中国在两伊战争中所发挥的积极作用。

1989 年 12 月，中国国家主席杨尚昆访问阿曼。在这次会谈中，卡布斯苏丹感谢中国在通过联合国安理会 598 号决议中所起的重要作用，中国赞赏了阿曼的外交政策，强调中国和阿曼在国际事务上持有共同的看法。

1999 年，中国全国人大常委会委员长李鹏率领的全国人大代表团（12 月）和以李瑞环主席为首的全国政协代表团分别造访阿曼。

2000 年 1 月，中国外交部副部长吉佩定访问阿曼，会见了阿曼外交事务主管大臣阿拉维，转交了江泽民主席致卡布斯苏丹的亲笔信，并与阿曼代理外交次大臣巴德尔进行政治磋商。7 月，阿曼武装部队参谋长卡勒巴尼中将访华，中央军委副主席、国务委员兼国防部长迟浩田上将与其会见，傅全有总长与其会谈。10 月，中国外经贸部副部长孙广相率中国政府经贸代表团访问阿曼，与阿曼工商次大臣阿里共同主持了第 4 届中阿经贸混合委员会会议，签署了会议纪要。10 月 31 日，江泽民主席在人民大会堂接受阿曼新任驻华大使侯斯尼递交的国书。11 月 6 日，中国新任驻阿曼大使赵学昌向卡布斯苏丹递交了国书。

2001 年 4 月，中国外交部部长助理张业遂率中国政府代表团出席在阿曼首都马斯喀特举行的环印度洋地区合作联盟第三届部长理事会会议。会议期间，阿曼外交事务主管大臣阿拉维会见了张业遂一行。同月，应中国外经贸部部长石广生邀请，阿曼石油和天然气大臣鲁姆希访华。国务委员吴仪与其会见，石广生部长与其会谈。6 月，阿曼外交次大臣巴德尔访华。中国外交部部长唐家璇与其会见，外交部副部长杨文昌与巴德尔举行了中阿外交部第 13 轮政治磋商。9 月，值阿曼"苏哈尔号"仿古船驶抵广州 20 周年和中国国庆 52 周年之际，阿曼驻华大使侯斯尼向杨文昌副外长转交了阿曼苏丹卡布斯赠送给江泽民主席的"苏哈尔号"船模型。10 月，江泽民主席致函卡布斯苏丹，表示感谢。

2002 年 3 月，卡布斯苏丹在阿曼东南部城市塞拉莱会见了中国国务委员吴仪，希望同中国在政治、经济、贸易等各个领域进一步发展关系和开展合作。吴仪还向卡布斯苏丹转交了中国国家主席江泽民的亲笔信。吴仪还会见了阿曼内阁事务副首相法赫德，同他就进一步发展双边关系和一些共同关心的地区问题交换了意见。

2003 年 10 月 23 日，中共中央政治局常委、中央纪委书记吴官正会见了阿曼内阁事务副首相法赫德，表明双方互利合作进入了新的发展阶段。12 月 5 日，中国国家副主席曾庆红会见了阿曼外交事务主管大臣阿拉维，双方就一些国际问题交换了意见。

2004 年 6 月，中国外交部部长李肇星在青岛会见了前来参加亚洲合作对话第三次外长会议的阿曼外交事务主管大臣阿拉维，双方签署了《中阿两国外交部战略磋商谅解备忘录》。7 月，阿曼国民经济兼财政事务大臣马基参加海合会联合代表团访问中国。9 月，中国外交部部长李肇星访问阿曼，会见了阿曼苏丹卡布斯和国民经济兼财政事务大臣马基，并与阿曼外交事务主管大臣阿拉维举行了会谈。

2005 年 6 月，中国国务院副总理曾培炎访问阿曼，与阿曼副首相法赫德举行会谈，双方签署了能源、通信等领域的合作协议。9 月，阿曼副首相法赫德访问中国，会见了中国国务院总理温家宝和副总理曾培炎。中国国家副主席曾庆红与法赫德举行会谈，双方就双边关系及共同关心的国际和地区间问题交换了意见。

2006 年 2 月，中国外交部副部长吕国增访问阿曼，举行两国外交部首轮战略磋商。5 月，阿曼外交次大臣巴德尔来华出席中阿合作论坛第二届部长级会议。6 月，中国中共中央政治局委员、广东省委书记张德江访问阿曼。

2007 年 3 月，阿曼外交次大臣巴德尔访问中国，两国外交部举行第二轮战略磋商。

2007 年 11 月 8 日，中国全国人大常委会副委员长司马义·艾买提访问阿曼，并得到阿曼内阁事务副首相的亲切会见。9 日，司马义·艾买提分别与阿曼国家委员会主席和阿曼协商会议主席展开会谈。双方就进一步促进双边关系和立法机构间的交流深入交换了意见。①

---

① 此段及 2009 年、2010 年中阿外交日程皆引自阿卜杜拉·萨利赫·萨阿迪《新中国与阿曼关系的历史与现状》，《阿拉伯世界研究》2012 年第 4 期，第 68 页。

2009 年 11 月 12 日，中共中央政治局委员、人大常委会副委员长王兆国在阿曼首都马斯喀特会见了阿曼国家委员会主席，指出中阿两国有着历史悠久的友好合作，两国在各领域的友好合作已平稳发展 30 年。此外，中国全国人民代表大会和阿曼国家委员会有着紧密联系。中国重视发展与阿曼的外交关系，愿进一步扩大人员交流，深化务实合作，加强在国际和地区事务中的沟通与协调，推动双边关系不断取得新进展。

2010 年 5 月，阿曼外交部总干事出席了"第四届中阿合作论坛部长级会议"，2010 年 11 月 6 日，应阿曼协商会议的邀请，中国人民政治协商会议主席贾庆林开始了对阿曼的国事访问。8 日，他与阿曼协商会议主席展开会谈。双方就共同关心的问题、增进中阿关系等深入交换了意见并达成一致。会后，贾庆林出席了两国建造郑和纪念碑的奠基仪式，并签署了关于人力资源培训和促进双向投资合作的文件。9 月 27 日，"中阿贸易论坛"在上海召开，有 50 家企业的代表、超过 250 位中国商界人士针对阿曼快速发展的新阶段和如何寻找双边贸易机遇等话题展开讨论。①

2011 年 9 月 5 日，中共中央政治局委员张高丽率代表团访问阿曼；12 月 22 日，阿曼外交部秘书长巴德尔一行进行了回访。张高丽在会见巴德尔时表示："感谢不久前率中共代表团访阿时受到的热情接待。中阿关系深入发展，政治互信日益牢固，交流合作富有成果。我们愿同阿方共同努力，推动双边关系迈上新台阶。相信随着相互了解的加深，双方的交往一定会更加频繁，务实合作一定会取得新的更大成效。"巴德尔表示："您对阿曼的友好访问取得了圆满成功，推动了双边关系的发展。阿方珍视与中方的友谊，愿与中方一道，加强在国际和地区事务中的沟通协调，全面加强各领域的务实合作。"②

2012 年 12 月 12 日，阿曼外交部秘书长巴德尔会见了中国外交官代表团，巴德尔表示，很高兴能在 2012 年 12 月 12 日这个吉祥的日子会见

---

① Chen Xiaoxun, "Oman Welcome China's Metallurgical Enterprises to Invest," *China Metallurgical News*, October 12, 2010, A2.

② 中国共产党新闻网，http://cpc. people. com. cn/GB/64093/64094/16697695. html。

中国外交官代表团。他说，中国外交官代表团访问阿曼是根据两国外交部战略磋商达成的协定成行的，这必将有助于推动双边关系深入发展，加深两国外交官之间的了解和交往。巴德尔高度赞扬两国在各个领域的友好合作关系全面发展，惠及两国人民。①

2013 年 1 月 30 日，中国外交部副部长翟隽在阿曼首都马斯喀特与阿曼外交部秘书长巴德尔举行了两国外交部第七轮战略磋商，就双边关系及共同关心的国际和地区问题交换了意见。②

2014 年 4 月 15 日，中国外交部部长王毅在北京会见来华参加中国与阿曼外交部第八轮战略磋商的阿曼外交部秘书长巴德尔。王毅表示，中方高度重视发展同阿曼的友好合作关系，希望阿方继续为推动重启中海自贸区谈判并早日达成协议发挥重要作用，积极参与"丝绸之路经济带"和"21 世纪海上丝绸之路"建设。欢迎阿曼外交事务主管大臣阿拉维出席今年 6 月在北京召开的中国与阿拉伯国家合作论坛第六届部长级会议。巴德尔表示，阿方愿进一步推动两国各领域友好关系发展，支持尽早重启中海自贸区谈判并达成协议，高度赞赏并愿积极参与中国领导人提出的建设"一带一路"和筹建亚洲基础设施投资银行的倡议，将积极参加中阿合作论坛第六届部长级会议，与中方一道推动阿中关系向前发展。③ 10 月 24 日，阿曼政府代表在北京正式签署《筹建亚洲基础设施投资银行备忘录》，阿曼成为亚投行创始成员国。

2015 年 6 月 29 日，阿曼政府代表在北京签署《亚洲基础设施投资银行协定》，在此之前该协定相关条款已在阿曼国内完成了审批程序，这标志着阿曼正式成为亚投行 50 个会员国之一。

2016 年 6 月 1 日，中国全国人大常委会委员长张德江在北京人民大会堂会见阿曼协商会议主席马阿瓦利。张德江表示，"中国与阿曼传统友谊源远流长。建交 38 年来，两国关系发展顺利，各领域合作成果丰硕。

---

① 中华人民共和国外交部网站，http：//www. fmprc. gov. cn/mfa_ chn/。
② 和讯网，http：//news. hexun. com/2013 - 01 - 31/150780171. html。
③ 凤凰资讯，http：//news. ifeng. com/gundong/detail_ 2014_ 04/15/35784146_ 0. shtml。

习近平主席提出的'一带一路'倡议，为中阿合作搭建了新的平台。阿曼是阿拉伯及中东地区重要国家，在共建'一带一路'中拥有独特地缘优势。下阶段，双方要把握机遇，不断增进政治互信，加强发展战略对接，扩大人文合作，推动两国关系取得更大发展"。张德江说，"中国全国人大愿同阿方共同努力，建立更加紧密的合作关系，加强经验交流，推动务实合作，厚植中阿传统友谊，为两国关系发展做出积极贡献"。马阿瓦利表示，"阿中关系发展势头良好，阿曼协商会议愿进一步密切与中方的交流合作，为两国各领域交往合作和阿中关系的发展发挥作用"。①

2. 经贸合作

自 1978 年建交以来，中阿两国的经济技术合作有了一定的发展。中国向阿曼出口的主要商品是轻纺、机械设备、粮油食品、轻工产品、服装、小五金，两国贸易额不断增长，中国对阿曼的出口额由 1976 年的 585 万美元快速增加到 1983 年的 906 万美元、1986 年的 1000 万美元。1993 年，中国成为石油进口国，阿曼成为中国重要的石油供给国之一。1995 年以后，中国从阿曼进口的原油继续增加。为此两国签署合同，将出口中国的石油量从 1995 年的 2 万桶/天增加到 1996 年的 10 万桶/天。同年，阿曼成为中国第三大石油出口国，同时开始向中国出口液化天然气，并在沿海建设了天然气接收终端。1997 年，阿曼从中国的进口额为 5019.2 万美元，占其进口总额的 0.99%，比 1996 年增长近 30%。1998 年，由于受到油价下跌和中国减少进口原油的影响，中阿两国贸易减少约 7.5 亿美元，下降 45.3%。但到 1998 年，中国对阿曼的出口额达 3942 万美元，创历史最好水平。1999 年，两国贸易额跌至 6.6 亿美元。②

21 世纪以来，随着中国国力的提升，两国经贸关系更是得到突飞猛进的增长。2004 年，两国贸易额达到 43.9 亿美元，其中阿曼向中国出口达 42.8 亿美元，从中国进口 1.1 亿美元。2005 年，两国贸易额为 43.3 亿美元，其中中国进口 41.3 亿美元，主要是原油；出口 1.91 亿美元，主要是机

---

① 《张德江会见阿曼协商会议主席马阿瓦利》，《人民日报》2016 年 6 月 2 日，第 1 版。
② 黄培昭：《中国和阿曼关系》，《阿拉伯世界研究》2000 年第 2 期，第 14 页。

电产品、钢铁及其制品、高新技术产品、纺织品等。2006 年，两国贸易额上升至 64.7 亿美元，其中中国进口 61.3 亿美元，出口 3.4 亿美元。2014 年，阿曼是中国在阿拉伯地区的第四大贸易伙伴。这一年两国双边贸易额为 258.7 亿美元，同比增长 12.9%，其中中方出口 20.6 亿美元，进口 238.1 亿美元，同比分别增长 8.6% 和 13.3%。中国出口的商品主要为机械设备、电器及电子产品、计算机与通信技术产品，进口商品主要为原油。2015 年 1~9 月，中阿双边贸易额 132.9 亿美元，同比下降 32.8%，下降原因主要为世界原油价格下跌拉低中国原油进口价格。具体数据为：中方出口 16.1 亿美元，同比增长 7%，进口 116.8 亿美元，同比下降 36.1%。中方从阿曼进口原油 2350 万吨，金额 107.8 亿美元。2016 年 4 月，阿曼原油和凝析油总产量为 2982.9 万桶，平均每天 994303 桶，环比增长 1.57%；出口原油总量达 2698.9 万桶，平均每天 899637 桶，环比下降 2.86%；对中国石油出口量环比下降 4.16%。

经贸投资和劳务合作方面，2014 年底，中方在阿曼非金融类直接投资存量为 4700 万美元，主要为承包工程企业分支机构的注册资本。2015 年 1~9 月，中方对阿曼新增直接投资 280 万美元。另据法媒报道，阿曼与中国企业在 2016 年 5 月 23 日签署了一项建设阿曼杜古姆港工业区投资协议，包括建造一座日处理原油 23 万桶的石油精炼厂，投资总规模达 107 亿美元。① 劳务、工程等方面，截至 2014 年底，中资企业在阿曼累计签订价值 33.9 亿美元承包劳务合同，完成营业额 27.1 亿美元。2015 年 1 月，新签承包工程合同额为 4159 万美元。在阿曼开展业务的中资企业主要有山东电力建设三公司、中国石油下属 BGP 公司、长城钻探工程有限公司、中国石化国际工程公司等。2015 年 1~9 月，中资企业在阿曼新签承包工程合同额为 41579 万美元，完成营业额 27387 万美元。2015 年 10 月由中国招商局国际有限公司和阿曼国家总储备基金出资，中国与阿曼合作建设的坦桑尼亚巴加莫约港项目奠基。项目内容包括占地 8 平方公里的超级现代化港口、17 平方公里的工业园区以及公路、铁路网和水、电、

---

① 参考消息网，http://finance.cankaoxiaoxi.com/bd/20160524/1169733.shtml。

气、通信网络等辅助基础设施。巴加莫约港将是一个战略支柱，把海上丝绸之路与其他东非国家连接在一起。该项目建成之后可以见证中国"21世纪海上丝绸之路"为非洲发展带来重大改变。

3. 文化等领域合作

中阿两国在文化、教育、新闻、体育、宗教、考古等方面的交往也取得了成就。

1981年，两国签订了文化合作协议，规定了两国艺术家和民间剧团互访机制。

1980年5月，阿曼宗教和伊斯兰事务部代表团访问中国。几个月以后，中国伊斯兰协会代表团回访阿曼。

1982年6月，阿曼青年代表团访问中国，两国签署了青年人访问、交流和合作协议。

1991年7月，阿曼民族遗产和文化大臣费萨尔访华，参加阿曼"苏哈尔"号仿古木船航抵广州十周年庆祝活动，并主持"阿曼文化周"活动；11月，中国文化部代理部长贺敬之访问阿曼，主持"中国文化周"活动。

2004年1月，中国国家宗教局局长叶小文访问阿曼，分别会见了阿曼副首相法赫德和宗教事务大臣萨利米。

2005年11月，阿曼教育大臣叶海亚来华出席联合国教科文组织第五届全民教育高层会议，中国北京大学校长许智宏访问阿曼；12月，中国人民对外友好协会会长陈昊苏访问阿曼，促进了两国人民的友好交往与合作。

2006年4月，阿曼旅游大臣拉吉哈访问中国，与中国国家旅游局签订了《关于中国旅游团赴阿曼旅游实施方案的谅解备忘录》；6月，阿曼文化与遗产部次大臣苏尔坦率团来华参加阿拉伯艺术节。阿曼奥委会青年代表团访问中国，11月，阿曼卡布斯苏丹大学校长纳赛尔访问中国。

2007年6月28日，"中国阿曼友好协会"成立，促进了两国关系全面发展，特别是在文化交流方面。在双方共同努力下，中阿两国在经济上、政治上、文化上的交流会掀开新篇章。

2010年，时逢中国与阿曼建交40周年，经双方协商，阿曼中国友好协会成立，这一举措加强了两国之间在文化、经济、社会等领域的友好合作关系，并有力地推动了阿中之间一系列学者交流等活动的展开。①

从 2011 年开始，阿曼开始筹建郑和纪念园区，纪念园包括郑和纪念碑、文化休闲区、中餐馆等，预计建成之后将吸引来自中国及世界各地的游客。②

2014 年 10 月 4 日，中国伊斯兰教协会在北京举行招待会，庆祝伊斯兰教的传统节日古尔邦节，阿曼驻华大使阿卜杜拉·萨阿迪出席了招待会。③

2015 年 2 月初，由 43 位民间艺术大师组成的中国综合展演团参加了阿曼一年一度的"马斯喀特艺术节"，艺术节以"璀璨中华"为主题，以"欢乐春节"为主线，内容设置为"中国功夫""中国美食""中国手艺""中国祝福"四个板块。中国民间艺术大师共计展示 15 项传统技艺，300 余件精美艺术品。中国馆自开馆以来备受关注，每日游客络绎不绝，为当地媒体广泛报道。其间，成功举办"璀璨中华"文化小课堂 11 期、中国功夫舞台演出 15 场，策划了"立春"及"中国日"两大特别主题日活动。④

2016 年 8 月 18 日，中国驻阿曼大使于福龙会见阿曼遗产和文化部次大臣马赫鲁基，双方就中阿文化合作问题相互交流。

预计 2017 年 12 月 5～7 日，"2017 阿曼中国贸易周——中阿香文化交流展"将在阿曼马斯喀特展览中心举办。中国、阿曼两国香料交流由来已久。唐宋时期，特别是宋代以后，中国的上层阶级盛行熏香之风，常从阿拉伯半岛盛产香料的地区大量进口香料，故由阿拉伯到中国南方的海路被称为香料之路。预计此次中阿香文化交流展将为两国文化找寻到更多的相似之处，并促进相关领域的民间交往。

---

① Amal Hassan, Global Arab Network, *Muscat*: *Oman*, *China Launch Friendship Association*, http://www.english.globalarabnetwork.com.

② 中国经济网，http://www.ce.cn/xwzx/gnsz/gdxw/201504/14/t20150414_ 5096407.shtml。

③ 参考消息网，http://china.cankaoxiaoxi.com/2014/1004/517959.shtml。

④ 中国新闻网，http://www.chinanews.com/cul/2015/02－11/7056488.shtml。

大事纪年

公元前 10000 年左右	阿曼地区出现早期居民。
公元前 4000 年	阿曼人掌握了炼铜技术。
公元前 3000 年	阿曼文明史出现了空白,进入"黑暗时期"。
公元前 2000 年	阿曼地区与两河流域城市的直接贸易中断。
公元前 700 年	阿曼开始与印度进行贸易往来。
公元前 563 年	波斯国王居鲁士大帝征服阿曼。
公元前 326 年	亚历山大帝国的海军将领尼查斯率 1500 艘舰船抵达穆桑达姆。
公元前 224 年	萨珊王朝占领阿曼。
120 年	马里卜大坝坍塌,阿拉伯部落居民纷纷来到阿曼。
630 年	先知穆罕默德派使者埃米尔·伊本·阿勒·阿斯来到阿曼。
745 年	伊巴德教派在哈德拉毛地区建立哈德拉毛伊巴德国家。
794 年	阿拔斯王朝军队远征阿曼。
1507 年	葡萄牙舰队入侵阿曼的马斯喀特、马特拉以及苏哈尔等沿海城市。
1624 年	亚里巴部落的纳西尔·本·穆尔希德·亚里巴在鲁斯塔格建立了亚里巴王朝。
1749 年	艾哈迈德·本·赛义德建立赛义德王朝。

1885 年	美国新教传教会首次进入阿曼。
1898 年	英国迫使阿曼签订了第一个防御条约，条约规定由英国人监督阿曼的对外关系。
1913 年	阿曼山区部落在穆斯林教长领导下举行起义，成立了"阿曼伊斯兰教长国"。
1937 年	伊拉克石油公司的附属公司石油特许公司开始在阿曼境内勘探。
1952 年	沙特阿拉伯军队占领了阿曼的布赖米绿洲，宣布对绿洲 9 个村庄拥有统治权。
1958 年	阿曼与美国重新签订商业协定。
1959 年	阿曼与佐法尔叛军展开决战，最终取得胜利，英国宣布废除《西卜条约》，结束伊玛目的统治。
1962 年	壳牌石油公司在伊巴勒、法胡德、纳提赫和佐法尔等地发现石油。
1967 年	阿曼结束英国的治外法权。
1967 年	阿曼开始正式生产石油，并向国外输出了第一船原油。
1968 年	赛义德公布了阿曼发展计划，西德公司承接了塞拉莱公路修建合同。
1970 年	卡布斯·本·赛义德发动政变，并成功登上苏丹宝座。
1971 年	阿曼正式成为联合国第 131 个成员国。
1973 年	阿曼开始采用阿曼里亚尔与美元挂钩的固定汇率。
1974 年	阿曼兴建卡布斯苏丹港。
1974 年	阿曼政府制定并颁布了《石油与矿产法》。
1976 年	阿曼开始实施第一个五年发展计划。
1978 年	阿曼苏丹国与中华人民共和国在伦敦签署建

	交协议。
1981 年	阿曼开始实施第二个五年发展计划。
1982 年	卡布斯苏丹宣布建立卡布斯苏丹大学。
1983 年	阿曼矿业公司开采苏哈尔铜矿区，并建成炼铜厂。
1986 年	阿曼开始实施第三个五年发展计划。
1988 年	阿曼军事博物馆落成开放。
1989 年	卡布斯苏丹设立环境保护奖。
1991 年	阿曼政府建立阿曼铬铁矿公司。
1991 年	阿曼开始实施第四个五年发展计划。
1996 年	阿曼颁布《国家基本法》。
1996 年	阿曼开始实施第五个五年发展计划。
1999 年	阿曼司法行政事务委员会成立。
2001 年	阿曼开始实施第六个五年发展计划。
2003 年	阿曼政府颁布并实施《自然资源和野生动物保护法》。
2003 年	中国取代日本成为阿曼最主要的石油进口国。
2004 年	阿曼政府成立了旅游部。
2006 年	阿曼开始实施第七个五年发展计划。
2007 年	阿曼政府成立了环境与气候事务部。
2008 年	依据第 88/2008 号皇家谕令，阿曼法律条款冲突裁决局成立。
2010 年	阿曼政府开始建设苏麦里奥工业区。
2011 年	阿曼政府兴建杜古姆经济特区。
2011 年	阿曼对《国家基本法》进行修订，并重新予以颁布。
2011 年	根据第 116/2011 号皇家谕令，阿曼建立市政委员会。
2011 年	阿曼开始实施第八个五年发展计划。

2012 年	阿曼最高司法委员会进行改组，成为脱离司法部的独立机构。
2013 年	根据皇家谕令颁布《协商会议成员选举法》。
2013 年	成立"阿曼 2040 展望"委员会。
2014 年	原沙里亚法研究所变为沙里亚法科学学院。
2014 年	阿曼成立矿业总局。
2015 年	阿曼在麦纳建成阿曼博物馆。
2015 年	阿曼第八届协商会议选举结束。
2015 年	阿曼举办第四届海湾妇女运动会，阿曼女子运动队最终获得团体亚军。
2016 年	阿曼开始实施第九个五年发展计划。

索 引

A

B

C

D

F

G

H

参考文献

一 英文

Anthony H. Cordesman, *After the Storm: The Changing Military Balance in the Middle East*, Boulder, C. O.: Westview Press, 1997.

B. Lewis, *The Arabs in History*, London, 1970.

Betelsman Stiftung BIT 2016, *Oman Country Report*.

Carol J. Riphenburg, *Oman: Political Development in A Changing World*, London: Praeger Publishers, 1998.

Christine Osborne, *The Gulf States and Oman*, London: Croom Helm, 1977.

Charles O. Cecil, "Oman's Progress toward Participatory Government," *Middle East Policy*, Spring 2006.

Calvin H. Allen and W. Lynn Rigsbee Ⅱ, *Oman under Qaboos: From Coup to Constitution, 1970 – 1996*, London: Frank Cass, 2000.

David Smiley, *Arabian Assignment*, London: Leo Cooper, 1975.

David Townsend, *Arabian Assignment*, London: Leo Cooper, 1975.

Dale Eickelman, "At the Desert Court of Sultan Oaboos," *Middle East Journal*, Vol. 38, No. 1 (Winter, 1984).

EIU, *Country Profile 2008—Oman*.

EIU, *Country Profile 2005—Oman*.

EIU, *Oman Country Report, December 2007*.

EIU, *Oman Country Report*, *October 2008*.

Francis Owtram, *A Modern History of Oman: Formation of the State Since 1920*, London, 2004.

G. F. Hourani, *Arab Seafaring Nation in the Seminar for Arabian Studies*, London, 1972.

H. Calvin. Allen, *Oman: The Modernization of the Sultanate*, Boulder, Westview Press, 1987.

Isam Al - Rawas, *Oman in Early Islamic History*, Ithaca Press, 2000.

Ian Skeet, *Muscat and Oman: The End of An Era*, London, 1994.

John Townsend , *Oman: The Making of A Modern State*, London: Croom Helm, 1977.

J. C. Wilkinson, *Water and Tribal Settlement in South - East Arabia: A Study of the Aflaj of Oman*, Oxford: Clarendon Press, 1977.

J. C. Wilkinson, "The Julanda of Oman", Journal of Omani Studies, Vol. 3.

John Townsend, *Oman: The Making of A Modern state*, New York: St. Martin's Press, 1977.

Judith Miller, "Creating Modern Oman: An Interview with Sultan Qaboos," *Foreign Affairs*, Vol. 76, 1997.

Joseph A. Kechichian, *Oman and the World*, Santa Monica: Rand, 1995.

Lee Siegel, " This Oasis in Southern Oman is No Mirage," *The Washington Post*, February 10, 1992.

Minister Forsees, " 'Long Period' of Gulf Stability," *Oman Daily Observer*, 3 March 1991.

Patricia Risso, *Oman and Muscat: An Early Modern History*, New York: St Martin's Press, 1986.

Qaboos, *The Royal Speeches of HM Sultan Qaboos Bin Said 1970 - 1995*, Muscat: Ministry of Information, 1995.

Rosalind Miller, "Our Man in Oman," *The Washington Post*, November 19, 1995.

Times of Oman, 30 June 1992.

Times of Oman, 28 April 1994.

Times of Oman, 29 January 1995.

Times of Oman, 1 February 1995.

Wendell Phillips, *Oman*: *A History*, Longman Group Ltd. , 1971.

二　阿文

《阿曼 2007~2008》，阿曼新闻部。

《富裕之路》，阿曼新闻部，2001。

三　中文

［苏］安·瓦施瓦柯夫：《战斗的阿曼》，《战斗的阿曼》翻译组译，北京人民出版社，1973。

袁鲁林、萧泽贤：《赛义德王朝的兴衰与当代阿曼的复兴》，《西亚非洲》1992 年第 6 期。

《阿曼 2002~2003》，阿曼新闻部。

《阿曼 2004~2005》，阿曼新闻部。

刘竞、安维华主编《现代海湾国家政治体制研究》，中国社会科学出版社，1994。

黄培昭、苏丽雅：《当代阿曼苏丹国社会与文化》，上海外语教育出版社，2003。

王宏伟：《阿曼军火贸易》，《阿拉伯世界研究》2002 年第 2 期。

杨翠柏：《卡布斯素丹时期的阿曼研究》，博士学位论文，西北大学，1996。

黄培昭：《中国和阿曼关系》，《阿拉伯世界研究》2000 年第 2 期。

韩志斌：《阿曼"参与型政治"的发展》，《西亚非洲》2008 年第8 期。

四　主要网站

阿曼遗产和文化部（Ministry of Heritage & Culture），www. mhc. gov. om。

阿曼石油和天然气部（Ministry of Oil and Gas），www. mog. gov. om。

阿曼地方市政委员会和水资源部（Ministry of Regional Municipalities & Water Resources），www. mrmewr. gov. om。

阿曼交通和通信部（Ministry of Transport & Communications），www. comm. gov. om。

阿曼农业和渔业部（Ministry of agriculture & Fisheries Wealth），www. maf. gov. om。

阿曼环境和气候事务部（Ministry of Environment & Climate Affairs），www. moeca. gov. om。

阿曼国家委员会（State Council），www. statecouncil. om。

阿曼国家公诉办公室（Public Prosecution），www. opp. gov. om。

阿曼司法行政事务委员会（Administrative Affairs Council for Judiciary），www. caaj. gov. om。

阿曼最高规划委员会（Prime Council of Planning），www. scp. gov. om。

阿曼中央银行（Central Bank of Oman），www. cbo－oman. org。

阿曼投资促进和出口发展总局（Public Authority for Investment Promotion & Export Development），www. ithraa. om。

阿曼杜古姆经济特区管委会（Duqm Special Economic Zone Authority），www. duqm. gov. om。

阿曼马斯喀特证券交易所（Muscat Securities Market），www. msm. gov. om。

阿曼手工业总局（Public Authority for Craft Industries），www. paci. gov. om。

卡布斯苏丹大学（Sultan Qaboos University），www. squ. edu. om。

阿曼通讯社（Oman News Agency），www. omannews. gov. om。

《观察家报》（英文）（Advertising），www. omanobserver. om。

后　记

　　本书比较系统和翔实地介绍了阿曼的地理、历史、政治、经济、文化教育、社会生活、外交等方面的基本国情，是一本综合性著作。阿曼作为海湾地区的重要国家广为人知，但国内与之相关的学术研究成果还不多。写作本书的开端也是作者对阿曼社会逐渐认知的过程，本书在广泛吸收国内外资料的基础上，经过作者的梳理、编排和多次修改才逐渐成形。

　　在本书完稿之际，感谢中国社会科学院西亚非洲所的赵国忠研究员和温伯友研究员，北京大学的安维华教授，中国前驻阿曼大使袁鲁林。作为审读专家，他们严谨的治学态度和精益求精的敬业精神，是我们晚生后辈学习的榜样。有这些国内长期从事中东研究的专家把关，作者避免了不少错误，保证了本书的质量。还要感谢阿曼苏丹国驻华大使馆提供的宝贵资料和图片，特别是满建丽女士，她在资料提供方面给予了大力帮助。感谢中国驻阿曼大使于福龙阁下拨冗为本书做序。

　　本书分工如下：韩志斌负责前言，第二、三、五、八章，参考文献以及后记部分，仝菲撰写了本书的第一、四、六、七章与附录，陈小迁负责大事年表、索引以及 2010 年以后的资料更新工作。

　　虽然几经研修，但由于作者对阿曼研究基础薄弱和研究水平有限，书中肯定存在不足与欠缺，企盼学术界同仁和读者不吝斧正。

仝　菲　韩志斌　陈小迁

2017 年 2 月 18 日

新版《列国志》总书目

越南

非洲

阿尔及利亚
埃及
埃塞俄比亚
安哥拉
贝宁
博茨瓦纳
布基纳法索
布隆迪
赤道几内亚
多哥
厄立特里亚
佛得角
冈比亚
刚果共和国
刚果民主共和国
吉布提
几内亚
几内亚比绍
加纳
加蓬
津巴布韦
喀麦隆
科摩罗
科特迪瓦
肯尼亚
莱索托
利比里亚
利比亚

卢旺达
马达加斯加
马拉维
马里
毛里求斯
毛里塔尼亚
摩洛哥
莫桑比克
纳米比亚
南非
南苏丹
尼日尔
尼日利亚
塞拉利昂
塞内加尔
塞舌尔
圣多美和普林西比
斯威士兰
苏丹
索马里
坦桑尼亚
突尼斯
乌干达
西撒哈拉
赞比亚
乍得
中非

欧洲

阿尔巴尼亚
爱尔兰

爱沙尼亚

安道尔

奥地利

白俄罗斯

保加利亚

比利时

冰岛

波黑

波兰

丹麦

德国

俄罗斯

法国

梵蒂冈

芬兰

荷兰

黑山

捷克

克罗地亚

拉脱维亚

立陶宛

列支敦士登

卢森堡

罗马尼亚

马耳他

马其顿

摩尔多瓦

摩纳哥

挪威

葡萄牙

瑞典

瑞士

塞尔维亚

圣马力诺

斯洛伐克

斯洛文尼亚

乌克兰

西班牙

希腊

匈牙利

意大利

英国

美洲

阿根廷

安提瓜和巴布达

巴巴多斯

巴哈马

巴拉圭

巴拿马

巴西

玻利维亚

伯利兹

多米尼加

多米尼克

厄瓜多尔

哥伦比亚

哥斯达黎加

格林纳达

古巴

圭亚那

海地

洪都拉斯

加拿大

美国

秘鲁

墨西哥

尼加拉瓜

萨尔瓦多

圣基茨和尼维斯

圣卢西亚

圣文森特和格林纳丁斯

苏里南

特立尼达和多巴哥

危地马拉

委内瑞拉

乌拉圭

牙买加

智利

大洋洲

澳大利亚

巴布亚新几内亚

斐济

基里巴斯

库克群岛

马绍尔群岛

密克罗尼西亚

瑙鲁

纽埃

帕劳

萨摩亚

所罗门群岛

汤加

图瓦卢

瓦努阿图

新西兰

WORLD GUIDE to the NATIONS DATABASE 列国志数据库
国别国际问题研究资讯平台

全部数据库 ▼

全部　图书　文章　文献资料　知识点　图表　图片　音频　视频

检索　高级检索 对比检索

热词搜索：　韩国　自然资源　对外贸易　美国　外交关系　欧洲　经济　蓝海

当代世界发展问题研究的权威基础资料库和学术研究成果库

国别国际问题研究资讯平台

列国志数据库 www.lieguozhi.com

列国志数据库是以"十二五"国家重点图书出版规划项目、中国社会科学院创新工程学术出版资助项目《列国志》丛书为基础，全面整合国别国际问题核心研究资源、研究机构、学术动态、文献综述、时政评论以及档案资料汇编等构建而成的数字产品，是目前国内唯一的国别国际类学术研究必备专业数据库、首要研究支持平台、权威知识服务平台和前沿原创学术成果推广平台。

从国别研究和国际问题研究角度出发，列国志数据库包括国家库、国际组织库、世界专题库和特色专题库4大系列，共175个子库。除了图书篇章资源和集刊论文资源外，列国志数据库还包括知识点、文献资料、图片、图表、音视频和新闻资讯等资源类型。特别设计的大事纪年以时间轴的方式呈现某一国家发展的历史脉络，聚焦该国特定时间特定领域的大事。

列国志数据库支持全文检索、高级检索、专业检索和对比检索，可将检索结果按照资源类型、学科、地区、年代、作者等条件自动分组，实现进一步筛选和排序，快速定位到所需的文献。

列国志数据库应用范围广泛，既是学习研究的基础资料库，又是专家学者成果发布平台，其搭建学术交流圈，方便学者学术交流，促进学术繁荣；为各级政府部门国际事务决策提供理论基础、研究报告和资讯参考；是我国外交外事工作者、国际经贸企业及日渐增多的广大出国公民和旅游者接轨国际必备的桥梁和工具。

数据库体验卡服务指南

※100元数据库体验卡目前只能在列国志数据库中充值和使用。

充值卡使用说明：

第1步 刮开附赠充值卡的涂层；

第2步 登录列国志数据库网站（www.lieguozhi.com），注册账号；

第3步 登录并进入"会员中心"→"在线充值"→"充值卡充值"，充值成功后即可使用。

声明

最终解释权归社会科学文献出版社所有。

数据库服务热线：400-008-6695

数据库服务QQ：2475522410

数据库服务邮箱：database@ssap.cn

欢迎登录社会科学文献出版社官网（www.ssap.com.cn）

和列国志数据库（www.lieguozhi.com）了解更多信息

社会科学文献出版社 列国志系列
SOCIAL SCIENCES ACADEMIC PRESS (CHINA)

卡号：343968198424 7436

密码：

图书在版编目（CIP）数据

阿曼／仝菲，韩志斌，陈小迁编著. －－2 版. －－北
京：社会科学文献出版社，2017.9
　（列国志：新版）
　ISBN 978 - 7 - 5201 - 0991 - 8

　Ⅰ.①阿…　Ⅱ.①仝…②韩…③陈…　Ⅲ.①阿曼 -
概况　Ⅳ.①K938.8

中国版本图书馆 CIP 数据核字（2017）第 150103 号

· 列国志（新版）·

阿曼（Oman）

编　　著／仝　菲　韩志斌　陈小迁

出 版 人／谢寿光
项目统筹／张晓莉
责任编辑／王丽影　叶　娟　肖世伟

出　　版／社会科学文献出版社·列国志出版中心（010）59367200
　　　　　地址：北京市北三环中路甲 29 号院华龙大厦　邮编：100029
　　　　　网址：www.ssap.com.cn
发　　行／市场营销中心（010）59367081　59367018
印　　装／三河市尚艺印装有限公司

规　　格／开　本：787mm × 1092mm　1/16
　　　　　印　张：19.75　插　页：1　字　数：287 千字
版　　次／2017 年 9 月第 2 版　2017 年 9 月第 1 次印刷
书　　号／ISBN 978 - 7 - 5201 - 0991 - 8
定　　价／79.00 元

本书如有印装质量问题，请与读者服务中心（010 - 59367028）联系